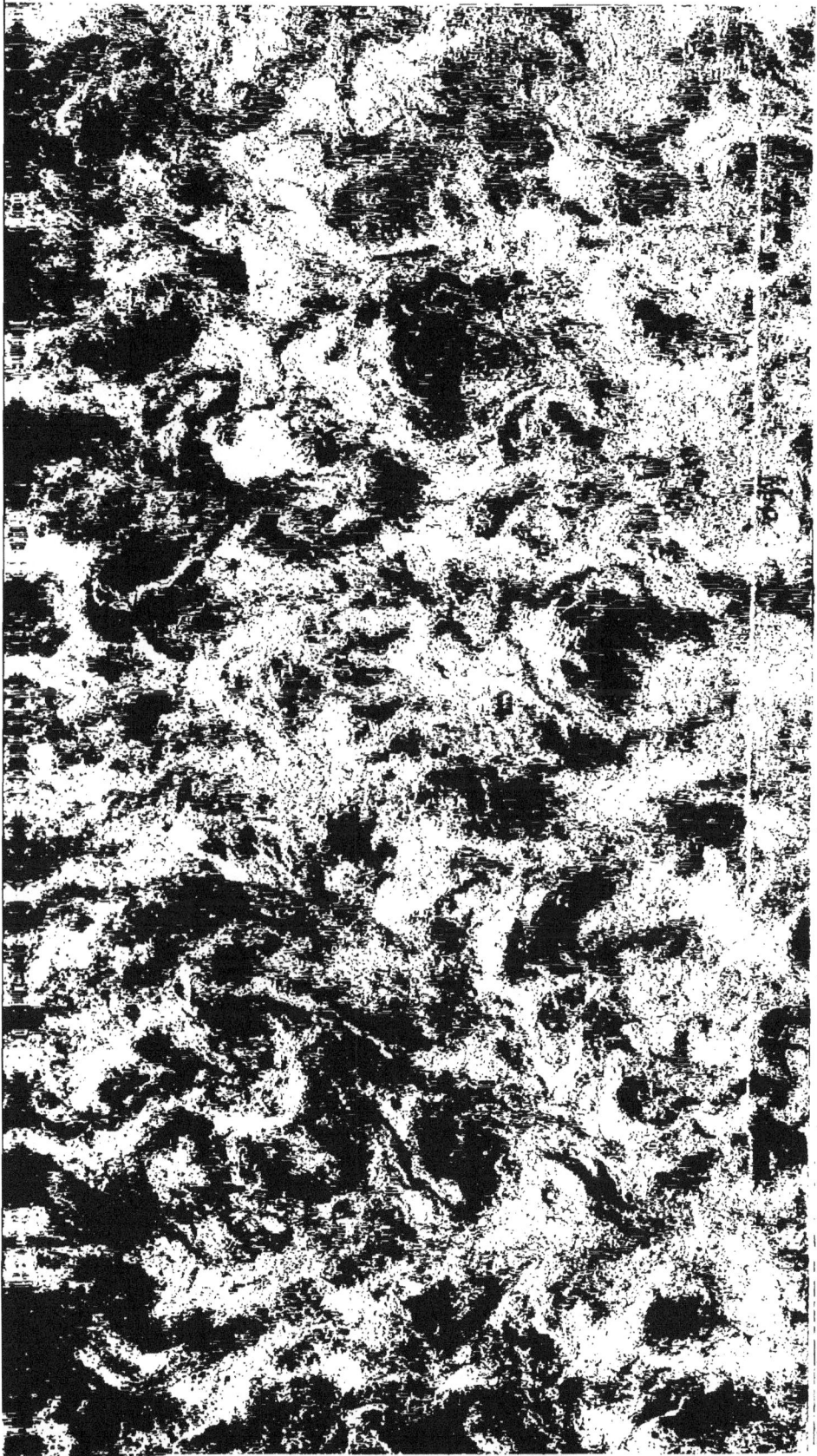

CODE PRATIQUE

DES

PROPRIÉTAIRES, FERMIERS, LOCATÁIRES,
CHEPTELIERS, ENTREPRENEURS, HOTELIERS
ET LOGEURS,

OU

COMMENTAIRE

SUR LES LOIS ET LA JURISPRUDENCE QUI RÉGISSENT

LE CONTRAT DE LOUAGE

DANS SES DIVERSES MODIFICATIONS.

CODE PRATIQUE

DES

PROPRIÉTAIRES, FERMIERS, LOCATAIRES, CHEPTELIERS, ENTREPRENEURS, HOTELIERS ET LOGEURS,

OU

COMMENTAIRE

SUR LES LOIS ET LA JURISPRUDENCE QUI RÉGISSENT

LE CONTRAT DE LOUAGE

DANS SES DIVERSES MODIFICATIONS,

Avec des Modèles d'actes sous seing privé relatifs aux principales clauses et conventions dont le CONTRAT DE LOUAGE est susceptible,

ET UN APPENDICE SUR LA CHASSE ET LA PÊCHE.

PAR Mᵉ. A. LATERRADE,

AVOCAT A LA COUR ROYALE DE PARIS,
AUTEUR DU CODE DES PHARMACIENS.

A PARIS,

CHEZ MOREAU, IMPRIMEUR-ÉDITEUR,
RUE MONTMARTRE, Nᵒ. 39;

CHEZ PICHON-BÉCHET, LIBRAIRE, QUAI DES AUGUSTINS, Nᵒ. 17;

ET CHEZ L'AUTEUR, RUE HAUTEFEUILLE, Nᵒ. 23.

1827.

TABLE SOMMAIRE

DES MATIÈRES.

—————————

ERRATA.

Page 5, ligne 23, au lieu de ces mots : ces deux genres d'*ouvrage* se subdivisent, lisez : ces deux genres de *louage* se subdivisent.

Page 13, ligne 6, au lieu de *Bourgeois*, lisez *Bourjon*.

Page 62, à la première ligne, au lieu des mots : le *locataire* n'est tenu envers le propriétaire, lisez : le *sous-locataire* n'est tenu envers le propriétaire.

Page 180, à la septième ligne, au lieu de : et aux communautés d'*habitation*, lisez : et aux communautés d'*habitans*.

Page 348, ligne 17, au lieu de ces mots : les *gards*, lisez : les *gords*.

AVANT-PROPOS

DE L'AUTEUR.

———◦———

DE toutes les transactions qui régissent l'homme dans l'état de société, il n'en est pas de plus fréquente que le Contrat de Louage. « C'est par lui, disait l'orateur du tribunat, que la plupart des hommes acquièrent un asile pour leur famille, un dépôt pour leur fortune mobilière, un domicile fixe pour eux-mêmes; c'est par lui que s'établissent tant d'ateliers d'agriculture, d'industrie et de commerce; c'est par lui enfin que la classe laborieuse attire à soi le superflu de la classe opulente, en lui donnant temporairement à loyer, son travail, ses services ou ses soins. »

Par quelle fatalité se fait-il donc que jusqu'à ce jour aucun légiste n'ait encore pensé à consacrer ses veilles, dans l'intérêt tout à la fois de la science et de la pratique, à la publication d'un travail complet et raisonné sur une matière aussi importante et d'un intérêt aussi universel?

En m'exprimant ainsi, je n'ai certes point la pensée de refuser un légitime tribut d'admiration

à tant de doctes écrivains qui ont enrichi la jurisprudence de leurs savantes et lumineuses médi-
tations; mais il faut en convenir à regret, les
uns, dédaignant en quelque sorte une aussi mince
matière, l'ont entièrement négligée ; les autres,
embrassant dans un cadre plus large le vaste ensemble de nos lois civiles, se sont trouvés à l'ap-
proche du Contrat de Louage, sinon épuisés, du
moins tellement préoccupés, qu'ils ne l'ont guère
honoré en passant que d'une attention que l'on
pourrait presque qualifier du nom de pure poli-
tesse.

Quoi qu'il en soit, et sans prétendre expliquer
les causes de ce silence, il m'a été facile d'en
apercevoir l'inconvénient, et j'ai formé le dessein
d'y porter remède. Mais pour cela faire, et avant
de mettre la main à l'œuvre, j'ai quelque temps
hésité sur la forme à suivre en pareil cas.

Un Traité *ex professo* sur la matière m'avait
d'abord semblé plus convenable. Cependant,
quelques réflexions assez naturelles m'ont bientôt
déterminé à y renoncer. Qu'est-ce, en effet, me
suis-je dit, qu'un Traité? C'est une composition
scientifique, dans laquelle l'auteur, s'emparant à
sa guise des principes qui gouvernent la matière,
les classifie, les disperse, les dissémine, comme
bon lui semble, les divise, les subdivise, les subdivise encore, en déduit des conséquence qu'il ap-

plique à un certain nombre d'espèces données ; et, de subdivisions en subdivisions, parvient, quelquefois, non sans peine, au dernier chapitre de cette élaboration de fantaisie. Or, l'on conçoit dès lors l'importance, et même la nécessité, d'un pareil travail, s'il s'agit, soit d'une matière qui ait subi de nombreuses modifications et qu'il faille en quelque sorte retirer du chaos, soit d'une matière que nos Codes n'aient point régularisée par un titre spécial, ou qui n'en contiennent que quelques élémens fugitifs.

C'est ainsi que l'on conçoit que Pothier, Lebrun, Ferrière, Montvalon, Dunod, Furgole et une multitude d'autres savans, aient écrit des Traités sous l'empire de l'ancienne jurisprudence qui n'offrait que désordre et confusion ; et que, de nos jours, on ait écrit ou pu écrire des Traités sur la Compétence des juges de paix, la Preuve testimoniale, les Brevets d'inventions, les Substitutions, le Voisinage, et autres matières aussi spéciales. Mais aujourd'hui, alors qu'il s'agit d'un titre tout entier du Code, en doit-il être de même ?

Le Code Civil des Français, ce monument impérissable du génie du dix-neuvième siècle et des conquêtes de la civilisation sur les temps de barbarie et d'ignorance, a-t-il donc été rédigé avec tant de légèreté ou de précipitation, qu'il faille nécessairement, pour en expliquer le sens, en

intervertir les titres , les chapitres , les sections ,
les articles , au risque de jeter le lecteur dans la
plus étrange incertitude , en fatigant d'ailleurs à
coup sûr son attention, et en créant ainsi gratuitement des difficultés que l'enchaînement naturel
du texte de la loi n'eût pas même laissé soup-
çonner?

Permis sans doute à quelques esprits d'un
ordre supérieur, de tenter, souvent même avec
succès, des essais de ce genre, et de faire jaillir
la lumière du choc de tant d'élémens disparates.
Pour moi, je l'avoue en toute humilité, je ne me
suis point cru appelé à d'aussi hautes destinées ;
et, bornant ma faible ambition à suivre le Législateur dans la carrière qu'il nous a lui-même si
clairement et si méthodiquement tracée , je me
suis contenté du rôle modeste de commentateur.

J'ai donc adopté la forme du *Commentaire;* et,
suivant pas à pas les classifications , les spécialités
indiquées dans le texte natif de la loi, je me suis
étudié à en fixer l'esprit, soit à l'aide de l'interprétation , soit à l'aide de la jurisprudence, soit à
l'aide des autorités les plus dignes de respect.

Quand la loi, et certes elle en offre de fréquens exemples , quand la loi renvoie à l'usage,
j'ai interrogé cet usage avec un scrupule reli-
gieux, et c'est sous le texte même de l'article de
loi qui y réfère, que j'ai placé les observations

qui ont pour objet d'en donner l'explication ; de telle sorte que le Code Civil à la main, on est à peu près sûr de trouver dans l'article correspondant du Commentaire, la solution, ou du moins le principe de solution, de toutes les difficultés qui peuvent se rattacher à chaque disposition du texte.

Cependant, cette marche a dû être quelquefois interrompue. Il existe en effet des matières, telles que le Bail Emphytéotique, le Bail à Longues Années, à Locatairie Perpétuelle, le Bail à Rente Foncière, et les dispositions qui concernent les Hôteliers, Aubergistes et Logeurs, qu'il eût été impossible, vu le silence du Code à leur égard, de commenter de la même manière. Je les ai donc isolées les unes des autres, et je les ai traitées d'une manière toute spéciale, en y intercalant successivement les divers élémens légaux qui en révèlent l'existence.

Enfin, il est une autre matière que je me suis également imposée. Je veux parler de la *Chasse* et de la *Pêche ;* et voici les motifs qui m'y ont conduit. Le travail que je publie n'a pas pour but unique d'offrir quelques secours à la science, en rappelant des principes certains, en déterminant l'état de la jurisprudence, en relevant quelques erreurs fondamentales, dont il importe de purger les anciens auteurs, et qui ont été reproduites de confiance, par des auteurs modernes dont le nom et les écrits font souvent autorité au barreau. Ce travail a encore pour objet d'être utile à la classe immense des Propriétaires, des Fermiers, des Chepteliers, des Entreprenenrs et des Hôteliers, en plaçant entre leurs mains un livre qui puisse, à l'aide d'indications claires et faciles, les prémunir contre des procès souvent désastreux, les éclairer dans les cas les plus usuels, et les préserver ainsi du contact toujours peu flatteur des huissiers.

Pour obtenir ce double résultat, et pour former, autant que possible, un ensemble complet des notions qui devraient être familières aux propriétaires agricoles et surtout aux fermiers, j'ai cru qu'un Appendice sur la Chasse et sur la Pêche ne serait pas déplacé en pareille circonstance, et cela avec d'autant plus de raison que, si la législation qui concerne la Chasse est déjà susceptible de quelques difficultés, on peut affirmer hardiment que l'incohérente législation qui gouverne la Pêche, législation compliquée des anciennes dispositions de l'ordonnance de 1669, et d'une foule de décisions et arrêtés transitoires, est universellement inconnue dans les campagnes, ou n'est que très-imparfaitement comprise par les fermiers et propriétaires voisins des fleuves, des canaux et des rivières.

Telle a donc été ma pensée, quand j'ai associé

sommairement la Chasse et la Pêche aux matières
qui appartiennent plus particulièrement au Contrat de Louage, telles que le privilége du bailleur et les obligations de toute nature qui régissent les Hôteliers, Aubergistes et Logeurs.

Puisse ce faible ouvrage, que j'ai écrit sans autre prétention que celle d'être utile à mes concitoyens, être accueilli du public avec la même
bienveillance dont il a honoré un livre moins
étendu, mais d'ailleurs non moins utile, que j'ai
publié il y a quelques mois.

DU CONTRAT
DE LOUAGE,
CODE CIVIL, TITRE VIII,

DÉCRÉTÉ LE 7 MARS 1804, PROMULGUÉ LE 17 DU MÊME MOIS.

CHAPITRE PREMIER.

DISPOSITIONS GÉNÉRALES.

ART. 1708.

Il y a deux sortes de contrats de louage :
Celui des choses,
Et celui d'ouvrage.

OBSERVATIONS.

Le louage est un contrat qui, comme tous les autres, se forme par le concours de plusieurs volontés. *Duorum vel plurium in idem placitum consensus.* Comme tous les contrats, il est soumis aux règles générales tracées par les articles 1101 et suivans du code civil. Ainsi, quatre conditions sont essentielles pour en déterminer la validité : 1°. *Le consentement des parties* qui s'obligent, car

I

c'est un contrat bilatéral qui renferme des obligations réciproques; 2°. *la capacité de contracter*; 3°. *un objet certain qui fasse la matière de l'engagement*; 4°. *une cause licite dans l'obligation.* (Art 1108 et suivans du code.)

ART. 1709.

Le louage des choses est celui par lequel l'une des parties s'oblige à faire jouir l'autre d'une chose pendant un certain temps, et moyennant un certain prix que celle-ci s'oblige de lui payer.

OBSERVATIONS.

I. On voit, par cette définition, la nuance qui existe entre le contrat de louage et le contrat de prêt de consommation. En matière de louage, il faut user de la chose, mais la rendre *en nature* à l'expiration du contrat. En matière de prêt, il faut en rendre *autant* et de *même qualité*. Ainsi l'on ne peut louer, l'argent comptant, le vin, l'huile, les fruits, etc.

II. Aux termes de cet article, trois choses sont de l'essence du contrat de louage : LA CHOSE LOUÉE, LE PRIX et LE CONSENTEMENT, *res, pretium et consensus*. *La chose* doit être dans le commerce ; ainsi les cimetières, les chapelles, les églises, les chemins ne peuvent être loués, attendu qu'ils sont hors du commerce. (Art. 1128.)

Les biens ruraux appartenant aux hospices, aux établissemens d'instruction publique, ne peuvent être concédés à baux que suivant les formalités prescrites par le décret du 12 août 1807. Ce décret est ainsi conçu :

« Art. 1er. A compter de la publication du présent

décret, les baux à ferme des hospices et autres établissemens publics de bienfaisance et d'instruction publique *pour la durée ordinaire*, seront faits aux enchères par-devant un notaire qui sera désigné par le préfet du département, et le droit d'hypothèque sur les biens du preneur y sera stipulé par la désignation, conformément au code civil.

» Art. 2. Le cahier des charges de l'adjudication et de la jouissance, sera préalablement dressé par la commission administrative, le bureau de bienfaisance ou le bureau de l'administration, selon la nature de l'établissement. Le sous-préfet donnera son avis et le préfet approuvera ou modifiera ledit cahier des charges.

» Art. 3. Les affiches pour l'adjudication seront apposées dans les formes et aux termes déjà indiqués par les lois et réglemens, et, en outre, leur extrait sera inséré dans le journal du lieu de la situation de l'établissement, ou, à défaut, dans celui du département, selon qu'il est prescrit par l'art. 683 du code de procédure civile. Il sera fait mention du tout dans l'acte d'adjudication.

» Art. 4. Un membre de la commission des hospices, du bureau de bienfaisance ou du bureau d'administration, assistera aux enchères et à l'adjudication.

» Art. 5. Elle ne sera définitive qu'après l'approbation du préfet du département, et la date pour l'enregistrement sera de quinze jours, à partir de celui où elle aura été donnée.

» Art. 6. Il sera dressé un tarif des droits des notaires, pour la passation des baux dont il est question au présent décret ; lequel sera approuvé sur le rapport du ministre de l'intérieur. »

III. Ces mêmes biens ruraux ne pourraient être concédés *à baux à longues années*, c'est-à-dire qui excéderaient neuf ans. (Arrêté du gouvernement du 7 germinal an 9.)

IV. Les contestations auxquelles donnent lieu le paiement des fermages de ces baux, doivent être jugées par les tribunaux. (Cour de cassation, arrêt du 9 pluviôse an 12.)

V. *Le prix* est de l'essence du contrat de louage ; car, sans prix, il n'y a pas location. Ce prix peut être réglé ou en deniers, ou en une certaine quantité de denrées, ou en une portion de fruits en nature.

VI. Mais quelle que soit la vilité du prix, cette circonstance ne peut donner lieu à la résiliation du contrat, comme en matière de vente.

VII. La fixation d'un bail peut être abandonnée à l'arbitrage d'un tiers ; et, comme les autres contrats, les baux peuvent être consentis sous condition. (Domat, *Lois civiles, Cont. de louage*.)

VIII. Enfin *le consentement* est aussi de l'essence du contrat de louage. Mais ce consentement peut être tacite et non exprimé, quand, le contrat préexistant entre les parties, le preneur est laissé en possession des lieux à l'expiration du délai fixé. Il s'opère alors une tacite reconduction ou novation du bail.

IX. Ce consentement doit émaner de parties capables de contracter. Ainsi, le mineur émancipé ne peut passer des baux dont la durée excéderait neuf années. (Art. 481 du code.)

X. La femme mariée, réputée marchande publique (aux termes de l'art. 220 du code), la femme séparée de corps ou de biens seulement, la femme mariée sous le régime dotal et qui s'est réservé des biens paraphernaux, ont toutes capacité pour consentir le contrat de louage.

XI. Le mari peut affermer les biens de la communauté, et même les biens personnels à la femme. Mais quant à ces derniers, si la femme n'est point intervenue au contrat, la durée en est limitée, en cas de dissolution de la communauté. (Art. 1429 du code civil.)

XII. Le tuteur peut donner à bail les biens du mineur jusqu'à l'époque de la majorité du pupille; il ne peut prendre en son nom les biens à ferme sans l'intervention du conseil de famille. (Art. 450 du même code.) Il en est de même de l'interdit. (Art. 509.) Quant aux biens du failli, il faut traiter avec les syndics (art. 494 du code de commerce), qui seuls ont qualité pour les louer ou affermer.

Art. 1710.

Le louage d'ouvrage est un contrat par lequel l'une des parties s'engage à faire quelque chose pour l'autre, moyennant un prix convenu entre elles.

Art. 1711.

Ces deux genres d'ouvrage se subdivisent encore en plusieurs espèces particulières.

On appelle BAIL A LOYER *le louage des maisons et celui des meubles;*

BAIL A FERME, *celui des héritages ruraux;*

LOYER, *le louage du travail ou du service;*

BAIL A CHEPTEL, *celui des animaux dont le profit se partage entre le propriétaire et celui à qui il les confie.*

LES DEVIS, MARCHÉ OU PRIX FAIT, *pour l'entreprise d'un ouvrage moyennant un prix déterminé, sont aussi un louage, lorsque la matière est fournie par celui pour qui l'ouvrage se fait.*

Ces trois dernières espèces ont des règles particulières.

ART. 1712.

Les baux des biens nationaux, des biens des communes et des établissemens publics, sont soumis à des réglemens particuliers.

OBSERVATIONS.

Voyez, quant au bail de ces différens objets, l'arrêté du 7 germinal an 9, et le décret impérial du 12 août 1807, rapporté ci-dessus aux observations de l'article 1709.

CHAPITRE II.

DU LOUAGE DES CHOSES.

ART. 1713.

On peut louer toutes sortes de biens meubles ou immeubles.

OBSERVATIONS.

On peut louer, non-seulement les choses corporelles, telles que les meubles et immeubles, mais encore les droits corporels, tels que des rentes foncières et autres droits, tels que celui de pêche, de chasse, etc.

SECTION PREMIÈRE.

Des règles communes aux baux des maisons et des biens ruraux.

ART. 1714.

On peut louer par écrit ou verbalement.

OBSERVATIONS.

I. *Par écrit ou verbalement; par écrit,* ce qui a lieu, soit par acte sous seing privé qui, lorsqu'il est enregistré, acquiert, à l'égard des tiers, la même force que l'acte authentique, soit par acte devant notaire, qu'on appelle acte authentique.

II. S'il s'agit de baux consentis par actes sous seing privé, les articles 22 et 38 de la loi du 22 frimaire an 7 en ordonnent l'enregistrement dans les trois mois, sous peine du double droit.

III. Aux termes du décret du 5 mai 1806, art. 25, « il est défendu aux vendeurs en détail, de recéler (c'est-à-dire de garder sans déclaration) des boissons dans leurs maisons ou ailleurs ; à tous propriétaires ou principaux locataires, de laisser entrer chez eux les boissons appartenant aux débitans, sans qu'il y ait bail *par acte authentique* pour ces caves, celliers, magasins ou autres lieux où seront placées lesdites boissons ». A plus forte raison, le cabaretier ne peut-il, sans bail authentique, louer dans une autre forme ses caves, cellier et magasin à des particuliers non débitans. Ainsi jugé par arrêt de la Cour de cassation, en date du 6 juin, dans l'epèce suivante : Le 2 décembre 1806, les préposés de la régie saisissent, faute de représentation de congé, vingt-huit pièces de vin, placées dans une cave dépendante d'une maison habitée, appartenant au sieur Perrier, débitant de boissons. Perrier soutient que cette cave n'est point à son usage ; il produit à l'appui de son assertion l'acte sous seing privé, en vertu duquel il l'aurait louée au sieur Morizot. Arrêt de la Cour criminelle du département de la Nièvre, en date du 25 avril 1807, qui, en conséquence, annule la saisie. Sur le pourvoi de la régie, arrêt de cassation ainsi conçu : « La Cour, vu les articles 17 et 25 du décret impérial du 5 mai 1806 ; considérant que, d'après l'article 17, les boissons ne peuvent être introduites dans

les maisons des vendeurs en détail, qu'en vertu de
congés ou passavants; qu'il est défendu par l'article 25,
aux propriétaires de maisons, de laisser entrer chez
eux des boissons appartenant à des débitans, à moins
qu'il n'existe un bail par acte authentique des caves ou
magasins; que cette défense doit être appliquée avec
bien plus de force et de raison aux débitans propriétaires de maisons, afin d'empêcher la fraude qui serait
aisément commise, si des baux sous signature privée
étaient autorisés; considérant que, dans l'espèce, Ouvré-
Perrier, débitant et propriétaire de maison, n'a contesté
la légitimité de la saisie dont s'agit, qu'en s'étayant
d'un prétendu bail sous signature privée, par lui consenti en faveur de Morizot; qu'il suffisait que le vin
saisi se trouvât dans une des caves dépendantes de la
maison appartenant à Ouvré-Perrier, pour qu'à défaut
de bail authentique, la saisie en fût légale, dès que ledit
Ouvré-Perrier ne représentait ni congé, ni passavant;
que la régie a été fondée, dans ces circonstances, à
considérer le vin entreposé dans la maison d'Ouvré-
Perrier, débitant, ou comme appartenant à ce dernier,
ou comme ayant été par lui recélé en contravention à la
loi; qu'en décidant le contraire, la Cour de justice criminelle du département de la Nièvre a violé les articles ci-dessus cités et commis un excès de pouvoir; la
Cour *casse* l'arrêt rendu le 25 avril 1807 par la Cour de
justice criminelle de la Nièvre ».

Un autre arrêt de la même Cour, en date du 9 novembre 1810, a jugé dans le même sens dans l'affaire
David. Seulement, dans l'espèce de cet arrêt, le saisi
excipait d'une sous-location consentie *verbalement*.

IV. L'acte sous seing privé, *duement enregistré*,

étant assimilé par la loi à l'acte authentique, du moins *quant à la foi qu'il doit inspirer* (art. 1322 du code civil), il faut, ce nous semble, en conclure que, dans l'hypothèse du premier arrêt que nous venons de citer, la nullité de la saisie aurait été maintenue par la Cour de cassation, si le bail consenti entre Ouvré-Perrier et Morizot eût été enregistré.

V. On peut louer *verbalement*. L'art. 1715 indique néanmoins les caractères attachés aux locations de cette nature.

ART. 1715.

Si le bail fait sans écrit n'a encore reçu aucune exécution, et que l'une des parties le nie, la preuve ne peut en être reçue par témoins, quelque modique que soit le prix, et quoiqu'on allègue qu'il y a eu des arrhes données.

Le serment peut seulement être déféré à celui qui nie le bail.

OBSERVATIONS.

I. *Verba volant, scripta manent.* Pour que la preuve du bail verbal puisse être reçue, il faut que les parties ne l'aient point encore exécuté, car si le locataire était entré dans les lieux par suite de la *remise des clefs* qui lui *aurait été faite*, cette circonstance établirait, *de plano*, l'existence de la convention.

II. Les arrhes dont parle l'article dont nous nous occupons, sont souvent remplacées par ce qu'on nomme *le denier à Dieu* (*denarius Dei*), qui est une pièce de monnaie qu'on remet au portier de la maison. Cette remise une fois opérée, si *le denier à Dieu* n'est pas renvoyé dans les vingt-quatre heures, ou si dans le même temps le preneur ne s'est pas dégagé, les parties ne peuvent plus se dédire, (du moins si elles sont de bonne foi, car si elles sont de mauvaise foi, l'on voit par la disposition de la loi que la preuve ne peut pas être admise contre celui qui nie le bail verbal).

III. Le denier à Dieu ne fait jamais partie du prix du bail. Les arrhes au contraire sont toujours considérées comme un à-compte sur le prix.

IV. Encore qu'il s'agît d'une valeur moindre de 150 fr., pour laquelle l'art. 1341 du code civil admet la preuve testimoniale, cette preuve ne saurait être admise en matière de bail. Ainsi jugé par la Cour de cassation, par arrêt du 12 mars 1816, dans l'affaire Bonnet contre Froideveau et Bouquet.

V. Le serment décisoire peut toujours être déféré à celui qui nie le bail; c'est une conséquence de l'article 1360 du code. Si celui à qui il est déféré ou référé s'y refuse, il doit succomber. (Art. 1361.)

ART. 1716.

Lorsqu'il y aura contestation sur le prix du bail verbal dont l'exécution a commencé, et qu'il n'existera point de quittance, le propriétaire en sera cru sur son serment, si mieux n'aime le locataire demander l'estimation par experts, auquel cas les frais d'expertise restent à sa charge, si l'estimation excède le prix qu'il a déclaré.

ART. 1717.

Le preneur a le droit de sous-louer, et même

de céder son bail à un autre, si CETTE FACULTÉ *ne lui a pas été* INTERDITE.

Elle peut être interdite pour le tout ou partie. Cette clause est toujours de rigueur.

OBSERVATIONS.

I. Aux termes de l'art. 1763, la faculté de sous-louer et de céder le bail, n'existe au profit *du preneur qui cultive sous la condition d'un partage de fruits*, c'est-à-dire du colon partiaire, que tout autant qu'elle lui a été expressément accordée par son bail. S'il s'agit de tout autre preneur, il a le droit incontestable de sous-louer, et même de céder son bail, si une clause spéciale et rigoureuse, aux termes de la loi, ne l'en a dépouillé. *Nemo prohibetur rem quam conduxit, fruendam alii locare, si nihil aliud convenit, leg.* 6, *cod. de loc. et conduc.; le locataire peut sous-louer, s'il n'y a convention contraire.*

II. « Cet article, dit M. Favart de Langlade, dans son Répertoire de la Nouvelle Législation, au mot SOUS-LOCATION, en parlant de l'art. 1717, exprime nettement que la défense de *sous-louer*, et celle de *céder* le bail ne sont pas la même chose. La première contient la seconde par l'effet d'un argument *à fortiori ;* celui qui défend de céder le moins défend *à fortiori* de céder le plus. Ainsi celui auquel la *sous-location* est défendue ne peut *céder* son bail *en tout ou en partie.* »

Mais en sens inverse, si la défense ne porte que sur la cession du bail, le preneur pourra *sous-louer une partie* de la chose louée. Et pourquoi? c'est que la clause *est de rigueur,* et que la loi a pensé que celui qui s'est borné à défendre de céder le bail, n'a pas nécessairement défendu de sous-louer une partie de la chose louée, à moins qu'il n'ait formellement exprimé le contraire, comme si la clause porte la défense de sous-louer en tout ou en partie.

Cela est conforme à l'ancienne jurisprudence attestée par Bourgeois, dont voici les termes : « Nonobstant » cette clause (la défense de céder le bail), le locataire » qui s'y est soumis peut sous-louer une portion des » lieux; sous-location n'est pas cession de bail; la sous- » location est donc permise, nonobstant une telle » clause; mais pour cela, il faut qu'il ait conservé une » partie des lieux à lui loués et qu'il habite en per- » sonne; sans cela, ce serait une dérision de sa part, » qu'on rejeterait. Tel est l'usage du Châtelet : il me » paraît aussi judicieux que juridique ». Voyez aussi l'arrêt de la cour des aides, du 17 mars 1718, rapporté par Denisart, au mot BAIL; il confirme l'usage du Châtelet et la proposition. Nous pensons avec Merlin que c'est cette jurisprudence que l'art. 1717 du code civil a entendu maintenir.

Un arrêt de la Cour royale d'Angers, du 17 mars 1817, rapporté par Sirey, v. 18, p. 234, deuxième partie, a consacré cette doctrine, en décidant que, quand le propriétaire a interdit au preneur de *céder* ou *transporter le bail* sans s'expliquer sur la faculté de sous-louer, le locataire a par cela même le droit de *sous-louer partie* des lieux, alors surtout qu'il n'en change pas la destination.

III. Un arrêt de la Cour d'Amiens, rapporté par Sirey, vol. 1824, en date du 24 mai 1817, semble néanmoins s'être écarté de la doctrine professée par Bourgeois, en décidant que le locataire à qui on avait interdit la faculté de *céder en tout ou en partie* son droit au bail, avait pu néanmoins sous-louer même *la totalité des lieux.*

A la vérité, il restait *en fait* une différence sensible entre la condition du locataire primitif à l'égard du bailleur, et celle du sous-locataire vis-à-vis du même bailleur. En effet, la sous-location avait seulement été consentie pour dix années, tandis qu'il restait encore dix-neuf ans à courir pour l'expiration du bail ; et en outre le prix de la sous-location était supérieur à celui du bail.

IV. La Cour d'Amiens a encore jugé, le 22 juin 1822, dans l'affaire Mimeril contre Muot, que la prohibition de *sous-louer* et *d'arrière-bailler,* emportait prohibition de sous-louer, même pour partie.

« Considérant, porte en effet l'arrêt de cette cour, » que la défense faite au preneur de sous-louer et de » *céder* son bail, ne lui laisse pas la faculté de sous- » louer en partie, puisque la partie est comprise dans » le tout. » On voit que cet arrêt a assimilé le mot. *arrière-bailler* au mot *céder,* et qu'il est d'ailleurs en contradiction formelle avec l'opinion de Bourgeois et de Merlin. Quoi qu'il en soit, il est à regretter que la cour suprême n'ait point été appelée à fixer les vrais principes dans une question aussi délicate.

V. Si le preneur cède son bail, c'est au cessionnaire, s'il est en possession, que le bailleur doit signifier les actes de congé. (Cour royale de Nîmes, 16 frimaire an 11. Sirey, t. 4, p. 635.)

VI. Le preneur qui sous-loue ne peut introduire dans les lieux des personnes d'un état différent de celui qu'il exerce lui-même ; car alors il changerait la desti-

-nation de la chose louée ; ce que défend l'article 1728.

Il ne peut pas plus que son cédant, ou le propriétaire lui-même, louer à des personnes de mauvaise vie
ou à des gens qui voudraient faire des lieux un usage
contraire aux lois.

VII. Si le droit de sous-louer ou de céder n'a point
été interdit par le bail au locataire, et si celui-ci cède
ou sous-loue, son cessionnaire ou sous-locataire conserve par cela même l'exercice de ce droit.

Mais la Cour royale de Paris a jugé, le 19 novembre
1821, dans l'affaire Saint-Coran contre Villemant (DE-
NEVERS, *supplément,* 1823, p. 154), que, quoiqu'un propriétaire qui a loué un immeuble avec défense au preneur
de *sous-louer,* ait ensuite donné son adhésion à l'acte
par lequel le preneur *sous-loue* à un tiers avec prohibition à ce tiers de *céder* tout ou partie de son droit au
bail, mais sans lui interdire d'une manière formelle le
droit de sous-louer à son tour, ce droit ne pouvait appartenir à ce dernier.

VIII. Au surplus, il est constant que le preneur,
soit qu'il cède son bail à un autre, soit qu'il sous-loue,
n'en demeure pas moins obligé au paiement du prix du
bail à l'égard du propriétaire.

Art. 1718.

*Les articles du titre du contrat de mariage et
des droits respectifs des époux relatifs aux baux
des biens des femmes mariées, sont applicables
aux baux des biens des mineurs.*

OBSERVATIONS.

I. Les art. 1429 et 1430 du code civil sont ainsi conçus :

« Art. 1429. Les baux que le mari seul a faits des biens
» de sa femme *pour un temps qui excède neuf ans*, ne
» sont, en cas de dissolution de la communauté, obli-
» gatoires vis-à-vis de la femme ou de ses héritiers que
» pour le temps qui reste à courir, soit de la première
» période de neuf ans, si les parties s'y trouvent en-
» core, soit de la seconde et ainsi de suite, de manière
» que le fermier n'ait que le droit d'achever la jouis-
» sance de la période de neuf ans où il se trouve.

» Art. 1430. Les baux de *neuf ans ou au-dessous que*
» *le mari seul* a passés ou renouvelés des biens de sa
» femme, plus de trois ans avant l'expiration du bail
» courant, s'il s'agit de biens ruraux, et plus de deux
» ans avant la même époque, s'il s'agit de maisons, sont
» sans effet, à moins que leur exécution n'ait com-
» mencé avant la dissolution de la communauté. »

II. Si donc la femme est intervenue aux actes dans
l'un et l'autre cas, les baux sont toujours obligatoires,
quelle qu'en soit la durée.

Si, dans le cas où le mari *seul* a traité, les baux dépassent neuf ans, ils ne sont exécutoires que pendant la
révolution de cette période ou de celle dans laquelle on
se trouve.

S'il s'agit, dans le même cas, de *baux de neuf ans ou*
au-dessous, ils sont nuls, si leur exécution n'a pas commencé avant la dissolution de la communauté, et s'ils
ont été consentis plus de trois ans avant l'expiration du
bail courant, s'il s'agit de biens ruraux, et plus de deux
ans s'il s'agit de maisons.

ART. 1719.

Le bailleur est obligé, par la nature du contrat

et sans qu'il soit besoin d'aucune stipulation particulière,

1°. *De délivrer au preneur la chose louée;*

2°. *D'entretenir cette chose en état de servir à
l'usage pour lequel elle a été louée;*

3°. *D'en faire jouir paisiblement le preneur
pendant la durée du bail.*

OBSERVATIONS.

Voyez les art. 1721 et 1723. Il est bien entendu
que les trois obligations dont parle la loi s'étendent
aussi aux accessoires de la chose louée. Ainsi en louant
un jardin, si le puits qui sert à l'arroser n'était pas expressément compris dans la location, il y serait tacitement compris comme accessoire de la chose principale,
le jardin.

Si le locateur ou propriétaire refusait d'accomplir ces
obligations, le locataire aurait le choix, d'après l'art. 1184
du code, ou de forcer le bailleur à les exécuter, ou de demander la résiliation du contrat avec dommages-intérêts.

ART. 1720.

*Le bailleur est tenu de délivrer la chose en bon
état de réparations de toute espèce.*

*Il doit y faire, pendant la durée du bail, toutes
les réparations qui peuvent devenir nécessaires,
autres que les* RÉPARATIONS LOCATIVES.

OBSERVATIONS.

L'art. 1754 explique ce que la loi entend par réparations locatives. Toutes les autres demeurent donc à la
charge du bailleur.

ART. 1721.

Il est dû garantie au preneur pour tous les vices ou défauts de la chose louée QUI EN EM-PÊCHENT L'USAGE, *quand même le bailleur ne les aurait pas connus lors du bail.*

S'il résulte de ces vices ou défauts quelque perte pour le preneur, le bailleur est tenu de l'indemniser.

OBSERVATIONS.

I. La loi impose au bailleur l'obligation de garantir le preneur pour *tous vices* ou défauts qui *empêchent l'usage* de la chose ; c'est une conséquence de l'article 1719. Mais le bailleur n'est pas tenu de garantir les vices qui rendent seulement l'usage *moins commode* (POTHIER, *Contrat de louage*, n°. 110) ; car l'usage de la chose n'en subsisterait pas moins. Par exemple, si vous baillez une prairie où se trouvent des herbes empoisonnées, si vous baillez des tonneaux pour y mettre du vin, et que ces tonneaux soient d'un bois poreux qui ne puisse contenir le liquide ; si vous louez à quelque voyageur un cheval qui ait quelque vice essentiel, dans toutes ces hypothèses, l'usage de la chose est impraticable ; vous en devez garantie.

Si au contraire le cheval en question a quelque vice léger, s'il est peureux, s'il est un peu rétif, s'il n'a pas les jambes bien sûres, ces vices ou défauts rendant seulement l'usage moins commode, sans empêcher toutefois qu'on ne s'en puisse servir, il n'y a pas lieu à garantie. (POTHIER, *loco citato*.)

II. Si une seule cheminée, ou quelques-unes seulement fumaient, ce serait une simple incommodité ; cependant si toutes fumaient, comme alors il y aurait péril pour la vie du locataire, il y aurait lieu à garantie. (Arrêts du parlement de Paris, 18 septembre 1766, et 7 juillet 1767, rapportés par Denisart, au mot LOCATAIRE.)

III. Si ces vices ou défauts de la chose louée avaient occasioné un dommage, une perte matérielle ; si, par exemple, le cheval que vous avez loué avait un vice essentiel, et que par suite il eût cassé le bras à son cavalier en le renversant, il y aurait lieu à exercer contre vous une action en dommages-intérêts.

IV. L'action en garantie a pour objet de forcer le bailleur à rétablir l'usage de la chose louée, si ce rétablissement est possible, ou de demander la résolution du bail avec dommages et intérêts.

V. Si les vices ou défauts de la chose n'existaient point lors du contrat, et s'ils ne sont survenus qu'ultérieurement, sans provenir du fait du bailleur, il y a lieu dans ce cas à la résolution du bail ; mais dans ce cas aussi le bailleur n'est tenu d'aucuns dommages-intérêts (POTHIER, *loco citato*, nᵒˢ. 116 et 117), encore même que ces vices eussent occasioné un dommage matériel.

ART. 1722.

Si, pendant la durée du bail, la chose louée est détruite en totalité par cas fortuit, le bail est résilié de plein droit ; si elle n'est détruite qu'en partie, le preneur peut, suivant les circonstances, demander ou une diminution du prix, ou la ré-

siliation du bail. Dans l'un et l'autre cas, il n'y a lieu à aucun dédommagement.

OBSERVATIONS.

I. Par exemple, si j'ai loué un cheval et qu'il périsse par cas fortuit ou force majeure, je ne suis tenu à rien (*Expelly plaidoyer n°.* 13); il en serait de même encore que la perte de la chose eût été prévue et que le preneur se fût engagé à en payer le loyer après la perte. (*Expelly* ibid. *n.°* 18.)

II. On voit, par la rédaction de cet article, la différence sensible qui existe entre le contrat de louage et le contrat de vente. Dans le contrat de vente, la chose au moment de la vente passe en entier dans le domaine de l'acquéreur; conséquemment elle demeure, du jour de la vente, à ses risques et périls, et si elle vient à périr par cas fortuit ou autrement, l'acquéreur doit seul supporter la perte. En matière de louage, au contraire, la chose restant aux risques et périls du bailleur qui ne cesse pas d'en être propriétaire, si la chose vient à périr, elle ne peut périr pour le compte du preneur.

III. Par le même motif, si la chose louée vient à s'accroître, par *alluvion* par exemple, le preneur ne doit pas en profiter, parce que de même qu'il ne supporte pas la perte, de même il ne doit pas profiter du bénéfice : *ubi non detrimentum et onus, ibi non debet esse augmentum.* D'ailleurs, on lui a loué la chose telle qu'elle était au moment du contrat, et non telle qu'elle a pu être ultérieurement par suite de l'alluvion. (Pothier professe la même opinion, *Contrat de louage*, n°. 278.)

Art. 1723.

Le bailleur ne peut, pendant la durée du bail, changer la forme de la chose louée.

Art. 1724.

Si, durant le bail, la chose louée a besoin de réparations urgentes et qui ne puissent être différées jusqu'à sa fin, le preneur doit les souffrir, quelqu'incommodité qu'elles lui causent, et quoiqu'il soit privé, pendant qu'elles se font, d'une partie de la chose louée.

Mais, si ces réparations durent plus de quarante jours, le prix du bail sera diminué à proportion du temps et de la partie de la chose louée dont il aura été privé.

Si les réparations sont de telle nature qu'elles rendent inhabitable ce qui est nécessaire au logement du preneur et de sa famille, celui-ci pourra faire résilier le bail.

OBSERVATIONS.

1. S'il s'élève des difficultés sur le point de savoir si les réparations sont urgentes, il faut recourir au rapport des experts.

II. Si ces réparations rendent inhabitable ce qui est nécessaire au logement du preneur, il peut demander la résiliation avec *dommages-intérêts*, et encore que les réparations ne dussent pas durer plus de quarante jours.

Art. 1725.

Le bailleur n'est pas tenu de garantir le pre-

neur des troubles que des tiers apportent par VOIE
DE FAIT *à sa jouissance, sans prétendre d'ailleurs
aucun droit sur la chose louée ;* SAUF AU PRENEUR
A LES POURSUIVRE EN SON NOM PERSONNEL.

OBSERVATIONS.

S'il s'agit, en effet, de voies de fait étrangères à la propriété de la chose louée, si, par exemple, des voleurs s'introduisent dans un verger, brisent des portes, percent les murailles, s'emparent d'un troupeau, etc., comme ce fait est étranger au bailleur, il n'en doit aucune garantie ; c'est le preneur seul qui en est responsable, car il doit rendre la chose telle qu'il l'a reçue.

ART. 1726.

Si, au contraire, le locataire ou le fermier ont été troublés dans leur jouissance par suite d'une action concernant la propriété du fonds, ils ont droit à une diminution proportionnée sur le prix du bail à loyer ou à ferme, pourvu que le trouble et l'empêchement aient été dénoncés au propriétaire.

OBSERVATIONS.

S'il s'agit au contraire d'une action judiciaire, dirigée contre la chose louée, c'est alors le propriétaire qui doit intervenir, et pour cela faire il faut de suite que le preneur dénonce ce trouble au propriétaire : cette dénonciation est de rigueur pour conserver au locataire ou fermier *le droit* de demander ultérieurement une indemnité au bailleur, si, par suite, la condamnation prononcée contre ce dernier, dépouillait le locataire ou fermier de tout ou partie de ses droits à la jouissance de la chose.

Art. 1727.

Si ceux qui ont commis ces voies de fait, prétendent avoir quelque droit SUR LA CHOSE LOUÉE, OU SI LE PRENEUR EST LUI-MÊME CITÉ EN JUSTICE *pour se voir condamner au délaissement de la totalité ou de partie de cette chose, ou à souffrir l'exercice de quelque servitude, il doit appeler le bailleur en garantie, et doit être mis hors d'instance, s'il l'exige, en nommant le bailleur pour lequel il possède.*

OBSERVATIONS.

Il en serait de même si *les voies de fait exercées* l'eussent été par des tiers prétendant droit à la propriété, ou si le locataire ou fermier était lui-même mis en cause ; il devrait en pareil cas se hâter d'appeler en garantie le bailleur, car sans cela il perdrait tout recours contre lui. (Voyez l'art. 1768.)

Art. 1728.

Le preneur est tenu de deux obligations principales :

1°. *D'user de la chose louée en bon père de famille, et suivant la destination qui lui a été donnée par le bail, ou suivant celle présumée d'après les circonstances, à défaut de conventions ;*

2°. *De payer le prix du bail aux termes convenus.*

OBSERVATIONS.

I. De la première de ces deux obligations résulte la conséquence, que le preneur ne peut céder son bail, ou sous-louer tout ou partie, à des gens exerçant une autre profession, état ou métier que lui, s'il n'y a clause expresse dans le bail, car il en changerait la destination.

II. Il résulte de la seconde que le preneur, soit qu'il cède son droit au bail, soit qu'il sous-loue, est toujours tenu de payer le prix convenu au bailleur, qui n'a traité qu'avec lui et qui ne doit connaître que lui.

III. Les loyers doivent être payés au bailleur dans le lieu convenu par le bail.

IV. S'il n'y a point de convention particulière à cet égard, c'est au domicile du preneur que le paiement doit être fait, surtout s'il s'agit d'un paiement en grains ou en quelqu'autre denrée qu'il faille voiturer.

V. Si, par le bail, on était convenu que des fermages en grains ou autres denrées, seraient conduits par le preneur au domicile du bailleur, et que celui-ci allât résider dans un lieu beaucoup plus éloigné que celui qu'il habitait au temps du bail, le preneur ne serait point obligé de conduire les fermages au nouveau domicile, parce qu'en contractant il n'a pas dû compter sur cette augmentation de dépenses; le bailleur doit alors indiquer un lieu dans son ancien domicile, où le preneur puisse conduire ses fermages.

VI. Quant à la *contribution foncière,* l'art. 147 de la loi du 3 frimaire an 7, sur les contributions fon-

cières, est ainsi conçu : « Tous fermiers et locataires
» seront tenus de payer en l'acquit des propriétaires
» ou usufruitiers, la contribution foncière pour le bien
» qu'ils auront pris à ferme ou à loyer, et le propriétaire
» ou l'usufruitier de recevoir le montant des quittances
» de cette contribution pour comptant sur le prix des
» fermages et loyers, à moins que le fermier ou le lo-
» cataire n'en soit chargé par son bail. »

Néanmoins cette demande est le plus communément
adressée aux propriétaires.

VII. L'impôt *des portes et fenêtres* est à la charge
du locataire. Cet impôt est exigible contre le propriétaire, mais il conserve de droit son recours contre le
locataire, à moins que le bail ne renferme quelque stipulation contraire (Cour de cassation, 3 mai 1813, affaire Batelli); et, en acquittant cette contribution, le
propriétaire, par ce seul fait, n'est point présumé avoir
renoncé à exiger le remboursement de la part du locataire. (Cour de cassation, 26 octobre 1814, affaire Re-
bejac contre Brun.) Le texte de la loi qui a motivé ces
deux décisions, est l'article 12 de la loi du 4 frimaire
an 7, ainsi conçu : « La contribution des portes et
» fenêtres sera exigible contre les propriétaires et usu-
» fruitiers, fermiers et locataires principaux des mai-
» sons, bâtimens et usines, *sauf leur recours* contre les
» locataires particuliers pour le remboursement de la
» somme due à raison du local par eux occupé. »

VIII. Voici les principales dispositions relatives à
cet impôt :

Loi du 4 frimaire an 7. « Art. 2. Cette contribution
» est établie sur les portes et fenêtres donnant sur les
» rues, cours ou jardins des bâtimens et usines, sur

» tout le territoire de la république, dans les propor-
» tions ci-après........., etc.

» Art. 3....... Les portes cochères et celles de ma-
» gasins, des marchands en gros, commissionnaires et
» courtiers, paieront double contribution. »

Aujourd'hui, la quotité de la contribution des portes
et fenêtres est fixée annuellement par les tableaux an-
nexés au budget.

« Art. 5. Ne sont pas soumises à la contribution éta-
» blie par la présente, les portes et fenêtres servant à
» éclairer ou à aérer les granges, bergeries, étables,
» greniers, caves et autres locaux non destinés à l'ha-
» bitation des hommes, ainsi que *toutes* les ouvertures
» des combles ou toitures des lieux habités. »

On doit conclure de ces mots : *ainsi que toutes les ouvertures des combles,* que les fenêtres des mansardes
doivent échapper à la contribution.

Ne sont pas soumises à cette contribution les ouvertures sans vitres des boutiques et magasins. (Décision
du ministre des finances, du 27 vendémiaire an 9.)

« Art. 15. Lorsque le même bâtiment sera occupé
» par le propriétaire, et un ou plusieurs locataires, ou
» par plusieurs locataires seulement, la contribution
» des portes et fenêtres en usage commun, sera ac-
» quittée par le propriétaire ou usufruitier. »

IX. Les propriétaires des manufactures ne sont taxés
que pour les portes et fenêtres du logement qu'ils occupent personnellement, et celles des logemens de leurs
portiers ou commis. (Art. 19, loi du 25 mars 1803.)

X. Le locataire doit acquitter la taxe entière pour
toute l'année des portes et fenêtres du logement qu'il
occupe, pendant les trois premiers mois, sans pouvoir

exiger une diminution pour les neuf derniers mois, s'il quittait les lieux ; mais par la même raison, il ne doit rien pour ces neuf derniers mois, s'il entre dans les lieux après l'expiration des trois premiers mois. (Décision du ministre des finances, du 5 nivôse an 9.)

XI. Lorsqu'il y a lieu de la part du propriétaire ou locataire à élever quelque réclamation sur la quotité ou la légalité de la contribution mise à sa charge, la réclamation, écrite sur papier timbré et accompagnée de l'avertissement , doit être adressée au préfet et déposée à la mairie de l'arrondissement où la propriété est située.

Son admission ne suspend ni l'exigibilité des douzièmes, à mesure qu'ils échoient, ni les poursuites nécessaires pour en opérer le recouvrement. En cas de dégrèvement, il doit être tenu compte des contributions qu'il aurait payées de trop ; les ordonnances de dégrèvement sont prises pour comptant et imputées sur le rôle même de l'exercice; elles libèrent sur-le-champ le contribuable des sommes dont la décharge a été prononcée. (Arrêté du ministre des finances, du 10 mars 1823.)

La réclamation, pour cause de surtaxe, doit contenir le détail de toutes les locations de la maison, vacantes ou occupées, avec le prix de chacune d'elles.

XII. En cas de *vacance* de tout ou partie de la maison, tout propriétaire, ayant droit conséquemment à une réduction de contribution foncière, doit faire pour chaque trimestre, au bureau du percepteur de l'arrondissement où la propriété est située, une déclaration indiquant, 1°. le logement vacant; 2°. l'étage où il se trouve ; 3°. le nom du dernier occupant ; 4°. la valeur locative pour laquelle le logement est compris dans le produit brut de la maison ; 5°. l'époque à laquelle cette vacance a commencé. Cette déclaration doit être faite avant la fin d'octobre, de janvier, d'avril et de juillet pour les termes de loyer respectivement désignés par le nom de chacun de ces mois. Elle doit être renouvelée à chaque trimestre, si la vacance continue : elle tient lieu de réclamation. Tout propriétaire qui n'a pas fait cette déclaration, est déchu du droit de répéter la vacance pour le terme non déclaré.

XIII. Pour le cas de déménagement des meubles du locataire, voyez l'instruction du préfet ci-après, n°. 14.

XIV. Le locataire est tenu de payer la *contribution personnelle* et d'acquitter la *patente*, s'il est commerçant. Quoique le paiement en soit demandé directement au contribuable, les propriétaires ou principaux locataires sont néanmoins garans du recouvrement de ces deux espèces de contributions dans certains cas que nous allons faire connaître, en plaçant sous les yeux du lecteur une instruction du préfet de la Seine, adressée à cet effet aux propriétaires et principaux locataires. Elle est ainsi conçue :

« Le préfet, etc., désirant épargner aux propriétaires et principaux locataires des maisons de Paris le désagrément des poursuites en garantie relative aux contributions directes de leurs locataires ou sous-locataires, et persuadé qu'il suffit de leur rappeler les obligations que la loi leur impose à cet égard, pour les déterminer à remplir ces obligations, adresse chaque année, à titre d'avis, auxdits propriétaires et principaux locataires, l'instruction suivante, et les invite à s'en pénétrer :

» Art. 1er. La contribution personnelle et le droit de

patente sont dus par le contribuable nominativement désigné dans le rôle ; cependant le propriétaire et le principal locataire sont garans du recouvrement, sauf recours,

» 1°. Dans le cas de déménagement ou enlèvement de meubles effectués par le contribuable avant l'expiration du bail ou terme de loyer ;

» 2°. Dans le cas de déménagement ou enlèvement de meubles effectués même à l'expiration du bail ou terme de loyer, si, un mois au moins avant cette expiration, le propriétaire ou principal locataire n'a pas eu soin d'en prévenir le percepteur, et s'il n'a pas une reconnaissance par écrit de cet avertissement ou un acte authentique qui le constate (Arrêté du 25 fructidor an 10, 12 septembre 1802);

» 3°. Dans le cas de déménagement furtif, si le propriétaire ou le principal locataire n'a pas eu soin de faire constater, dans les trois jours, ce déménagement furtif, soit par le commissaire de police du quartier, soit par le juge de paix ou le maire de l'arrondissement. (Arrêté du 10 floréal an 11, 30 avril 1803.)

» Art. 2. Il suit de là, à l'égard du déménagement ordinaire, que tout propriétaire ou principal locataire qui donne ou reçoit un congé, peut se soustraire à la garantie de la cote personnelle et de la patente due par son locataire ou sous-locataire, en déclarant au percepteur des contributions directes de son arrondissement de perception, le déménagement qui doit avoir lieu; mais pour que cette déclaration produise son effet, il faut :

» 1°. Qu'elle soit faite au moins un mois avant l'époque du déménagement ;

» 2°. Qu'elle soit inscrite sur le registre ouvert à cet effet chez le percepteur, et signée du déclarant ou de son représentant, à qui il sera délivré une reconnaissance;

» 3°. Que le propriétaire ou principal locataire ait empêché la sortie des meubles jusqu'à l'expiration du bail ou terme de loyer, à moins que le locataire ou sous-locataire n'ait justifié de l'entier paiement des contributions par lui dues. (Arrêté du 2 frimaire an 9, 23 novembre 1823.)

» La circonstance particulière d'un déménagement effectué avant l'époque de la mise en recouvrement des rôles de la contribution personnelle et du droit de patente, ne change en rien la position du propriétaire ou principal locataire, par rapport à sa garantie, et ne le dispense point de la précédente formalité.

» Si, lorsque la déclaration est faite au percepteur *un mois ou plus d'un mois* avant l'époque du déménagement, ledit percepteur refuse de la recevoir ou d'en délivrer une reconnaissance, quand bien même les rôles de la contribution personnelle ou du droit de patente ne seraient pas encore entre ses mains, le propriétaire ou principal locataire a la faculté de porter cette déclaration devant le maire ou juge de paix de son arrondissement et d'en prendre acte, ou de la faire notifier par un huissier au percepteur refusant.

» A l'égard du déménagement furtif, la disposition précitée de l'arrêté du 10 floréal an 11 (30 avril 1803), s'explique clairement et ne laisse subsister sur ce point aucune incertitude.

» Le propriétaire ou principal locataire gardera par devers lui la pièce qu'il se sera procurée, c'est-à-dire la

reconnaissance de la déclaration du déménagement ordinaire, ou le certificat de déménagement furtif. En cas
de garantie ultérieurement exercée, il se pourvoira auprès du conseiller d'état préfet du département de la
Seine. A cet effet, il lui adressera une pétition accompagnée de l'une des deux pièces ci-dessus mentionnées
et de la contrainte administrative pour cause de garantie [1]. Il déposera cette pétition au secrétariat de la préfecture dans les dix jours de la réception de ladite
contrainte. S'il est reconnu que les formalités ont été
remplies, les poursuites en recours seront suspendues
immédiatement, mais elles seront continuées jusqu'à la
fin du paiement des sommes qui les auront occasionées,
si les mêmes formalités n'ont pas été remplies, ou ne
l'ont été qu'imparfaitement.

» Art. 3. Afin que le propriétaire ou principal locataire ne puisse ignorer ni les noms des contribuables
imposés dans sa maison, ni la nature et les sommes de
contribution dont chacun d'eux est redevable, le relevé
de ces noms et de ces sommes est placé à la suite de la
présente instruction.

» Au reçu de cette instruction, le propriétaire ou
principal locataire devra examiner ce relevé, et voir si
tous les contribuables y désignés demeuraient dans sa
maison au terme de janvier.

» Si, dans le nombre des contribuables, il en remarque un ou plusieurs qui ne demeuraient pas, ou ne

---

[1] Cette contrainte, décernée par le percepteur, enregistrée et
visée à la préfecture, se notifie par la voie de la poste aux lettres.
Elle ne peut jamais être notifiée avant que le déménagement n'ait
été effectué, parce que ce n'est qu'après le déménagement que la
garantie peut être encourue.

demeureraient plus chez lui à ladite époque, il en dressera
de suite un état qui indiquera autant que possible les
lieux où ils ont transféré leur domicile ; il déposera cet
état dans la huitaine à la direction des contributions directes ; il lui en sera délivré un reçu qu'il aura soin de
conserver pour sa décharge. Si ce dépôt n'est pas effectué dans ledit délai, le propriétaire ou principal locataire pourra être déclaré garant des taxes de tous les
contribuables qui, ne demeurant pas dans sa maison
au terme de janvier, étaient néanmoins portés au rôle
comme y demeurant, et il ne sera pas fondé à se plaindre de cette garantie, puisqu'il ne devra l'imputer qu'à
sa propre négligence.

» Le directeur des contributions directes fera vérifier, par les contrôleurs, tous les états déposés dans ses
bureaux ; il prendra les mesures convenables pour faire
connaître aux percepteurs les nouveaux domiciles qui
auront pu être indiqués par ces mêmes états.

» Art. 4. Lorsqu'une taxe de patente s'ouvrira dans
le cours de l'année, et sera mise en recouvrement en
vertu d'un rôle supplétif, ou bien lorsqu'un nom aura
été régulièrement substitué à un autre sur le rôle de la
contribution personnelle ou du droit de patente, le
percepteur en informera sur-le-champ, par un nouvel
envoi de la présente instruction, le propriétaire ou
principal locataire de la maison habitée par le contribuable ainsi imposé. Connaissant officiellement, dans
le premier cas, l'existence et le montant de la nouvelle
taxe, dans le second, le nom du débiteur légal de l'ancienne, le propriétaire ou principal locataire se trouvera, pour ces deux cas, replacé dans la même position
que si le contribuable eût été originairement compris

au rôle ; et , par une conséquence nécessaire , il sera tenu de remplir toutes les obligations rappelées dans cette instruction. »

XV. Le locataire est tenu en outre de toutes les *charges de police*, telles que balayage et arrosage du devant des maisons, illuminations les jours de fêtes publiques , tenture pour les processions de la Fête-Dieu, et autres charges de la même nature prescrites par la police.

ART. 1729.

Si le preneur emploie la chose louée à un autre usage que celui auquel elle a été destinée, ou dont il puisse résulter un dommage pour le bailleur, celui-ci peut, suivant les circonstances, faire résilier le bail.

OBSERVATIONS.

I. Si, par suite de l'inexécution de ces obligations, le bail était résilié à la demande du bailleur, l'art. 1760 règle les dommages-intérêts qui peuvent lui être accordés.

II. Indépendamment des prohibitions imposées au preneur par cet article, et des obligations qui sont spécialement tracées par la loi, soit en matière de baux à loyer, soit en matière de baux à terme, il en est d'autres qui réultent de la nature même du contrat. « Car, » dit l'art. 1135, « les conventions obligent, non-seule- » ment à ce qui y est exprimé, mais encore à toutes » les suites que l'équité, l'usage ou la loi donnent à » l'obligation d'après sa nature. » Or, l'une de ces obligations imposées au preneur par la nature même du

contrat du bail, est celle de laisser voir les lieux quand
un congé a été signifié ou accepté, ou quand le bail est
près d'expirer; sans cela, en effet, toute relocation deviendrait impraticable, et si pareille chose arrivait par
le refus du locataire, il serait tenu d'en indemniser le
propriétaire. (Arg. de l'art. 1382.)

III. Pour prétendre à cette indemnité, il faudrait
que le propriétaire fît constater le refus, soit par les
personnes qui se seraient présentées pour visiter les
lieux, soit par ses préposés, portiers gérans ou autres;
il serait néanmoins plus prudent de faire constater le
refus par un procès-verbal d'huissier, qui serait par cela
même à l'abri de toute critique.

IV. Mais cette obligation prescrite au preneur, ne
doit pas dégénérer en abus, car alors il y aurait entrave
à *la jouissance paisible* que doit lui garantir le bailleur
(art. 1719). L'usage veut donc que le locataire indique, pour visiter les lieux, soit une heure précise
dans la journée, soit un jour de la semaine, et quel que
soit le jour indiqué, les visites peuvent être interdites,
soit le matin avant neuf heures, soit le soir après cinq
heures.

V. La même obligation existerait, si le propriétaire
avait manifesté l'intention de *vendre les lieux loués;* car
si le locataire ne peut empêcher le bailleur de vendre la
propriété, il doit par cela même lui en accorder le
moyen, en permettant la visite des lieux.

ART. 1730.

S'il a été fait un état des lieux entre le bailleur
et le preneur, celui-ci doit rendre la chose telle

qu'il l'a reçue, suivant cet état, excepté ce qui a péri ou a été dégradé par vétusté ou force majeure.

OBSERVATIONS.

I. L'état des lieux est un acte fait double et signé des deux parties, qui constate l'état dans lequel se trouvent les lieux loués. Quand les lieux sont considérables, et quand on prévoit que l'état qui doit en être dressé sera dispendieux, l'on convient d'ordinaire dans le bail qu'il sera supporté à frais communs. En l'absence de cette circonstance, l'état des lieux est dressé par le propriétaire ou bailleur, qui en supporte les frais.

II. L'état des lieux est surtout nécessaire, s'il existe dans l'appartement des glaces, tableaux ou autres objets qui, par la manière dont ils sont fixés dans les murs, pourraient être réputés *meubles* par la loi, et comme tels réclamés par le locataire de mauvaise foi au moment de l'expiration du bail. Il en est de même à l'égard du locataire qui, faute d'état des lieux, pourrait se voir exposé à voir réclamer ces divers meubles par le propriétaire, s'ils étaient fixés de manière à être réputés *immeubles par destination*, aux termes de l'art. 525 du code.

III. Si dans le courant du bail le locataire exécutait quelques changemens dans les lieux, il devrait à l'expiration les remettre dans leur état primitif, si mieux n'aimait le propriétaire lui payer le montant de ses déboursés; mais dans tous les cas, le locataire ne peut, de son fait, dégrader les lieux. Ainsi le locataire, encore que le propriétaire ne lui en paie point la valeur, ne peut dégrader ni détériorer les peintures qu'il aurait fait exécuter sur les murs ou ailleurs, ni arracher, ni même gâter les papiers qu'il aurait fait coller sur les murs. (BOURJON, *Droit commun de la France.*)

IV. Il ne peut emporter les arbres qu'il a plantés dans un jardin, mais il peut en emporter les plantes et les légumes, ainsi que les arbrisseaux et arbustes mis en pépinière. (DENIZART et FERRIÈRES.)

ART. 1731.

S'il n'a pas été fait d'état des lieux, le preneur est présumé les avoir reçus en bon état de réparations locatives, et doit les rendre tels, sauf la preuve contraire.

OBSERVATIONS.

Voyez les notes de l'article précédent et l'art. 1754

ART. 1732.

Il répond des dégradations ou des pertes qui arrivent pendant sa jouissance, à moins qu'il ne prouve qu'elles ont eu lieu sans sa faute.

OBSERVATIONS.

I. Le contrat de louage étant un contrat consenti dans l'intérêt réciproque du bailleur et du preneur, le preneur n'est pas tenu de la faute la plus légère, *culpam levissimam*, mais bien de la faute légère, *culpam levem* (*leg.* 5, §. 1, ff. *commod.*). Conséquemment les parties ne sont obligées qu'à une diligence ordinaire, et non au soin le plus rigoureux, *exactissimam diligentiam.*

II. Rien n'empêche cependant les parties de stipuler que le preneur sera tenu, soit seulement de la faute grossière, *culpam latam*, soit même de la faute *très-légère*. (POTHIER, *Contrat de louage*, n°. 132.)

III. C'est au preneur à prouver que les dégradations ou les pertes sont arrivées sans sa faute, *reus excipiendo fit actor.*

Voyez l'art. 1735 qui étend cette responsabilité à d'autres cas.

ART. 1733.

Il répond de l'incendie, à moins qu'il ne prouve

Que l'incendie est arrivé par cas fortuit ou force majeure, ou par vice de construction,

Ou que le feu a été communiqué par une maison voisine.

ART. 1734.

S'il y a plusieurs locataires, tous sont solidairement responsables de l'incendie ;

A moins qu'ils ne prouvent que l'incendie a commencé dans l'habitation de l'un d'eux, auquel cas celui-là seul en est tenu ;

Ou que quelques-uns ne prouvent que l'incendie n'a pu commencer chez eux, auquel cas ceux-là n'en sont pas tenus.

OBSERVATIONS.

Ainsi le propriétaire peut intenter l'action contre chacun des locataires pour le total de l'indemnité. L'un d'eux ayant payé, l'action du propriétaire est alors éteinte envers les autres locataires; mais ceux-ci sont tenus de rembourser le débiteur, chacun pour sa part proportionnelle. (Art. 1200 et 1214.)

Cette règle, comme on voit, serait inapplicable, si le locataire mis en cause, pouvait prouver que l'incendie a commencé chez un autre que lui.

ART. 1735.

Le preneur est tenu des dégradations et des pertes qui arrivent par le fait des personnes de sa maison ou de ses sous-locataires.

OBSERVATIONS.

Voyez l'art. 1732.

ART. 1736.

Si le bail a été fait SANS ÉCRIT, *l'une des parties ne pourra donner congé à l'autre qu'en observant les délais* FIXÉS PAR L'USAGE DES LIEUX.

OBSERVATIONS.

I. Le congé est l'acte qui a pour objet de faire cesser le contrat, soit qu'il émane du bailleur, soit qu'il émane du locataire. Le congé est spécialement nécessaire quand il s'agit d'un bail verbal, car si le bail était écrit, il cesserait de *plein droit* à l'expiration du terme fixé (article 1737), sauf la tacite reconduction (art. 1738).

II. Cependant, encore qu'il s'agisse d'un bail écrit, si c'est un bail résoluble à certaines époques, comme un bail de trois, six ou neuf, qui puisse, au gré des parties ou de l'une d'elles, être résolu à l'une de ces époques, car telle est la nature de ces baux, il faut bien que celui qui veut le faire cesser donne congé à l'autre dans les délais dont nous parlerons tout à l'heure.

III. Le congé peut être donné verbalement, du moins s'il s'agit d'un bail verbal, car les parties peuvent délier le contrat de la même manière qu'elles l'ont consenti. Mais, par la même raison, dans le cas d'un congé verbal, si l'une des parties le nie, la preuve testimoniale, quelque modique que soit le prix du bail, n'en peut être administrée, à moins qu'il n'y ait commencement d'exécution du congé, c'est-à-dire commencement de déménagement. (Arg. de l'art. 1716; Cour de cassation, 12 mars 1816, affaire Bonnet contre Froideveaux.)

Aussi, se donne-t-il d'ordinaire par écrit.

IV. Examinons comment et à quelles époques se donne le congé.

Le congé se donne soit à l'amiable, soit par exploit d'huissier; dans l'un et l'autre cas, il doit être sur papier timbré, pour éviter l'inconvénient de le faire timbrer pour le produire en justice. S'il se donne à l'amiable, celui des deux parties qui veut faire cesser le bail, le déclare par écrit à l'autre, qui déclare de son côté y consentir.

V. Cet acte daté et signé, doit être fait *en double*, comme renfermant des conventions réciproques (art. 1325); car le locataire s'engage à vider les lieux, et le propriétaire à le laisser sortir; il faut donc qu'il renferme cette mention, *fait en double*.

VI. Malgré la rigueur, et l'on peut ajouter l'équité du principe proclamé par l'art. 1325, qui veut qu'en matière de conventions qui renferment des obligations réciproques, l'acte qui les contient soit fait en autant d'originaux qu'il y a de parties ayant un intérêt distinct, ou du moins qu'il en contienne l'énonciation ; principe qui a pour objet de conserver un titre à chacune des parties, afin que l'une d'elles ne soit point à la merci des caprices arbitraires de l'autre ; l'usage, ou plutôt l'abus en matière de louage, semble porter de fréquentes atteintes à cette règle.

Ainsi, le preneur se borne souvent à adhérer au congé par son acceptation pure et simple apposée sur la quittance qu'il remet au locataire, de telle sorte que le locataire peut ensuite éluder le congé, et occasioner au bailleur de graves désagrémens en restant dans les lieux, sauf, en refusant d'exhiber la quittance, à en payer une seconde fois le montant, ce qui n'est pas sans exemples.

Ainsi encore, le congé est quelquefois donné par lettre. Celui à qui on le donne de la sorte, renvoie la lettre en y apposant son consentement, sans garder devers lui d'autre titre, et à l'expiration du terme, celui qui a accepté le congé se trouve ainsi à la discrétion de celui qui l'a donné, et qui peut avoir la mauvaise foi de le nier.

Vainement dirait-on à l'appui de ces congés irréguliers qu'ils sont protégés par *l'usage des lieux ;* on répondrait, ce nous semble victorieusement, que l'art. 1736 n'admet l'usage des lieux qu'en *matière de délais à observer*, et nullement quand il s'agit de violer le texte positif de l'article 1325. Il est donc tout à la fois et plus régulier et plus simple de faire l'acte en double, ou de le signifier par huissier.

VII. S'il est donné par exploit d'huissier, il est signifié à la requête du propriétaire au locataire, ou au *cessionnaire de ce dernier*, si le locataire a cédé ses droits
au bail, et a notifié au propriétaire la cession par lui
opérée. (Cour de Nîmes, 26 frimaire an 11.)

S'il est donné par le locataire, l'huissier le signifie
à sa requête, au propriétaire ou à ses ayant-droits, héritiers, gérans ou autres.

VIII. Quant aux délais dans lesquels le congé peut
être utilement signifié, la loi ordonne à cet égard d'observer les délais fixés par *l'usage des lieux :* or, quel est
cet usage ?

A Paris, le délai est de *six semaines* avant la sortie,
pour les loyers qui n'excèdent pas 400 francs; de *trois
mois* pour ceux qui excèdent 400 francs, et n'excèdent
pas 1000 francs; et de *six mois* pour ceux qui excèdent cette dernière somme.

Il est également de six mois,

1°. Pour les maisons entières, corps-de-logis entiers
et boutiques sur la rue, même quand le loyer *est moindre
de 1000 francs*, parce qu'il y a autant de difficultés
pour le locataire de trouver un logement de cette espèce, que pour le propriétaire de le relouer; il en est
de même pour les appartemens de 1000 francs ;

2°. Pour les juges de paix, commissaires de police,
maîtres d'école, et autres personnes assujéties à demeurer dans le même quartier, *quand ils auraient un loyer
moindre de 1000 francs*, parce qu'étant obligés de se
loger dans le même quartier, il leur est plus difficile
qu'à d'autres d'y retrouver un logement.

Mais il faut remarquer que cette exception leur est

toute personnelle, de sorte que s'ils veulent donner congé pour un moindre terme, ils le peuvent sans inconvénient, d'après la maxime *unicuique licet*, *juri in favorem introducto renunciare* : chacun peut renoncer à la faculté introduite en sa faveur.

IX. Nous avons dit que le congé pouvait être donné en matière de baux *écrits*, de *trois*, *six*, *neuf ;* mais c'est pour le cas où l'une des parties voudrait faire cesser le bail, soit au bout de trois ans, soit au bout de six, car pour la dernière période, il serait superflu : le bail cessant de plein droit, par le fait même de la convention, à l'expiration de la neuvième année.

X. Les quatre termes de l'année commencent les 1er. janvier, 1er. avril, 1er. juillet et 1er. octobre. Les délais devant être pleins, il faut donc, pour ceux de six semaines, que le congé soit donné le 14 du second mois du terme courant ; pour ceux de trois ou de six mois, qu'ils soient donnés, *au plus tard*, la veille du premier jour des trois mois ou des six mois, qui précèdent le terme ou les deux termes.

Par exemple : si le congé de six semaines était donné le 16 février, ce congé ne vaudrait, pour sortir des lieux, qu'à l'expiration du terme d'avril, c'est-à-dire au mois de juillet, et ainsi de suite, parce que le délai doit être plein.

XI. L'impôt des portes et fenêtres, quand il est à la charge du locataire, fait-il partie du loyer pour en déterminer le montant ?

De deux choses l'une : ou bien on a stipulé que le bailleur paierait une somme de..... pour prix du bail et les impositions en sus ; alors cette somme de..... forme invariablement le prix du bail, et le locataire ne

peut pas dire au bailleur que le montant des impositions doive être ajouté à la somme première, pour en
déterminer la quotité. Il ne peut pas soutenir non plus
que le montant du bail se trouve diminué d'autant,
puisqu'il a reconnu qu'il était tenu de le payer
en sus.

Ou bien il a été stipulé que le locataire paierait une
somme de....., à charge de payer les impositions ; alors
il faut, ce nous semble, prendre encore pour base l'*é-
nonciation de cette somme convenue*, qui forme seule le
prix du bail. Car si le preneur doit acquitter le montant des impositions, cette obligation, comme dans la
précédente hypothèse, est considérée comme une *charge*,
et non comme le prix du *bail*.

XII. Si l'on suivait une autre marche, il faudrait
admettre que le locataire et le propriétaire pourraient
prétendre, selon leur bon plaisir, tantôt que le montant des contributions diminue d'autant le prix principal, tantôt qu'il l'augmente d'autant. Par exemple :
le prix du bail est de 350 fr., et les impôts de 55 fr.
sont aussi à la charge du locataire ; le propriétaire veut
donner congé dans les six semaines ; il dira au locataire :
vous avez payé, il est vrai, 55 francs d'impôts, mais
ces 55 francs sont étrangers au prix du bail, car ils ont
été payés au gouvernement, le prix du bail n'est que
de 350 francs : j'ai donc le droit de vous donner le
congé dans les six semaines ; mais le locataire répondrait à son tour : je paie, il est vrai, 350 francs pour
prix du bail, mais je paie également 55 francs d'impôts ;
donc, je paie en réalité pour fait de ma location une
somme de 405 francs. On voit qu'il serait difficile, en
pareil cas, de les concilier, et cette règle deviendrait une

arme à deux tranchans, qui pourrait également nuire au bailleur et au preneur.

Concluons donc qu'en toute hypothèse il faut s'en tenir au prix stipulé dans l'acte.

XIII. S'il s'agissait *du sol pour livre* que le locataire aurait contracté l'obligation de payer au portier, dans ce cas, il faudrait, ce nous semble, se décider encore d'après la même règle. Si le sol pour le livre doit être payé en sus du prix convenu, il ne peut y être ajouté; s'il est convenu simplement que le locataire paierait le sol pour le livre, il faut encore s'en tenir au prix stipulé, sans y ajouter le sol pour livre; car dans les deux hypothèses, cette stipulation est considérée comme une charge que le locataire s'impose, et non comme le prix du bail.

XIV. Il en serait de même *à fortiori* de la patente et de la cote personnelle.

XV. Si, par suite d'une contestation sur le bail, et pendant la durée de cette contestation, les délais du congé venaient à expirer, les tribunaux pourraient d'office les proroger. (Cour de cassation, rejet, 23 février 1814, affaire Montigny contre Lingois; SIREY, t. 16, 1re. partie, p. 395.)

XVI. S'il s'agit d'un *bail de biens ruraux*, ce bail cesse de plein droit à l'expiration du bail, sans qu'il soit nécessaire de donner congé. (Art. 1775.) Voyez néanmoins cet article pour le cas où le congé est nécessaire en matière de biens ruraux.

ART. 1737.

Le bail cesse de plein droit à l'expiration du

terme fixé, lorsqu'il a été FAIT PAR ÉCRIT, *sans qu'il soit nécessaire de* DONNER CONGÉ.

OBSERVATIONS.

I. Le congé est alors inutile ; car en fixant la durée du bail, les parties ont manifesté la commune intention de le dissoudre à cette époque. Cependant il y a preuve légale du contraire, si le preneur reste et est laissé en possession paisible des lieux ; il s'opère alors une tacite reconduction. (Art. 1738.)

II. Quoiqu'en fait de baux écrits, la location expire de droit, au premier de l'un des quatre mois qui commencent les quatre termes, néanmoins l'usage veut que le propriétaire ne puisse exiger des locataires la sortie des lieux et la remise des clefs que le 8 du mois à midi, *s'il s'agit d'une location du prix de* 400 *fr. et au-dessous*, et que le 15 à midi, *s'il s'agit d'une location de plus de* 400 *fr.*, *ou de toute autre qui, quoique d'un prix inférieur à cette somme*, se trouve, ainsi que nous l'avons expliqué art. 1736, n°. 7, dans la catégorie de celles qui *exigent un congé de six mois*, comme une boutique sur la rue, le logement d'un commissaire de police, etc.

ART. 1738.

Si, à l'expiration de baux écrits, le preneur reste et est laissé en possession, IL S'OPÈRE UN NOUVEAU *bail dont l'effet est réglé par l'article relatif aux locations faites sans écrit.*

OBSERVATIONS.

I. Dans ce cas, il s'opère un nouveau bail, ou *tacite*

reconduction, qui lie réciproquement les deux parties. L'effet de cette novation est réglé par l'art. 1736 dont nous avons parlé; ainsi, dès lors, le terme du bail cesse d'être fixé de part et d'autre; l'on rentre dans le droit commun; et l'on doit, pour interrompre le bail, donner le congé selon l'usage des lieux. L'art. 1759 reproduit la même disposition. (Voyez, pour ces délais et usages, l'art. 1736. Voyez, pour la *tacite reconduction* des biens ruraux, les art. 1774 et 1776.)

II. La tacite reconduction ne donne pas lieu, comme le bail écrit, aux frais d'enregistrement. (Cour de cassation, 12 juin 1811 et 17 juin de la même année, affaire Chrétien contre Jacques.) La raison en est que la location écrite est seule soumise à l'enregistrement, et que la tacite reconduction *opère un nouveau bail non écrit*, et non la prorogation du précédent. Ainsi les loyers prescriptibles aux termes de l'art. 142 de l'ordonnance de 1629, par cinq ans, à partir seulement de *l'expiration du bail*, ne sont point mis à l'abri de la prescription par la tacite reconduction, parce que là tacite reconduction constitue un nouveau bail essentiellement distinct du premier. (Cour de cassation, rejet, 25 octobre 1813, affaire Houdras; SIREY, t. 15, 1ʳᵉ. partie, p. 51.)

ART. 1739.

Lorsqu'il y a un congé signifié, le preneur, quoiqu'il ait continué sa jouissance, ne peut invoquer la tacite reconduction.

OBSERVATIONS.

l. L'on voit par cet article que le congé signifié **a**

plus de force que la clause écrite qui fixe la durée du bail, puisque, dans le cas d'un bail écrit, la tacite reconduction peut s'opérer, tandis que, dans le premier, celui d'un congé donné, la tacite reconduction ne saurait être admise. Dans le cas du bail écrit, s'il y a jouissance postérieure au terme fixé, la présomption de le résilier à cette époque s'évanouit devant le fait contraire de la continuation de jouissance. S'il y a au contraire un congé signifié, ce fait démontre la ferme volonté de faire cesser le bail, et toute jouissance ultérieure est considérée comme fait de pure tolérance ; peu importerait même que le congé eût été donné par le locataire et qu'il fût demeuré en possession, car la loi n'admet aucune distinction à cet égard, en se servant de ces mots : « lorsqu'il y aura congé signifié ».

II. L'on voit aussi qu'il est toujours prudent, pour empêcher la tacite reconduction, de signifier le congé, encore qu'il y ait un bail écrit dont la durée est limitée ; car dès lors on ne peut plus considérer comme fait de reconduction tacite, une jouissance plus ou moins courte, et l'on évite l'inconvénient où l'on se trouverait placé pour l'empêcher, de se présenter dans les lieux ou de les vider précisément à la minute où les lieux doivent être vidés. Mais quand il y a *bail écrit*, il suffit de signifier le congé, soit le jour de l'expiration, soit même dans la huitaine ou la quinzaine de faveur que l'usage accorde pour vider les lieux, et ce avant le dernier jour à midi. La raison en est que, dans le cas du bail écrit, les délais de l'expiration étant exprimés dans le bail, ils doivent être connus des parties qui ont dû faire leurs diligences, soit pour trouver de nouveaux locaux, soit pour trouver de nouveaux locataires.

« Quoique la signification d'un congé, dit M. Massé, dans son *Parfait Notaire*, au mot *Bail*, faite au jour de l'expiration du bail, ou quelque temps auparavant, soit le meilleur moyen d'empêcher la tacite reconduction de toute espèce de bail écrit, dont le temps a été convenu, ou même d'un bail de biens ruraux fait sans écrit, cependant tout autre acte, ou autre fait susceptible d'être constaté, qui prouverait que le fermier n'a continué sa jouissance que malgré le bailleur, suffirait pour empêcher la tacite reconduction de ces sortes de baux ; car elle n'est fondée que sur la présomption réciproque des deux parties, et par conséquent, elle ne peut avoir lieu qu'autant que le preneur a été laissé en possession de la chose louée, et en a joui sans opposition de la part du bailleur (art. 1738, 1759, 1776). Ainsi, par exemple : un congé, bien que signifié après le jour de l'expiration du bail, s'il l'a été dans le temps qu'on accorde ordinairement au fermier ou locataire pour vider les lieux, empêchera la tacite reconduction d'un bail de biens ruraux fait sans écrit, ou de toute espèce de bail écrit où le temps est exprimé. »

ART. 1740.

Dans le cas des deux articles précédens, la caution donnée pour le bail ne s'étend pas aux obligations résultant de la prolongation.

OBSERVATIONS.

I. Parce que le fait de la caution est lié à l'existence du premier bail, et non à celle du nouveau bail qui s'opère par le fait de la tacite reconduction.

II. Quand même ce nouveau bail aurait été notifié à la caution, elle cesserait d'être obligée, malgré son silence, car le cautionnement ne se présume pas. (Article 2015 du code.)

ART. 1741.

Le contrat de louage se résout par la perte de la chose louée, et par le défaut respectif du bailleur et du preneur de remplir leurs engagemens.

OBSERVATIONS.

Cet article est une conséquence des articles 1719, 1722 et 1728. Quant à la perte de la chose, sans laquelle le bail ne peut plus exister, il faut distinguer en ce qui touche les dommages-intérêts à répéter. Ou bien la chose a péri par le fait du propriétaire, par exemple, faute de réparations nécessaires, il y a lieu à indemnité de sa part ; ou bien elle a péri par cas fortuit ou force majeure, dans ce cas il n'y a lieu à aucune indemnité ; ou bien elle a péri par le fait du locataire, alors l'indemnité est due par celui-ci. (V. l'art. 1760.)

ART. 1742.

Le contrat de louage n'est point résolu par la mort du bailleur, ni par celle du preneur.

OBSERVATIONS.

I. L'obligation de continuer le bail passe aux héritiers comme toutes les autres actions. Mais comme on voit, il ne s'agit ici que des maisons ou biens ruraux ; car, s'il s'agissait d'un louage d'*industrie* ou d'*ouvrage*,

4

l'obligation n'ayant été consentie qu'en considératio
de la personne du preneur, sa mort résoudrait la con
vention : mais obligation passerait aux héritiers d
locateur, si le locateur seul était décédé. (Art. 1795.

II. Si le bail n'était pas fait pour un temps dé
terminé, *mais pour aussi long-temps qu'il plairait à tell
des parties*, il cesserait par la mort de celui des con
tractans, à la volonté duquel la durée du bail aurai
été laissée ; et si cette faculté avait été stipulée en faveur de l'un et de l'autre, le décès de l'un d'eux ferai
cesser le bail. (Arg. de la loi 4, *D. Locat.*) Néanmoins
dans ce cas, il faudrait donner congé en observant le
délais.

ART. 1743.

*Si le bailleur vend la chose louée, l'acquéreu
ne peut expulser le fermier ou le locataire qui a
un* BAIL AUTHENTIQUE *ou dont* LA DATE EST CER-
TAINE, *à moins qu'il ne se soit réservé ce droit pa
le contrat de bail.*

OBSERVATIONS.

I. Si l'acte est *authentique*, c'est-à-dire notarié, ou
s'il a *date certaine*, soit par l'enregistrement (ce qui
lui attribue la même foi qu'à l'acte authentique), soit
par le décès de l'*un des signataires de l'acte*, soit par la
mention de sa substance dans des actes dressés par des
officiers publics, tels que des procès-verbaux de scellés
ou d'inventaires (art. 1322 et 1328), le fermier ou le
locataire ne peuvent être expulsés. Cette disposition a
pour objet de rendre toute fraude impraticable entre

le locateur et le preneur ; car, sans cela, il serait facile d'antidater ou de fabriquer un acte de bail, pour grever gratuitement le nouvel acquéreur.

II. Si l'un des signataires de l'acte, soit le bailleur, soit le preneur, soit l'un des témoins, s'il en est intervenu à l'acte, était décédé avant la passation de l'acte de vente, le décès rendant impossible toute supposition de fraude pratiquée depuis, l'acte de bail, quoique non enregistré, ferait foi pleine et entière. (Art. 1328.)

III. L'art. 1743, en interdisant au bailleur la faculté de déposséder le preneur, à l'aide d'une vente qui donnerait au nouvel acquéreur le droit de considérer le bail *à date certaine* comme étranger à son égard, a formellement dérogé aux principes de l'ancien droit qui prenaient leur source dans la loi romaine, 9. *Cod. locat.*, ainsi conçue : *Emptorem fundi necesse non est stare colono cui prior dominus locavit, nisi eâ lege emit*, c'est-à-dire, *l'acquéreur du fonds donné à bail, peut expulser le preneur, s'il ne s'est pas chargé expressément dans le contrat d'entretenir le bail.* Sous l'empire de cette loi, que l'ancienne jurisprudence avait érigée en principe, le preneur n'avait, vis-à-vis du bailleur, qu'une simple créance personnelle, à l'aide de laquelle il pouvait seulement exercer, contre son bailleur, en cas de dépossession, une action en indemnité, le traditeur de la chose louée ne lui transférant aucun droit réel sur la chose. « Mais, » qu'importent ces considérations, disait au tribunat » l'orateur du gouvernement Mouricaud, dans l'exposé » des motifs de la loi; n'est-il donc pas de principe » qu'on ne peut transmettre à autrui plus de droit » qu'on en a soi-même ? Le vendeur qui, par un bail » constaté, s'est dessaisi pour un temps convenu de la

4.

» jouissance de sa chose, qui a promis de garantir cet
» jouissance au preneur, et dont l'obligation principal
» en effet, est de faire jouir le preneur, peut-il donc vend
» ou léguer à un tiers sa propriété dégagée de cette obl
» gation? On croyait, en attribuant au nouvel acqu
» reur le droit d'expulsion, favoriser les ventes, et l'
» décourageait les établissemens d'agriculture, d'
» sines et de manufactures, en violant les princip
» Il vaut mieux y revenir, et conserver à chacun
» qui lui appartient, ce que la convention lui prom
» et doit lui assurer. »

Ce principe invariablement consacré par la loi,
dérogation à l'ancienne jurisprudence, doit mettre
garde contre la doctrine de Pothier, de Lacombes
de Domat, qui ont écrit sous l'empire de cette juri
prudence, et contre celle de plusieurs juriscon
sultes modernes, qui ont partagé les mêmes erreur
en accueillant trop aveuglément l'opinion de ces sava
jurisconsultes : *Sœpé periculosum jurare in verba magi
tri.* (Voyez l'art. 1843.)

IV. Mais l'enregistrement des baux sous seing pri
qui, aux termes de l'article 22 de la loi du 22 fr
maire an 7, doit avoir lieu dans les trois mois, serai
il sans effet aux yeux de l'acquéreur, s'il avait été ex
cuté passé ce délai? On ne saurait l'admettre, ca
d'une part, la loi fiscale de frimaire an 7, n'attach
point la peine de nullité à l'inobservation de ce délai
qui donne seulement lieu au double droit (art. 38 d
la même loi); et d'autre part, l'article 1743, qui n'
d'autre but que d'empêcher la fraude, n'a pas dit qu
les baux sous seing privé dussent être enregistrés dan
les trois mois; il veut *que la date soit certaine*, et la dat

n'en est pas moins certaine, si l'enregistrement a été
opéré après le laps de trois mois. Soutenir le contraire,
ce serait dire aussi que l'acte notarié, enregistré d'ailleurs, serait lui-même nul aux yeux de l'acquéreur, s'il
n'avait point été enregistré dans les dix ou quinze jours
déterminés, sous peine d'amende par la loi; or, l'on
sait parfaitement que ces actes sont néanmoins valables.

V. Si, dans le cas d'un bail sous seing privé *non
enregistré*, le locataire était expulsé des lieux, il conserverait dans son intégrité l'action en dommages-intérêts contre son bailleur, parce que celui-ci ne pourrait
point arguer du non enregistrement de l'acte, car cet
acte, quant à lui, conserverait la même force que l'acte
authentique. (Art. 1322.)

VI. Par la même raison, si, au mépris d'un bail enregistré, dont il aurait caché l'existence à l'acquéreur,
le bailleur eût consenti la vente de la chose louée, l'acquéreur, étant tenu de respecter le bail, pourrait
exercer un recours en dommages-intérêts contre le bailleur, s'il était lésé par le bail.

VII. La vente ne saurait rompre le bail, encore que
ce bail ait été passé, non par le propriétaire, mais par
un de ses créanciers, envoyé judiciairement en possession temporaire. (Cour de Turin, 21 juillet 1811, affaire Vorchetta contre Cardé.)

ART. 1744.

*S'il a été convenu, lors du bail, qu'en cas de
vente l'acquéreur pourrait expulser le fermier ou
locataire, et qu'il n'ait été fait aucune stipulation*

sur les dommages et intérêts, le bailleur est tenu
d'indemniser le fermier ou le locataire de la ma-
nière suivante.

OBSERVATIONS.

Si les parties sont convenues qu'en cas de vente,
l'acquéreur pourrait expulser le preneur, il est assez
ordinaire que ce dernier ait stipulé en même temps une
indemnité. Dans ce cas, cette indemnité doit lui suffire. Elle doit lui être payée avant son expulsion (article 1749). Dans le cas contraire, il faut suivre les
règles tracées ci-après.

ART. 1745.

*S'il s'agit d'*UNE MAISON, APPARTEMENT *ou* BOU-
TIQUE, *le bailleur paie, à titre de dommages et*
intérêts, au locataire évincé, une somme égale au
prix du loyer, pendant le temps qui, suivant l'u-
sage des lieux, est accordé entre le congé et la
sortie.

OBSERVATIONS.

I. Cet article, comme on voit, est spécial aux baux
des maisons et bâtimens. L'article 1746 s'occupe au
contraire de biens ruraux ou fonds de terre, tels que
fermes et métairies.

II. L'indemnité est équivalente au prix du loyer pendant le temps qui, suivant l'usage des lieux, est accordé entre le congé et la sortie. Ainsi, s'il s'agissait
d'un loyer qui n'excédât pas 400 fr., de 200 fr. par
exemple, comme l'usage n'exige pas un congé de trois

mois, mais un congé de six semaines, il faudrait payer
au preneur six semaines de location à titre d'indemnité,
ce qui ferait 25 fr.; s'il s'agissait d'un bail d'une
somme moindre de 1,000 fr., il faudrait payer trois
mois, et six mois si le prix du bail dépassait la somme
de 1,000 fr.

Art. 1746.

S'il s'agit de BIENS RURAUX, *l'indemnité que le
bailleur doit payer au fermier, est du tiers du prix
du bail pour tout le temps qui reste à courir.*

OBSERVATIONS.

I. *S'il s'agit de biens ruraux.* L'art. 687, au titre des
servitudes, définit *héritages urbains* les BATIMENS,
quoique situés à la campagne, et héritages *ruraux* les
FONDS DE TERRE. Les bâtimens des fermes et métairies
n'étant que l'accessoire des fonds de terre, ils doivent
participer de leur nature, et comme eux, être réputés
ruraux.

II. C'est d'après ce principe qu'un arrêt de la Cour
de Bruxelles, du 29 novembre 1809, a jugé qu'un moulin, lorsqu'il est l'objet principal d'un bail, ne doit point
être réputé héritage rural, mais propriété urbaine; et
c'est par le même motif que les terres qu'on y ajoute
accessoirement, doivent participer de sa nature, et,
comme lui, être réputées propriétés urbaines. (Même
arrêt, SIREY, t. 10, p. 97.)

III. Il faudrait également décider qu'un jardin dépendant accessoirement d'une maison, doit être considéré comme propriété urbaine.

IV. L'indemnité légale, s'il s'agit de biens ruraux, est du tiers du prix du bail pour tout le temps qui reste à courir.

Ainsi, s'il s'agit d'un bail écrit, l'indemnité est du tiers du temps qui reste à courir jusqu'à son expiration (et en cela la loi paraît favoriser plus particulièrement les baux de biens ruraux que tous les autres); et s'il s'agit d'un bail verbal, l'indemnité est du tiers du prix du bail pour tout le temps qui reste à courir, pour que le preneur *recueille tous les fruits*. (Art. 1774.)

ART. 1747.

L'indemnité se réglera par experts, s'il s'agit de manufactures, usines, ou autres établissemens qui exigent de grandes avances.

ART. 1748.

L'acquéreur qui veut user de la faculté réservée par le bail, d'expulser le fermier ou le locataire en cas de vente, est, en outre, tenu d'avertir le locataire au temps d'avance usité dans le lieu pour les congés.

Il doit aussi avertir le fermier de biens ruraux, au moins un an à l'avance.

OBSERVATIONS.

I. Cette disposition a pour objet de laisser au locataire ou fermier le délai moral nécessaire pour trouver d'autres lieux.

II. Mais cette obligation doit être réciproque; ainsi quoique la loi ne parle que du cas où le bailleur vou-

drait expulser le preneur et de la nécessité à lui imposée de l'avertir, il y a même raison de décider, quant
au fermier, vis-à-vis du bailleur, s'il s'était réservé le
droit de résilier le bail à volonté : il est tenu par le
même motif de signifier, dans les mêmes délais, l'avertissement au bailleur.

ART. 1749.

*Les fermiers ou les locataires ne peuvent être
expulsés qu'ils ne soient payés par le bailleur,
ou à son défaut, par le nouvel acquéreur, des
dommages et intérêts ci-dessus expliqués.*

ART. 1750.

*Si le bail n'est pas fait par acte authentique, ou
n'a point de date certaine,* L'ACQUÉREUR *n'est tenu
d'aucuns dommages-intérêts.*

OBSERVATIONS.

I. Dans le cas en effet de cet article, le bail verbal,
ou même écrit, s'il n'est point enregistré, ou *n'a point
de date certaine,* ne peut, aux termes de l'art. 1328,
faire foi contre les tiers. L'acquéreur, dans cette hypothèse, n'est tenu d'aucune indemnité envers le preneur ;
car le contrat du bail, quant à sa durée, est à ses yeux
chose étrangère, *res inter alios actâ.*

II. Il n'en est pas de même à l'égard du bailleur ;
celui-ci reste toujours lié par le contrat, et l'action en
dommages-intérêts est toujours ouverte contre lui au
profit du locataire ou fermier, selon les règles tracées
ci-dessus, art. 1744 et suivans.

III. L'acquéreur, encore qu'il n'existe point de bail authentique ou ayant date certaine, n'en est pas moins tenu de donner congé, selon l'usage des lieux, au locataire qui les occupe, *et un an d'avance* au fermier (art. 1748); car s'il est censé ignorer les termes stipulés par les parties, il ne peut nier l'existence matérielle du bail, et l'équité veut qu'il donne au locataire ou au fermier le temps nécessaire pour chercher de nouveaux lieux.

ART. 1751.

L'acquéreur à pacte de rachat ne peut user de la faculté d'expulser le preneur, jusqu'à ce que, par l'expiration du délai fixé par le réméré, il devienne propriétaire incommutable.

OBSERVATIONS.

I. La faculté de rachat ou de réméré est un acte par lequel le vendeur se réserve de reprendre la chose vendue, moyennant la restitution du prix principal et le remboursement dont il est parlé à l'article 1673. (Art. 1659.)

II. Le vendeur qui use du pacte de rachat doit rembourser, non-seulement le prix principal, mais encore les frais et loyaux coûts de la vente, le prix des réparations nécessaires et le prix de celles qui ont augmenté la valeur du fonds jusqu'à concurrence de *cette augmentation*. Il ne peut rentrer en possession qu'après avoir satisfait à toutes ces obligations. Lorsque le vendeur rentre dans son héritage par l'effet du pacte de rachat, il le reprend quitte de toutes charges et hypothèques dont l'acquéreur l'aurait grevé; mais il est tenu d'exéculer les baux faits sans fraude par l'acquéreur. (Article 1763.)

III. La faculté de rachat ne peut être stipulée pour un terme excédant cinq années. Si elle a été stipulée pour un terme plus long, elle est réduite à ce terme. (Art. 1660.)

IV. La faculté d'expulser le fermier ou le locataire, est spécialement stipulée par la loi en faveur du nouveau propriétaire; car le bailleur, de son chef, doit respecter le contrat qu'il a consenti. Si donc le contrat de vente était fait à pacte de rachat, c'est-à-dire avec possibilité de la part du vendeur de rentrer dans la propriété du fonds loué ou affermé, et si le bailleur rentrait dans le fonds, il n'aurait pas cessé d'être engagé envers le preneur. Il fallait donc suspendre le droit d'expulsion, qui peut appartenir au nouvel acquéreur, jusqu'à ce que cet acquéreur devînt irrévocablement propriétaire.

V. Aux termes de l'art. 1660, la faculté de rachat ne peut être stipulée pour un terme excédant cinq années. Si donc elle était stipulée pour un moindre terme, pour deux ans, par exemple, ces deux ans révolues, l'acquéreur pourrait expulser le fermier. Si elle était stipulée sans fixation de terme, l'acquéreur ne pourrait expulser le preneur que passé le laps de cinq ans.

VI. Quoique l'acquéreur à pacte à rachat ou de réméré n'ait pas le droit d'expulser avant d'être devenu propriétaire incommutable, on voit néanmoins qu'aux termes de l'art. 1673, il a le droit de passer des baux, que le vendeur, en rentrant dans sa propriété, doit respecter s'ils ne sont point l'œuvre de la fraude; car ils seraient nuls, si l'extrême vilité du prix, leur trop longue durée, ou toute autre circonstance de cette nature blessait évidemment ses intérêts, et révélait par cela même la mauvaise foi qui les aurait dictés.

SECTION II.

Des Règles particulières aux baux à loyer.

ART. 1752.

Le locataire qui ne garnit pas la maison de meubles suffisans, peut être expulsé, à moins qu'il ne donne des sûretés capables de répondre du loyer.

OBSERVATIONS.

I. Ainsi qu'on le voit par l'intitulé de cette section, les règles qu'elle trace sont uniquement spéciales aux baux à loyer.

Les meubles dont le locataire garnit les lieux sont la garantie légale du paiement du prix. Ils doivent donc être suffisans pour en répondre ; dans le cas contraire, le locataire peut être expulsé par voie judiciaire. (Voyez la *saisie-gagerie,* Code de procédure, art. 819 et suivans, et au mot *Privilége du bailleur.*)

II. Mais le locataire, faute de meubles suffisans, peut donner d'autres *sûretés* capables de répondre du loyer; ces sûretés sont le cautionnement, le nantissement et l'hypothèque. (Voyez les art. 2011 , 2071 et 2094.)

III. Mais quelle doit être la valeur de ces meubles? Doivent-ils répondre de tous les loyers pendant la durée du bail, par exemple des loyers de vingt ans, si le bail a été consenti pour ce laps de temps? Une pareille interprétation serait évidemment contraire à l'esprit de la loi; car ce serait, par cela même, rendre, à quelques exceptions près, tous les baux impraticables; on tient donc pour constant que les meubles sont réputés suffisans, si leur prix, déduction faite des frais de vente, peut parfaire le prix d'une année du loyer, c'est-à-dire le paiement de quatre termes. (MERLIN, *Bail*, §. 7.)

IV. A Orléans, l'usage, en pareil cas, est fixé par l'art. 417 de la Coutume, ainsi conçu : « Le locataire » qui n'a pas de quoi payer, ou qui ne garnit l'hôtel » de biens meubles pour paiement *de deux termes de* » *loyer*, en peut être expulsé et mis hors par ledit sei- » gneur d'hôtel, avec autorité et permission de jus- » tice ».

V. Il y a des cas où le juge peut s'écarter de cette règle, comme fit le parlement de Paris, en 1759, entre un particulier de cette ville et un joueur de marionnettes. Le particulier, qui avait loué une maison sur le boulevard au joueur de marionnettes, voulut obliger celui-ci à sortir ou à garnir de meubles la maison, pour sûreté des loyers. Le joueur de marionnettes répondit qu'il n'avait pas déguisé son état au bailleur, ni l'usage qu'il prétendait faire de la maison louée, et qu'il ne devait pas être obligé de garnir cette maison d'autres meubles que de ses marionnettes. Le Châtelet n'admit pas ce moyen de défense, mais le parlement infirma la sentence du Châtelet, et débouta le bailleur de ses prétentions, à la charge par le preneur de payer les loyers à l'échéance.

ART. 1753.

*Le locataire n'est tenu envers le propriétaire
que jusqu'à concurrence du prix de sa sous-location dont il peut être débiteur au moment de la
saisie, et sans qu'il puisse* OPPOSER DES PAIEMENS
FAITS PAR ANTICIPATION.

*Les paiemens faits par le sous-locataire, soit en
vertu d'une stipulation portée en son bail, soit en
conséquence de l'usage des lieux, ne sont pas réputés faits par anticipation.*

OBSERVATIONS.

I. Le sous-locataire n'est tenu envers le propriétaire
ou bailleur principal, que jusqu'à concurrence du prix
de sa sous-location. Ainsi le sous-locataire dont le loyer
est de 200 fr., n'est responsable que de ce prix, et les
meubles qu'il a placés dans l'appartement ne peuvent,
en cas de non paiement, être saisis que jusqu'à concurrence de cette somme.

II. S'il avait payé par *anticipation*, c'est-à-dire s'il
avait payé avant les délais fixés, soit par le bail écrit et
ayant date certaine, soit par l'usage des lieux, il ne pourrait, encore qu'il en produisît les quittances, et même
les quittances enregistrées, exciper de ce paiement contre
le propriétaire, pour se soustraire à son action; car le
fait seul de l'anticipation impliquerait fraude de plein
droit.

III. Aux termes de l'art. 1753, on ne pourrait considérer comme *anticipation* le fait d'avoir payé par avance,
même le prix intégral de plusieurs termes, si cette clause
avait été stipulée dans un sous-bail ayant date certaine.

IV. Cependant, encore que le sous-bail ne fût point authentique et n'eût point de date certaine, les paiemens pourraient être déclarés valables, si le *propriétaire ne contestait* point le sous-bail, et si d'ailleurs la bonne foi du sous-locataire était suffisamment démontrée. (Cour de cassation, 2 avril 1826, la Régie contre Martin; SIREY, t. 6, p. 247, 1ʳᵉ. part.)

ART. 1754.

Les réparations locatives ou de menu entretien dont le locataire est tenu, s'il N'Y A CLAUSE CONTRAIRE, *sont celles désignées comme telles par l'usage des lieux, et, entre autres, les réparations à faire,*

Aux âtres, contre-cœurs, chambranles et tablettes des cheminées;

Au recrépiment du bas des murailles des appartemens et autres lieux d'habitation, à la hauteur d'un mètre;

Aux pavés et carreaux des chambres, lorsqu'il y en a seulement QUELQUES-UNS *de cassés;*

Aux vitres, à moins qu'elles ne soient cassées par la grêle, ou autres accidens extraordinaires et de force majeure, dont le locataire ne peut être tenu;

Aux portes, croisées, planches de cloison ou de fermeture de boutiques, gonds, targettes et serrures.

OBSERVATIONS.

I. Les réparations locatives ou de menu entretien, sont celles qui proviennent du fait du locataire, ou des personnes dont il doit répondre. S'il pouvait prouver qu'elles n'ont été occasionées que par vétusté ou force majeure, la présomption s'évanouirait, et le propriétaire seul en serait tenu.

II. Il en serait de même, si le locataire prouvait que les réparations à faire ont été occasionées par le propriétaire lui-même.

III. Le propriétaire est chargé des grosses réparations, et des réparations d'entretien. « Les grosses ré-» parations sont celles des gros murs et des voûtes, le » rétablissement des poutres et des couvertures en-» tières, celui des digues et des murs de soutènement : » toutes les autres sont d'entretien. » (Art. 606, tit. de l'Usufruit.) Quant aux réparations *d'entretien*, proprement dites, le locataire n'en est pas tenu comme l'usufruitier, l'entretien étant à la charge du bailleur (art. 1719); mais le preneur est tenu des réparations locatives ou de menu entretien.

IV. La loi place au nombre des réparations locatives ou de menu entretien, celles ainsi réputées par l'usage des lieux. Or sont réputées, par l'usage des lieux, réparations locatives, le nettoyage des vitres, le ramonage des cheminées, le racommodage des jalousies, des ressorts, mouvemens, fils de fer et cordons de sonnettes, le dégorgement des tuyaux et descentes en plomb ou en grès, les réparations aux rateliers et séparations dans les écuries, le replacement des vases et des pots à l'usage des jardins, celui des bancs, châssis, treillages, arbres et arbustes, l'entretien des bassins et jets d'eau; enfin, le rétablissement de tout ce que la négligence ou le mauvais usage des locataires ou des personnes de la maison, a laissé casser ou détériorer. (Po-THIER, n. 220, 221, 222, *Traité du Contrat de Louage.*)

V. Les réparations des persiennes sont aussi, ce nous semble, à la charge du preneur, s'il ne prouve la vétusté ou la force majeure; car, de même que les jalousies, il y a présomption, que le locataire, qui sans cesse les ouvre et les referme, a lui-même occasioné le dégât.

VI. La loi a pris le soin d'énumérer plusieurs autres réparations locatives : celles à faire au recrépiment du bas des murailles des appartemens, et autres lieux d'habitation, à la hauteur d'un mètre. Et *autres lieux d'habitation*, dit la loi, parce que si le lieu était inhabité, la présomption que la réparation a été occasionée par le locataire, cesserait d'exister : par exemple, une glacière, une cave ou tout autre local impropre à l'habitation.

VII. *A la hauteur d'un mètre*, parce qu'il y a présomption que le locataire ou les siens ont occasioné le dégât jusqu'à cette hauteur, soit en balayant ou en frottant, soit en heurtant les murailles avec les meubles. Au-delà de cette hauteur, le recrépiment tombe à la charge du propriétaire.

VIII. Aux carreaux et pavés des chambres, s'il y en a seulement *quelques-uns de cassés :* car si tous, ou un grand nombre était cassés, il y aurait présomption de vétusté, sauf la preuve contraire de la part du propriétaire.

IX. L'action qui a pour objet les réparations locatives, doit être portée devant le juge de paix, qui connaît en dernier ressort de la demande, si elle ne dépasse pas cinquante fr., et à charge d'appel, si elle dépasse cette somme. (Loi du 25 août 1790, titre 3, art. 10; Code de procédure civile, art. 3.)

X. Mais, lorsqu'à l'expiration du bail, le locataire est condamné par le juge de paix à exécuter des répara-

5

tions locatives, et lorsque, pendant l'appel par lui interjeté de cette sentence qu'il refuse d'exécuter, il survient de nouvelles dégradations, ces nouvelles dégradations ne sont plus réputées *réparations locatives*, et conséquemment l'action nouvelle intentée en réparation de ce dommage, est une action ordinaire qui n'est plus de la compétence du juge de paix. (Affaire Vincent et Gravens, cass. 15 juin 1819, SIREY, t. 20, première partie, p. 67.)

XI. Néanmoins, cette action nouvelle devrait être soumise au préliminaire de conciliation, et, en conséquence, elle serait portée d'abord devant le juge de paix, mais en tant que magistrat conciliateur, et non en qualité de juge de la demande. (Art. 48 du code de procédure.)

ART. 1755.

Aucune des réparations réputées locatives n'est à la charge des locataires, quand elles ne sont occasionées que par vétusté ou force majeure.

OBSERVATIONS.

I. Si le dégât a été occasioné par force majeure ou vétusté, il y a lieu à l'application de la maxime *res perit domino*; c'est donc alors le propriétaire qui doit entretenir la chose en état de servir à l'usage pour lequel elle a été louée, et à la réparer.

II. Si la chose louée était détruite en totalité ou en partie, il faudrait alors recourir à l'art. 1722.

ART. 1756.

Le curement des puits et celui des fosses d'ai-

sance sont à la charge du bailleur, s'il n'y a clause contraire.

ART. 1757.

Le bail des meubles fournis pour garnir une maison entière, un corps de logis entier, une boutique, ou tous autres appartemens, est CENSÉ *fait pour* LA DURÉE ORDINAIRE DES BAUX *de maisons, corps-de-logis, boutiques ou autres appartemens,* SELON L'USAGE *des lieux.*

OBSERVATIONS.

I. Le louage des meubles placés dans les corps-de-logis ou appartemens, s'il n'y a convention spéciale sur sa durée, est *censé* fait pour la durée ordinaire des baux des corps-de-logis, selon l'*usage des lieux.* Ainsi, encore qu'il existât un bail écrit et authentique, dont la durée fût plus ou moins longue, le bail n'empêcherait pas le marchand de meubles de les retirer, soit après le premier, soit après le second terme, s'il en avertissait préalablement le locataire.

II. S'il avait eu connaissance du bail au moment où il a livré les meubles, il serait censé avoir loué les meubles jusqu'à l'expiration du bail.

III. Si, avant de les retirer, et depuis l'avertissement par lui donné au locataire, ces meubles étaient saisis par le propriétaire pour loyers échus, la saisie serait valide, car les meubles *qui garnissent* la maison sont affectés par privilége au paiement du loyer, et ils n'ont pas cessé de la garnir, encore que le marchand de meubles ait manifesté l'intention de les retirer.

(Voyez, au surplus, au mot *Privilége du bailleur.*)

5.

IV. Il est toujours prudent de la part du tapissier, quand il consent une pareille location, de faire enregistrer l'acte qui la constate, pour éviter ensuite d'interminables procès avec les autres créanciers du locataire.

ART. 1758.

Le bail d'un appartement MEUBLÉ *est censé fait à l'année, quand il a été fait à tant par an;*

Au mois, quand il a été fait à tant par mois;

Au jour, s'il a été fait à tant par jour.

*Si rien ne constate que le bail soit fait à tant par an, par mois ou par jour, la location est censée faite suivant l'*USAGE DES LIEUX.

OBSERVATIONS.

I. Ces dispositions sont communes aux maîtres d'hôtels garnis, aubergistes et logeurs de profession, ainsi qu'aux simples particuliers qui auraient loué en garni.

II. Si, après les délais fixés par l'article 1758, le locataire continue sa jouissance sans opposition de la part du bailleur, il y a lieu à tacite reconduction (art. 1759), en ce sens, qu'il est censé avoir loué aux mêmes conditions pour la période légale *qui va* s'écouler. Ainsi, si le bail a été fait à tant par an, et si la première année expirée, le locataire est laissé en possession, il a le droit d'y demeurer jusqu'à l'expiration de la seconde année, et ainsi de suite.

III. Si le congé peut être un acte de prudence de la part du bailleur, pour éviter cette tacite reconduction qui résulterait de plein droit de la continuation de jouissance, il ne doit pas néanmoins être donné dans un délai de rigueur : il suffirait qu'il fût donné ou accepté la veille, et le bailleur pourrait même s'en dispenser en expulsant le locataire le jour même de l'expiration du bail. En effet, si le congé, en cas de tacite reconduction de baux ordinaires, c'est-à-dire de maisons ou d'appartemens non garnis, est soumis à des délais plus ou moins longs, la raison en est, que le preneur doit avoir le temps moral nécessaire pour trouver un autre appartement, pour trouver une nouvelle maison ; or, cet inconvénient n'existe pas s'il s'agit d'une chambre et d'un appartement garni, qu'il est toujours facile de se procurer en quelques heures.

IV. S'il s'élevait quelque contestation sur le prix du bail verbal exécuté, et s'il n'y avait point de quittance, le logeur en serait cru sur son serment, si mieux n'aimait le locataire demander l'estimation par expert, auquel cas les frais d'estimation demeureraient à sa charge, si elle excédait le prix qu'il a déclaré. (Article 1716.)

V. Si le bail verbal non exécuté était dénié par l'une des parties, la preuve n'en pourrait être reçue par témoins, quelque modique que fût le prix allégué, et encore que des arrhes eussent été données. (Art. 1715.)

VI. Comme tout autre preneur, le locataire en garni répond de l'incendie, selon les règles tracées par l'article 1733. (V. cet article.)

VII. Sans être tenu des réparations locatives, qui ne sont à la charge du preneur qu'en matière de maisons ou d'appartemens *non garnis*, le locataire en garni est néanmoins responsable des dégradations survenues par son fait. (Art. 1382 et suivans.)

VIII. En matière de louage d'appartement garni, le bailleur a le droit d'exiger le *paiement d'avance* de la moitié de la location, faute de quoi, il peut expulser le locataire. La raison en est, qu'ayant *le droit* d'exiger les sûretés nécessaires pour l'exécution du contrat, il ne pourrait pas, comme en matière de baux ordinaires, compter sur les meubles du preneur. Mais, par le même motif, il en serait autrement si, nonobstant le louage en garni, le locataire avait apporté dans les lieux quelques meubles de prix, ou s'il remettait au bailleur une quantité d'effets suffisante pour répondre du loyer. (V. au mot *Privilége du propriétaire*.)

IX. Les autres obligations imposées respectivement au bailleur et au preneur pour les baux à loyer en général, s'appliquent d'ailleurs, sauf les modifications ci-dessus spécifiées, au contrat de bail en garni.

X. Il est néanmoins, soit quant *aux Particuliers qui louent en garni*, sans être *Hôteliers, Logeurs ou Aubergistes de profession* (V. au mot *Hôtelier* les obligations qui concernent ces derniers), soit quant à ceux qui *donnent, même gratuitement, l'hospitalité à d'autres individus*, des dispositions de police qu'il importe d'apprécier, et que nous allons faire connaître.

XI. QUANT AUX PERSONNES QUI VEULENT LOUER EN GARNI, *sans être Hôteliers ni Logeurs*, l'Ordonnance de police du 10 juin 1820, §. 2, art. 9, contient à leur égard les dispositions suivantes :

« Art. 9. Les personnes qui se proposent de louer » des appartemens, portions d'appartemens ou cham- » bres meublées, à des étrangers à la ville de Paris, » même à des individus qui y font leur résidence ha- » bituelle, seront tenues d'en faire préalablement la

» déclaration à la préfecture de police. Acte leur sera
» donné de cette déclaration. Il leur est exactement en-
» joint de faire connaître au commissaire de police de
» leur quartier les noms, prénoms, âge, qualités ou pro-
» fession, et le lieu de résidence habituelle des étrangers
» ou autres logés chez elles, dans les vingt-quatre heu-
» res de leur arrivée. Elles seront également tenues de
» faire la déclaration de leur sortie dans le même délai.
» (Ordonnance du 8 novembre 1780, art 5, et Loi du
» 22 juillet 1791, même article; Loi du 24 août 1790,
» §. 3, art. 3.) Le tout sous les peines énoncées par le
» code pénal (amende depuis 6 fr. jusqu'à 10 fr. ex-
» clusivement, art. 475 du code pénal, 2ᵉ. §., et
» l'emprisonnement de cinq jours, en cas de récidive,
» art. 478 du même code), sans préjudice de la *res-*
» *ponsabilité civile, aux cas prévus par l'art.* 73 du
» même code, dont les dispositions sont rappelées au
» 2ᵉ. §. de l'article 4 de la présente ordonnance. »

XII. Nous pensons qu'en étendant aux bailleurs
d'appartement ou chambre garnis, qui ne sont ni
maîtres d'hôtel garni, ni *logeurs de profession,* le cas de
responsabilité prévu par l'article 73 du code pénal,
l'ordonnance s'est écartée de la lettre et de l'esprit de
cet article. En effet, l'article 73 est ainsi conçu : « *Les*
» *aubergistes* et *hôteliers* convaincus d'avoir logé, plus
» de vingt-quatre heures, quelqu'un qui, pendant son
» séjour, aurait commis un crime ou un délit, seront
» civilement responsables des restitutions, des indem-
» nités et des frais adjugés à ceux à qui ce crime ou
» ce délit aurait causé quelque dommage, faute par
» eux d'avoir inscrit *sur leur registre* le nom, la profes-
» sion et le domicile du coupable; sans préjudice de

» leur responsabilité dans le cas des articles 1952 et
» 1953 du code civil. »

Or, de qui s'agit-il dans cet article? des *aubergistes*
et *hôteliers*, c'est-à-dire des gens qui font profession,
qui font métier de tenir une auberge, un hôtel garni ;
des gens qui, à cet effet, paient patente au gouvernement. Mais le simple particulier qui distrait de son logement une chambre, un appartement, qu'il loue en
garni, n'est ni un aubergiste ni un hôtelier, et la
preuve qu'il ne l'est pas résulte des termes même de
l'ordonnance de police, dont nous nous occupons,
puisque le premier paragraphe de cette ordonnance,
qu'on trouvera au mot *Logeur*, porte textuellement ces
mots : « *des maîtres d'hôtels garnis* et *des logeurs de profession* », tandis que le second paragraphe, qui est celui
sous la rubrique desquels se trouvent les dispositions
applicables au simple bailleur en garni, est au contraire conçu de la sorte : « des personnes qui *reçoivent
des étrangers à titre onéreux dans des logemens meublés* »,
ce qui prouve matériellement la différence que l'ordonnance a elle-même reconnue entre les personnes qui
louent simplement en garni, et les hôteliers, aubergistes et logeurs de profession.

D'un autre côté, le cas de responsabilité prévu par
l'art. 73 du code pénal, n'a lieu qu'en cas de non inscription *sur les registres*, des noms, professions et domicile des contrevenans ; or, comment ce cas pour-
rait-il exister à l'égard des simples bailleurs en garni,
puisqu'aucune disposition ne leur prescrit la nécessité
de tenir ce registre ?

Si donc, alors qu'il s'agit d'un cas rigoureux, la loi
ne s'occupe que des aubergistes et hôteliers, on ne peut

l'étendre arbitrairement aux simples bailleurs en garni, qui ne sont ni aubergistes ni hôteliers, et qui, comme ces derniers, ne sont point tenus d'inscrire les·étrangers sur des registres, dont aucun texte légal ne leur impose l'obligation.

XIII. Aux termes de l'article 3 de la loi du 24 août 1790 qui, en cela, a renouvelé les dispositions de l'article 1ᵉʳ. de l'ordonnance de police, du 20 décembre 1734 : « tout particulier, quelle que soit d'ailleurs sa profession, qui donne à loyer une chambre garnie, est tenu d'avoir au devant de sa porte, dans un lieu apparent, et sous peine de 100 livres d'amende, un écriteau portant en caractères imprimés ces mots : *Ici on loge en garni* ». La police, depuis quelques années, ayant tenu la main à l'exécution de cette mesure d'utilité publique, il est nécessaire d'avoir devant sa porte un écriteau portant ces mots : *Chambre ou appartement garni.*

XIV. A l'égard des personnes QUI REÇOIVENT GRATUITEMENT CHEZ ELLES DES ÉTRANGERS A LA VILLE DE PARIS, la même ordonnance du 10 juin 1820, paragraphe 3, intitulé *des personnes qui logent gratuitement des étrangers à la ville de Paris, à titre de parens ou d'amis,* s'exprime de la sorte : « Art. 10. *Tous les ha-*
» *bitans de Paris qui reçoivent* des personnes étrangères
» à cette ville, pour loger dans leurs maisons ou por-
» tions de maisons, sont tenus d'en faire la déclara-
» tion au commissaire de police du quartier. Cette
» déclaration sera faite dans les trois jours de la pu-
» blication de la présente ordonnance, pour les étran-
» gers qui se trouvent en ce moment à Paris; et pour

» ceux qui y viendront par la suite, dans les vingt-qua-
» tre heures de leur arrivée. Il leur en sera donné acte.

» Art. 11. Les concierges ou portiers des maisons
» non habitées, et dans lesquelles logeraient dès à pré-
» sent, ou viendraient loger à l'avenir des étrangers à
» la ville de Paris, sont pareillement tenus d'en faire la
» déclaration, dans les mêmes délais, au commissaire
» de police du quartier. Acte leur en sera pareillement
» donné.

» Art. 12. Les propriétaires, locataires, concierges
» ou portiers, porteront au commissaire de police les
» passeports des étrangers logés dans les maisons dé-
» signées aux articles précédens. En échange de chaque
» passeport, le commissaire de police leur remettra un
» bulletin, avec lequel les étrangers à la ville de Paris
» se présentèront, dans les trois jours de leur arrivée,
» à la préfecture de police, pour y retirer leurs passe-
» ports et obtenir un visa de départ ou un permis de
» séjour. Ils se conformeront, d'ailleurs, aux disposi-
» tions de l'article 8 de la présente ordonnance, dans
» le cas prévu par cet article. » Cet article est ainsi
conçu : *Les personnes qui, antérieurement à leur arrivée
dans une maison garnie, auraient obtenu des permis de séjour, seront tenues de les remettre dans les vingt-quatre
heures au maître de la maison garnie où ils viennent loger,
lequel est tenu de les représenter (les permis de séjour) dans
le même délai, au commissaire de police du quartier.*

« Art. 13. Faute par eux de faire les déclarations
» prescrites par les art. 10 et 11 de la présente ordon-
» nance, les propriétaires, locataires, concierges ou
» portiers, encourront les peines de police correction-

» nelle prononcées par la loi (trois mois de prison, et,
» en cas de récidive, détention de six mois. Loi du 27
» ventôse an 4, art. 2 et 3.) »

XV. En lisant les cinq derniers articles de l'ordonnance que nous venons de rapporter, et qui se réfèrent aux formalités de police à remplir, soit par les personnes qui reçoivent gratuitement chez elles des étrangers, soit par leurs portiers ou concierges, on a pu voir que ces obligations de police étaient absolument les mêmes, soit que l'étranger fût un inconnu, soit qu'il fût l'ami, le parent même de la personne qui lui donne l'hospitalité, soit encore qu'il fût reçu dans des lieux garnis ou non garnis.

Or, une pareille disposition, qui ne tend à rien moins qu'à flétrir tout ce qu'il y a de généreux dans le caractère français, en transformant en instrument de police chaque citoyen, chaque père de famille ; en avilissant l'exercice de la plus douce, de la plus sainte de toutes les vertus domestiques, l'hospitalité accordée au malheur, à la reconnaissance, aux liens de l'amitié ou du sang ; une pareille disposition, si peu en harmonie avec la liberté constitutionnelle de tous les citoyens, et que les temps orageux de la révolution ont pu seuls enfanter, ne pouvait être sanctionnée par les tribunaux.

L'occasion s'en est présentée dans l'espèce suivante :
Le nommé Lablanche, maître maçon, avait reçu chez lui, en juillet 1826, pendant près de quinze jours, deux de ses parens, exerçant le même métier que lui. Lablanche, qui n'est ni aubergiste, ni logeur, ignorait que l'art. 1er. de la loi du 27 ventôse an 4, et les dispositions de l'ordonnance du 10 juin 1820, lui impo-

sassent l'obligation d'aller faire à la police les déclarations prescrites par cette loi. Traduit, néanmoins, à
raison de cette prétendue contravention, devant la septième chambre du tribunal de la Seine, jugeant en police correctionnelle, Lablanche fut renvoyé de la plainte,
par jugement du 24 novembre suivant : « ATTENDU,
porte le jugement, que la loi du 27 ventôse an 4, a été
rendue dans des circonstances révolutionnaires; qu'elle
a été abrogée par l'art. 68 de la charte constitutionnelle, et qu'il en est de même de l'ordonnance de
1820, qui n'a été rendue que pour la circonstance. »

Sur l'appel interjeté par M. le procureur du roi,
l'organe du ministère public, après avoir faiblement
insisté sur l'existence de la loi du 27 ventôse, soutint
subsidiairement que Lablanche, en recevant de l'argent de ses deux parens pour prix du logement et de
la nourriture qu'il leur avait donnés, se trouvait dans
le cas de l'art. 475 du code pénal, qui prescrit aux
aubergistes, hôteliers, logeurs ou loueurs de maisons
garnies, d'inscrire sur un registre les noms de toutes
personnes qui descendent chez eux.

Lablanche répondit qu'il n'était ni aubergiste, ni
hôtelier, ni loueur de maison garnie, et que, partant,
l'art. 475 lui était totalement inapplicable.

Le 26 janvier 1827. arrêt de la Cour royale de Paris,
sous la présidence de M. de Haussy, ainsi motivé :

« La Cour, attendu que Lablanche n'est ni logeur,
ni aubergiste de profession ; qu'il n'exerce aucune des
professions énumérées en l'art. 475 du code pénal;
que, s'il est établi, qu'il a reçu chez lui pendant quelque temps les nommés Térades père et fils, il les a reçus
à titre de parens, et que l'indemnité de 6 fr. qu'ils lui

ont payée chacun, paraît s'être appliquée à la dépense
de nourriture qu'ils lui avaient occasionée, bien plus
qu'au paiement d'un loyer clandestin en garni ;

» Adoptant, au surplus, les motifs des premiers
juges, confirme le jugement pour être exécuté selon sa
forme et teneur. »

ART. 1759.

*Si le locataire d'une maison ou d'un apparte-
ment continue sa jouissance après l'expiration
du bail par écrit, sans opposition de la part du
bailleur, il sera censé les occuper aux mêmes
conditions, pour le terme fixé par l'usage des
lieux, et ne pourra plus en sortir ni en être expulsé qu'après un congé donné suivant le délai
fixé par l'usage des lieux.*

OBSERVATIONS.

I. Cet article reproduit les dispositions de l'article 1738, relatif à la tacite reconduction. (Voyez, en
conséquence, cet article.)

II. La question de savoir, si le fait de possession a
produit une tacite reconduction, doit être décidée, non
par les lois qui existaient lors de la passation du contrat de bail, mais par celles sous l'empire desquelles a
eu lieu le fait de possession. (Cour royale de Rouen,
17 mai 1811, affaire Chandellier ; DENEVERS, t. 9,
p. 218.)

III. La tacite reconduction est fondée sur la volonté présumée *des deux parties* de commencer un nouveau bail. (*Lib.* 14, ff. *locat.*) Si donc, à la fin du bail,
l'une des deux parties était incapable de consente-

ment, comme un insensé, un mort civilement, il n'y aurait pas lieu à tacite reconduction.

IV. Il en serait de même si le bailleur était une personne à qui on eût donné un conseil judiciaire, comme un prodigue. En pareil cas, le silence de cette personne serait insuffisant; il faudrait, pour admettre la **tacite** reconduction, l'avis par écrit du conseil judiciaire.

V. Voyez l'art. 1776 pour ce qui concerne la tacite reconduction *des biens ruraux*.

ART. 1760.

En cas de résiliation par la faute du locataire, celui-ci est tenu de payer le prix du bail pendant le TEMPS NÉCESSAIRE *à la relocation, sans préjudice des dommages et intérêts* QUI ONT PU RÉSULTER *de* L'ABUS.

OBSERVATIONS.

I. Si la résiliation est occasionée par la faute du locataire ou des siens, celui-ci doit en indemniser le bailleur, parce que chacun est tenu de réparer le dommage qu'il a causé.

II. Le dommage causé est la non-location pendant un certain laps de temps, et la difficulté de trouver un nouveau preneur. Le preneur doit donc être condamné à continuer au bailleur le prix du bail pendant le temps nécessaire à la relocation.

III. Mais si, nonobstant la résiliation, la location n'était point interrompue, par suite de l'occupation immédiate des lieux par un nouveau preneur, il n'y aurait lieu à aucune indemnité. Dans ce cas, si la rési-

liation avait été prononcée pour non paiement du prix,
le preneur expulsé serait seulement tenu de payer ce
prix.

IV. S'il avait changé la destination du bail, et que
par suite il eût détérioré les lieux dont il sort, et rendu
de la sorte la relocation plus difficile, il serait tenu,
non-seulement de l'indemnité dont nous venons de
parler, mais encore de dédommager le propriétaire, en
raison de l'abus qu'il aurait fait de sa jouissance : c'est
ce que la loi indique suffisamment par ces mots : « sans
» *préjudice des dommages et intérêts résultant de l'abus.* »

V. Mais quel est le sens de ces mots : Pendant le
temps nécessaire à la relocation ? La loi a-t-elle entendu
dire que le locataire expulsé serait tenu de payer le
prix du bail jusqu'à ce que le bailleur ait trouvé un
nouveau locataire ? Nous ne saurions le penser ; car, si
le bailleur était indéfiniment assuré de toucher le prix
du bail, quelque longue que fût l'époque de la relocation, il serait, par cela même, intéressé à négliger les
démarches nécessaires pour trouver un nouveau preneur; aussi la loi se sert-elle de ces expressions : Pendant le temps *nécessaire* à la relocation. Or, le temps,
le délai légal *nécessaire* à la relocation, c'est celui fixé
par le bail ou par l'usage des lieux pour donner congé;
car le temps du congé est toujours le délai présumé
nécessaire pour relouer les lieux.

En effet, l'on ne voit pas qu'en cas de résiliation,
qui n'est en réalité que la cessation du bail, il soit plus
difficile au bailleur de relouer les lieux, que si le bail
se fût éteint de lui-même, et qu'à la suite d'une tacite
reconduction le congé eût été donné dans les délais
utiles. Sans doute en cas de résiliation, le locataire

peut avoir rendu plus difficile la condition du bailleur et la possibilité de relouer par l'abus de la jouissance ; mais, comme nous l'avons dit plus haut, n°. 4, le présent article a précisément prévu ce cas, et il a voulu que des dommages et intérêts distincts fussent spécialement alloués au bailleur, à raison de l'abus : ce qui confirme pleinement notre opinion.

Art. 1761.

Le bailleur ne peut résoudre la location, encore qu'il déclare vouloir occuper par lui-même la maison louée, s'il n'y a eu convention contraire.

OBSERVATIONS.

I. Autrefois, en vertu de la loi 3, *Cod. de loc. et conduct.*, connue sous le nom de la loi *AEde*, il était permis au bailleur d'évincer le locataire lorsqu'il voulait lui-même occuper les lieux. Cette faculté était admise dans la coutume de Paris, sous la dénomination de *Droit bourgeois*. On voit que l'art. 1761 l'a fait disparaître, parce que le louage est un contrat qui ne peut plus être dissous que par la commune volonté du bailleur ou du locataire.

II. S'il y a eu *convention contraire*, les parties ont fait revivre cette faculté en faveur du bailleur, qui doit, par cela même, avoir le droit de l'exercer.

III. Par la même raison, il serait loisible aux parties de stipuler, en faveur du locataire, le droit de quitter les lieux pendant le bail.

Art. 1762.

S'il a été convenu dans le contrat de louage,

*que le bailleur pourrait venir occuper la maison,
il est tenu de signifier d'avance un congé aux
époques déterminées* PAR L'USAGE DES LIEUX.

OBSERVATIONS.

I. Le locataire ainsi évincé doit avoir le temps nécessaire pour trouver de nouveaux lieux.

II. Nous avons dit, au n°. 3 de l'article qui précède, que le locataire pouvait également stipuler dans
son bail, le droit de quitter les lieux avant son expiration. Dans cette hypothèse, il devra, comme le bailleur, signifier le congé dans les délais d'usage ; car il y
a même raison de décider dans les deux cas.

SECTION III.

Des Règles particulières aux baux à ferme.

ART. 1763.

Celui qui cultive sous la condition d'un PAR-
TAGE DE FRUITS *avec le bailleur, ne peut ni sous-
louer ni céder, si la faculté ne lui en a été expressément accordée par le bail.*

OBSERVATIONS.

I. Nous avons vu, au titre des *règles communes aux
baux à loyer et à ferme*, art. 1717, que le preneur, soit
locataire, soit fermier, avait de plein droit la faculté de
sous-louer, et même de céder son droit au bail, et que

6

cette faculté ne pouvait lui être enlevée que par une stipulation expresse du contrat.

L'art. 1763 établit précisément l'inverse, quand il s'agit de baux consentis sous la condition d'un partage de fruits, espèce de baux fort communs dans le midi de la France, où le preneur reçoit la dénomination de *métayer,* ou *colon partiaire.* Il faut alors, s'il veut, pendant la durée du bail, sous-louer ou céder son droit, qu'il l'ait expressément stipulé dans le contrat.

II. Le motif de cette disposition est facile à saisir ; la raison en est, d'une part, qu'il se forme dans ces sortes de contrats une espèce d'association entre le bailleur et le preneur, puisqu'ils partagent les fruits, l'un apportant la chose, et le second son industrie ; et, d'autre part, que le bailleur n'a contracté qu'en considération de l'habileté personnelle du métayer ou colon partiaire qu'il s'est choisi.

III. Devrait-on conclure de ce rapprochement entre la position du colon partiaire ou métayer, et *celle de l'associé* proprement dit et *du preneur* en matière d'ouvrage et d'industrie, dont le décès, dans l'un et dans l'autre cas, opère la dissolution, soit du contrat de société, soit du contrat de louage, que le décès du *colon partiaire ou métayer doit également dissoudre le contrat de bail ?* Quoique cette opinion ait trouvé des partisans, nous ne saurions néanmoins la partager.

En effet, s'il est de la nature de cette espèce de contrats, que le preneur ne puisse sous-louer ni céder ses droits, ce qui dès lors établit la présomption que le bailleur n'a eu en vue que la considération de la personne du preneur, néanmoins cette *non faculté,* si je puis m'exprimer ainsi, ne tient point à l'essence, à la substance de ce contrat, puisque les parties peuvent la faire disparaître par une convention expresse. Or, dans cette hypothèse rigoureusement licite, que deviendrait cette présomption de considération personnelle qui se rattacherait au preneur, s'il usait du droit à lui conféré de sous-louer ou de céder? On voit que cette présomption ne résultant pas substantiellement de ce genre de contrats, on ne saurait en tirer argument.

Mais, quelle que fût d'ailleurs la puissance de l'analogie, la loi, art. 1742, ne proclame-t-elle pas d'une manière absolue et générale, que le contrat de louage n'est pas résolu par la mort du bailleur et du preneur? Or, cet article est placé dans la section des règles communes *aux baux des maisons et des biens ruraux ;* il comprend donc dans la généralité de son acception tous les contrats de cette double espèce, et l'on ne saurait en isoler le métayer ou colon partiaire, puisque l'article 1763, qui le concerne, est lui même placé en titre des *règles particulières des baux à ferme.* Si, donc, la loi n'a introduit aucune distinction pour le cas des décès du colon partiaire, nous pensons qu'on ne saurait créer cette distinction qui n'aurait d'autre effet que de le grever gratuitement d'une conséquence aussi rigoureuse. *Favores ampliandi odia restringuida.* Or, dans cette hypothèse, ce serait admettre précisément la contre-partie de cette maxime.

IV. Si le bail était verbal, et que le colon partiaire voulût établir par témoins la faculté de sous-louer ou de céder, que le bailleur lui aurait oralement accordée, le preneur, en cas de dénégation du bailleur, ne pourrait faire accueillir ce genre de preuve, que tout autant que ce bail aurait été d'ailleurs exécuté. (Art. 1715.)

6.

Art. 1764.

En cas de contravention, le propriétaire a droit de rentrer en jouissance, et le preneur est condamné aux dommages-intérêts résultant de l'inexécution du bail.

OBSERVATIONS.

En cas de contravention, le propriétaire demande la résiliation du bail aux tribunaux, qui apprécient l'étendue du dommage, et en fixent le montant.

Art. 1765.

Si, dans un bail à ferme, on donne aux fonds une contenance moindre ou plus grande que celle qu'ils ont réellement, il n'y a lieu à augmentation ou diminution de prix pour le fermier, que dans les cas et suivant les règles exprimés au titre DE LA Vente.

OBSERVATIONS.

I. Cet article renvoie aux règles tracées au contrat de vente, attendu l'affinité qui existe entre ces deux espèces de contrats.

II. Voici les articles, en question, du contrat de vente : nous en ferons, en les citant, l'application au contrat de bail à ferme.

« Art. 1617. Si la vente (*le bail*) d'un immeuble a
» été faite avec indication de la contenance, à raison de
» tant la mesure, le vendeur (*le bailleur*) est obligé de
» délivrer à l'acquéreur (*au preneur*), s'il l'exige, la
» quantité indiquée au contrat; et si la chose ne lui est

» pas possible, ou si l'acquéreur ne l'exige pas, le ven-
» deur (*le bailleur*) est obligé de souffrir une diminu-
» tion proportionnelle du prix (*du fermage*).

» Art. 1618. Si, au contraire, dans le cas de l'ar-
» ticle précédent, il se trouve une contenance plus
» grande que celle exprimée au contrat, l'acquéreur
» (*le fermier*) a le choix de fournir le supplément du
» prix, ou de se désister du contrat, si l'excédant est
» d'un vingtième au-dessus de la valeur de la contenance
» déclarée.

» Art. 1619. Dans tous les autres cas, soit que la
» vente (*le bail*) soit faite d'un corps certain et li-
» mité, soit qu'elle ait pour objet des fonds distincts
» et séparés, soit qu'elle commence par la mesure, ou
» par la désignation de l'objet vendu (*loué*) suivie de
» la mesure, l'expression de cette mesure ne donne
» lieu à aucun supplément de prix en faveur du ven-
» deur (*du bailleur*), pour l'excédant de mesure, ni en
» faveur de l'acquéreur (*du fermier*), à aucune dimi-
» nution de prix pour moindre mesure, qu'autant
» que la différence de la mesure réelle à celle expri-
» mée au contrat (*au bail*) EST D'UN VINGTIÈME
» EN PLUS OU EN MOINS, eu égard à la valeur de la
» totalité des objets vendus (*affermés*), s'il n'y a sti-
» pulation contraire.

» Art. 1620. Dans le cas où, suivant l'article pré-
» cédent, il y a lieu à augmentation de prix pour ex-
» cédant de mesure, l'acquéreur (*le fermier*) a le choix
» ou de se désister du contrat, ou de fournir le sup-
» plément du prix, et ce, avec les intérêts (*c'est-à-*
» *dire le supplément de fermage, et les arrérages d'icelui,*
» *avec les intérêts*), s'il a gardé l'immeuble.

» Art. 1621. Dans tous les cas où l'acquéreur (*le*
» *fermier*) a le droit de se désister du contrat, le ven-
» deur (*le bailleur*) est tenu de lui restituer, outre le
» prix (*le fermage*), s'il l'a reçu, les frais de ce contrat.

» Art. 1622. L'action en supplément de prix (*de*
» *fermage*), de la part du vendeur (*du bailleur*), et
» celle en diminution de prix ou en résiliation du
» contrat de la part de l'acquéreur (*du fermier*), doi-
» vent être intentées dans l'année, à compter du jour
» du contrat, à peine de déchéance. »

III. S'il a été affermé deux fonds par le même contrat
pour un seul et même prix, avec désignation de la
mesure de chacun, et qu'il se trouve moins de contenance en l'un, et plus dans l'autre, on doit faire compensation jusqu'à due concurrence ; et l'action, soit en
supplément, soit en diminution du prix, doit avoir lieu
suivant les règles tracées dans les articles ci-dessus (argument de l'article 1623 du code).

IV. S'il était dit au contrat de bail, que les parties
se feraient respectivement raison du plus ou du moins de
mesure, le bailleur, conformément à l'article 1618
que nous venons de transcrire, aurait-il l'option, si
l'excédant était de plus d'un vingtième au-dessus de la
contenance déclarée, soit de résilier le bail, soit de
payer le supplément de fermage ? ne serait-il pas tenu
au contraire de fournir seulement le supplément ? Nous
pensons que le bailleur, en pareil cas, ne pourrait que
fournir le supplément de fermage, sans pouvoir aucu-
nement demander la résiliation ; car les parties, qui ont
introduit une telle clause dans le contrat, ont par cela
même renoncé à l'option consacrée par l'art. 1618,
auquel elles ont pu tacitement déroger, et qui ne devait

les régir que dans le cas où elles ne s'en seraient
point expliquées. Ainsi jugé en *matière de vente*, par
arrêt de la Cour de Bordeaux, du 19 mars 1811. (V.
SIREY, t. 2, 2ᵉ. partie, p. 166.) Or, comme à cet
égard, les règles relatives à la vente sont rendues communes aux baux à ferme, cette décision pourrait leur
être appliquée.

V. Au sujet de l'article 1619, dont le contenu s'applique aussi au contrat de bail à ferme, et qui dispose
qu'il n'y a lieu à diminution ou augmentation de prix
qu'autant que la différence est d'*un vingtième en plus ou
en moins*, *s'il n'y a stipulation contraire*, un arrêt de la
Cour royale de Paris, du 16 juin 1807 (*Journal du
Palais*, p. 246, année 1807), a décidé qu'on ne pouvait point regarder comme *stipulation contraire* une clause
ainsi conçue : *tant d'hectares ou environ, sans que le vendeur soit garant du défaut de mesure*, parce qu'une telle
clause de garantie, renseigne bien que les parties ont
voulu se contenter du nombre déclaré, ou *à peu près*,
mais n'établit pas suffisamment que les parties aient
voulu déroger à l'article 1619, si la différence était de
plus d'un vingtième.

VI. On voit suffisamment, par les expressions de
l'article 1765, qui n'a trait qu'aux baux à ferme, que
toutes ces règles seraient inapplicables en matière de
baux à loyer.

ART. 1766.

*Si le preneur d'un héritage rural ne le garnit
pas des bestiaux et des ustensiles nécessaires
à son exploitation, s'il abandonne la culture, s'il*

ne cultive pas en bon père de famille, s'il emploie la chose louée à un autre usage que celui auquel elle a été destinée, ou, en général, s'il n'exécute pas les clauses du bail, et qu'il en résulte un dommage pour le bailleur, celui-ci peut, SUIVANT LES CIRCONSTANCES, FAIRE RÉSILIER LE BAIL.

En cas de résiliation provenant du fait du preneur, celui-ci est tenu des dommages-intérêts, ainsi qu'il est dit en l'art. 1764.

OBSERVATIONS.

I. *Le preneur doit garnir l'héritage rural des bestiaux et ustensiles nécessaires à son exploitation.* Cette règle est générale, et la Cour d'appel de Bruxelles a jugé que cette nécessité était tellement rigoureuse que la résiliation, faute par le preneur de garnir l'héritage de meubles nécessaires, devait être prononcée, même dans le cas d'un bail passé sous une loi qui n'avait point de semblable disposition. (V. SIREY, t. 7, p. 264.) Il y a cependant exception, pour les pays où ces divers objets sont attachés à *perpétuelle demeure* au fonds par le propriétaire, ou y ont été par lui placés pour le service et l'exploitation de l'héritage.

II. Ce cas fait dès lors exception à la règle ; mais, pour les réclamer utilement, le propriétaire doit en avoir dressé l'état contradictoirement avec le preneur.

III. S'il s'agissait seulement du *paiement des fermages*, les fermiers ou colons partiaires ne pourraient y *être contraints par corps*, que tout autant que la contrainte par corps aurait été formellement stipulée à cet effet dans le bail (art. 2062) ; mais, faute par eux de restituer à la fin du bail les semences et les instrumens aratoires qui leur auraient été confiés, ils pourraient y être contraints par corps, à moins qu'ils ne justifiassent que le déficit de ces objets ne procède point de leur fait. (Même article.)

IV. *Le preneur doit cultiver en bon père de famille;* il doit donc, encore qu'on ait omis, dans le bail, de lui imposer (*au fermier*) l'obligation de fumer les terres, et de convertir les pailles en fumiers, accomplir cette obligation, sans laquelle il ne cultiverait point en *bon père de famille.* Il pourrait néanmoins, en l'absence de cette clause, s'approprier les pailles, si, par le parcage des moutons, sans recourir à d'autres engrais, il pouvait suppléer au fumier. (V. MERLIN, *Question de droit*, verb. fumier, §. 3.)

V. Par le même motif, il ne peut accroître les produits de la récolte au préjudice du fonds; ainsi il ne peut, sans l'autorisation du bailleur, marner les terres, parce que cet engrais les dégrade et les appauvrit. (BOURJON, *Droit commun de la France.*)

VI. De même, il ne pourrait, sans la permission du propriétaire, planter les terres labourables en safran, parce que la culture de cette plante est nuisible à la terre. (POTHIER, *Contrat de louage*, n°. 89.)

VII. Le fermier ne peut employer la chose louée à un autre usage qu'à celui auquel elle est destinée; ainsi le fermier d'une vigne, d'un bois, d'un pré, ne peut les convertir en terres labourables.

VIII. Ainsi, s'il y a des terres labourables, il ne peut les ensemencer, lorsqu'elles doivent demeurer en guérets, ni semer du froment, lorsqu'on ne doit semer que de l'orge et de l'avoine, si ces changèmens doivent nuire au fonds. Ainsi encore, il doit faire la culture en son temps et selon l'usage. (DOMAT, *Contrat de louage*, t. 4, s. 5, n°. 1.)

IX. Dans tous les cas spécifiés par l'article 1766, le preneur peut demander la réparation du dommage, sans résiliation, ou demander la résiliation avec dommages-intérêts. (Art. 1382 et 1184.)

X. La résiliation du contrat de bail, soit qu'aux termes de l'article 1741, il y ait perte de la chose louée, soit qu'il s'agisse des cas énumérés dans l'art: 1766, ne s'opère pas de plein droit, et doit toujours être demandée et prononcée en justice; car, dit l'article 1184, « la résolution doit être demandée en justice, et il peut » être accordé au défendeur un délai, selon les circons- » tances ». (Cour de cassation, 12 octobre 1814; DE-NEVERS, t. 13, p. 39.)

ART. 1767.

Tout preneur de bien rural est tenu d'engranger dans les lieux à ce destinés d'après le bail.

OBSERVATIONS.

I. Le bailleur, aux termes de l'article 2102 du code civil, ayant un privilége sur les fruits de la récolte de l'année pour le paiement des fermages, il importait au propriétaire, pour la conservation et l'exercice de ce privilége, que le fermier ne pût en paralyser l'effet, en plaçant la récolte dans d'autres lieux.

II. S'il n'existe pas de granges suffisantes pour contenir la récolte, le preneur est tenu d'en faire des meules qu'il place dans un lieu voisin de la ferme, et en dépendant.

Art. 1768.

Le preneur d'un bien rural est tenu, sous peine de tous dépens, dommages et intérêts, d'avertir le propriétaire des usurpations qui peuvent être commises sur les fonds.

Cet avertissement doit être donné dans le même délai que celui qui est réglé en cas d'assignation suivant la distance des lieux.

OBSERVATIONS.

I. Aux termes des articles 1725, 1726 et 1727 du code, le bailleur doit garantir le preneur de toutes les usurpations commises sur le fonds loué, et qui en troublent la jouissance : toutefois la loi excepte le cas où des *tiers, sans prétendre aucuns droits sur la chose louée,* y exerceraient quelques voies de fait; par exemple, si des voleurs s'étaient introduits dans un clos, dans une étable, en avaient enlevé les fruits, les échalas ou les troupeaux, etc.; dans ce cas, le preneur est seul tenu d'en poursuivre la réparation.

II. S'il s'agissait donc de voies de fait de cette dernière espèce, commises gratuitement par des tiers, le fermier ne serait pas tenu d'en avertir le propriétaire; car cet avertissement n'a d'autre objet que de le mettre personnellement en cause, pour obtenir réparation des troubles ou usurpations dont il doit garantie au fermier.

III. L'avertissement doit être donné dans les délais fixés par le code de procédure, en cas d'assignation et suivant la distance des lieux.

Aux termes de l'art. 72 du code de procédure, « le » délai de l'assignation est de *huitaine* pour les parti- » culiers demeurant en France ». Aux termes de l'arti- cle 73, « si celui qui est assigné demeure hors de la » France continentale, le délai est de : 1°. pour ceux » demeurant en Corse, dans l'île d'Elbe ou de Capraya, » en Angleterre et dans les états limitrophes de la » France, de *deux mois;* 2°. pour ceux demeurant dans » les autres états de l'Europe, de *quatre mois;* 3°. pour » ceux demeurant hors de l'Europe, en-deçà du cap » de Bonne-Espérance, de *six mois;* et pour ceux de- » meurant au-delà, d'*un an* ». D'après l'article 74 : « Lorsqu'une assignation à une partie domiciliée hors » de la France sera donnée à sa personne en France, » elle n'emportera que les délais ordinaires, sauf au » tribunal les à prolonger, s'il y a lieu. »

IV. L'obligation imposée par l'art. 1768 au fer- mier, sous peine de tous dépens et dommages-intérêts, d'avertir le propriétaire des usurpations commises sur le fonds loué, s'étend au cas où il s'agirait d'un sim- ple *trouble de droit,* résultant d'un acte signifié par l'au- teur du trouble. (Cour de cassation, 12 octobre 1814, affaire Huot contre Petit et Naudet.)

ART. 1769.

Si le bail est fait pour plusieurs années, et que, pendant la durée du bail, la totalité ou la moitié d'une récolte au moins soit enlevée par des cas fortuits, le fermier peut demander une remise du prix de sa location, à moins qu'il ne soit indemnisé par les récoltes précédentes.

S'il n'est pas indemnisé, l'estimation de la remise ne peut avoir lieu qu'à la fin du bail, auquel temps il se fait une compensation de toutes les années de jouissance;

Et cependant le juge peut provisoirement dispenser le preneur de payer une partie du prix en raison de la perte soufferte.

OBSERVATIONS.

I. S'il s'agit d'un bail *fait pour plusieurs années*, et si ce contrat ne contient aucune stipulation au sujet des cas fortuits ordinaires, tels que grêle, feu du ciel, gelée, coulure ou autre, le fermier a droit à une remise sur le prix des fermages.

II. Nous avons dit qu'il existait une analogie frappante entre le contrat de vente et le contrat de bail. Or, de même qu'en matière de vente, la propriété de la chose vendue, qui est censée l'équivalent du prix, donne ouverture à la résiliation en faveur de l'acquéreur, s'il y a lésion de plus de *sept douzièmes*, de même, en matière de baux à ferme, où le fermage est réputé le prix de la jouissance, il doit y avoir lieu à une remise au profit du fermier, si la totalité, ou au moins la moitié de la récolte, a péri par cas fortuit.

III. *Par cas fortuit;* car, si la perte résultait d'un défaut de culture, de la négligence, ou de l'inhabileté du fermier, il ne pourrait prétendre à aucune indemnité.

IV. Si les récoltes précédentes ne suffisent pas pour

dédommager le fermier, l'estimation de la remise ne peut avoir lieu qu'à la *fin du bail*, auquel cas on compense toutes les années de jouissance; c'est-à-dire qu'on évalue, sur le total du revenu de ces diverses années, la différence en plus qui a pu profiter au fermier, pour en diminuer d'autant l'indemnité.

Pothier pense que, pour savoir si les années de fertilité ont valu au fermier un dédommagement suffisant ponr l'année de stérilité, ou pour l'année dans laquelle tout ou moitié de la récolte a péri par cas fortuit, il faut commencer par évaluer le produit qu'on a *droit d'espérer chaque année*, et faire ensuite le calcul du produit réel. Si la somme du produit réel s'étend au-delà de celle qu'on avait droit d'espérer, en telle sorte que l'excédant de celui-ci soit égal au montant de la perte essuyée, le fermier se trouve suffisamment indemnisé.

V. Mais le fermier ne peut demander à la fin du bail une remise de partie du prix, pour cas fortuits, qu'autant qu'il les a légalement fait constater au fur et à mesure qu'ils arrivaient, ou, du moins, à une époque qui laissait encore des traces susceptibles de les faire reconnaître. (Cour de Poitiers, 17 juillet 1806, affaire Vincent contre Durand; DENEVERS, t. 5, pag. 12, 2ᵉ. part.; Cour de cassation, 25 mai 1808, affaire Vincent contre Mesnier.)

VI. Le juge peut *provisoirement* dispenser le preneur de payer une partie du prix, sans attendre la fin de son bail; c'est-à-dire que, selon les circonstances, on dispense le fermier de payer, soit la totalité des fermages de l'année courante, si toute la récolte a péri; soit une partie de ce prix, s'il n'en a péri que la moitié. Mais cette mesure n'est que *provisoire*, et conséquemment, *si* à l'expiration du bail, la perte essuyée par le preneur se trouvait réparée par les récoltes subséquentes, le preneur devrait la restitution du montant de la remise à lui faite. (ULPIEN, ff. *leg.* 4, §. 4, *locati conducti.*)

ART. 1770.

Si le bail n'est que d'une année, et que la perte soit de la totalité des fruits, ou au moins de la moitié, le preneur sera déchargé d'une partie proportionnelle du prix de la location.

Il ne pourra prétendre aucune remise, si la perte est moindre de moitié.

OBSERVATIONS.

Si le bail est d'*une année* seulement, comme alors le fermier ne peut compter sur aucun dédommagement à raison de l'augmentation du bénéfice que pourrait lui promettre une plus longue jouissance, il doit être déchargé purement et simplement d'une partie proportionnelle du prix de la location. Mais, ainsi que dans l'article précédent, il n'y aurait lieu à aucune remise, si la perte était moindre de moitié.

ART. 1771.

Le fermier ne peut obtenir de remise, lorsque la perte des fruits arrive APRÈS QU'ILS SONT SÉPA-RÉS DE LA TERRE, *à moins que le bail ne donne au propriétaire une quotité de la récolte en* NA-TURE; *auquel cas le propriétaire doit supporter sa part de la perte, pourvu que* LE PRENEUR NE FUT

PAS EN DEMEURE DE LUI DÉLIVRER SA PORTION DE RÉCOLTE.

Le fermier ne peut également demander une remise, lorsque la cause du dommage était existante et connue à l'époque où le bail a été passé.

OBSERVATIONS.

I. Si des cas fortuits venaient détruire la récolte alors qu'elle est séparée de la terre, le fermier seul devrait en supporter la perte. C'est la conséquence de la maxime, *res perit domino;* car, dès l'instant où les fruits sont séparés de la terre, ils ont cessé par cela même d'appartenir au maître du sol, pour appartenir exclusivement au fermier.

II. Par le même principe, si le bail attribuait au propriétaire une quotité de la *récolte en nature*, ce qui se pratique en matière de *baux à métairie,* où le colon partiaire ou métayer partage les fruits en nature avec le propriétaire; tous deux étant réputés copropriétaires de la chose qui a péri, la perte devrait être supportée en commun.

III. Si, toutefois, dans cette hypothèse, le colon partiaire avait été sommé par le propriétaire de lui livrer les fruits dans un délai fixé, et que, passé ce délai, les fruits vinssent à périr par cas fortuit, ils périraient tout entiers *pour le compte* du colon; car cette perte alors résulterait de son propre fait. Par la même raison, si les délais fixés pour la livraison n'étaient point écoulés, la perte serait commune; car, jusqu'à l'expiration du délai, le fermier ne saurait être réputé en demeure d'exécuter l'obligation. (Art. 1186.)

IV. Il en serait de même si la cause du dommage était *existante et connue* du fermier, au moment où le bail a été passé ; car, connaissant la cause, il est censé en avoir à l'avance pesé et accepté les résultats. Tel serait le cas d'un fonds de terre sujet annuellement au débordement d'une rivière ; ou d'une vigne, sujette à être gelée habituellement. Mais le bailleur, pour repousser la demande du fermier, devrait établir avant tout, que ce *fait était connu du fermier;* car l'existence matérielle du fait ne suffirait pas.

ART. 1772.

Le preneur peut être chargé des cas fortuits par une stipulation expresse.

ART. 1773.

Cette stipulation ne s'entend que des cas fortuits ordinaires, tels que grêle, feu du ciel, gelée ou coulure.

Elle ne s'entend point des cas fortuits extraordinaires, tels que les ravages DE LA GUERRE, ou une inondation, auxquels le pays n'est pas ordinairement sujet, à moins que le preneur n'ait été chargé de tous les cas fortuits prévus ou imprévus.

OBSERVATIONS.

I. Il doit être libre aux parties de mettre les cas fortuits aux risques du preneur ; les chances auxquelles il se soumet étant balancées par la diminution apportée dans le prix du bail.

7

II. Cette stipulation, faite d'une manière générale, n'est pas présumée comprendre *les cas fortuits extraordinaires*, tels que les ravages accidentels de la guerre ou d'une inondation, parce qu'on suppose que le preneur, s'il les eût prévus, ne s'y serait pas soumis.

III. Mais cette présomption s'évanouirait, si le pays, par sa proximité des frontières ou par sa situation, y était ordinairement sujet ; ou si les parties avaient expressément déclaré, que le preneur serait chargé de tous les cas fortuits, prévus ou imprévus.

Art. 1774.

Le bail, sans écrit, d'un fonds rural, est censé fait pour le temps qui est nécessaire afin que le preneur recueille tous les fruits de l'héritage affermé.

Ainsi le bail à ferme d'un pré, d'une vigne, et de tout autre fonds dont les fruits se recueillent en entier dans le cours de l'année, est censé fait pour un an.

Le bail des terres labourables, lorsqu'elles se divisent par soles ou saisons, est censé fait pour autant d'années qu'il y a de soles.

OBSERVATIONS.

I. Cet article s'occupe du bail verbal ou du bail écrit, dont la durée n'est point limitée ; le bail écrit cessant de plein droit à l'expiration du terme fixé, sauf la tacite reconduction. (Art. 1776.)

II. Si donc il s'agit d'un bail verbal, il est censé

fait pour le temps nécessaire au fermier, afin de recueillir tous les fruits de l'héritage affermé.

III. Si, après avoir pêché un étang qu'on a coutume de pêcher tous les trois ans, on le donne à ferme pour un certain temps, sans exprimer pour quel temps, on est censé l'avoir donné à ferme pour le laps de *trois ans*. (POTHIER, *Contrat de louage*, n°. 28.)

IV. Lorsque les bois taillis d'un domaine sont partagés en un certain nombre de coupes (coupes réglées), par exemple, en douze coupes, dont il s'en fait une chaque année, le bail, lorsque sa durée n'est pas exprimée, est censé fait pour autant d'années qu'il y a de coupes. (POTHIER, *Loco citato.*)

V. S'il s'agit de terres labourables, le bail est censé fait pour autant d'années qu'il y a de soles ou saisons.

Ainsi, lorsque les terres d'une ferme ou d'une métairie sont partagées en trois soles ou saisons, comme en Beauce, en Brie, en Champagne, etc., où une partie s'ensemence en bled, une autre partie en avoine et autres menus grains qui se sèment au mois de mars, et une autre se repose; si le temps que doit durer le bail n'est pas exprimé par le contrat, et qu'il soit dit seulement que le bail est fait à tant par an; ou si ce bail est verbal, le bail doit être présumé fait pour trois ans. Par la même raison, dans le Val-de-Loire, où les terres sont partagées en deux saisons, dont l'une tour à tour est ensemencée, et l'autre se repose, le temps du bail, lorsqu'il n'est pas exprimé par le contrat, doit être de *deux ans*. (POTHIER, *Loco citato.*)

ART. 1775.

Le bail des héritages ruraux, quoique fait sans

7.

écrit, cesse de plein droit à l'expiration du temps pour lequel il est censé fait, selon l'article précédent.

OBSERVATIONS.

I. Cet article se trouve en contradiction formelle avec le texte de l'art. 1736. En effet, aux termes de ce dernier article, qui se trouve placé dans la section des *règles communes aux baux des maisons et des biens ruraux*, le bail fait sans écrit ne peut cesser qu'en vertu d'un congé duement signifié ou accepté, aux termes de l'art. 1775; au contraire, le *bail à ferme non écrit* cesse de *plein droit* dans les délais fixés par l'art. 1774, sans qu'il soit conséquemment *nécessaire de donner congé.* Pour concilier ces deux articles, il faut admettre, d'une part, que c'est à tort que l'article 1736, absolument spécial aux baux à loyer, a été placé dans la section des règles communes aux baux à loyer et aux baux à ferme; et, d'autre part, que l'art. 1775 y a formellement dérogé en ce qui concerne les baux à ferme.

On voit d'ailleurs évidemment, par le procès-verbal de la discussion de l'art. 1736, au conseil d'État, que c'est uniquement pour les baux des maisons qu'il a été proposé. Le savant Merlin, dans son *Répertoire*, au mot BAIL, §. 4, rapporte l'espèce d'un arrêt par lequel la Cour d'appel de Lyon a jugé la question dans ce sens, le 4 septembre 1806. Ainsi jugé également par la Cour d'appel de Trèves, le 27 mars 1807.

II. Quoiqu'en matière de baux à ferme, cette espèce de baux cesse de plein droit, sans congé, à l'expiration des délais fixés par l'art. 1775, il ne s'ensuit pas que le fermier puisse s'abstenir, sitôt la récolte rentrée, de

cultiver les terres ; car, jusqu'à l'expiration du bail, il
est tenu d'y apporter les soins d'un bon père de famille, sous peine de tous dommages-intérêts. (Articles 1382, 1728, 1766.)

III. Quoique le congé soit inutile en matière de
biens ruraux, soit que le bail soit non écrit, auquel
cas il expire de plein droit au terme tracé par la loi,
soit qu'il s'agisse d'un bail écrit, auquel cas le bail finit
de plein droit à l'époque convenue, le congé est néanmoins quelquefois nécessaire. Si, par exemple, le bail
écrit était de trois, six ou neuf, pour résoudre le bail à
l'une des deux premières périodes, il faudrait évidemment donner congé. Dans ce cas, le congé doit être signifié un an d'avance, à moins qu'une clause particulière n'en ait autrement disposé.

L'article 1776 présente un autre cas où le congé peut
encore être donné utilement.

ART. 1776.

*Si, à l'expiration des baux écrits, le preneur
reste ou est laissé en possession, il s'opère un nouveau bail dont l'effet est réglé par l'art. 1774.*

OBSERVATIONS.

I. De même qu'en fait de baux à loyer, la continuation de jouissance, sans trouble de la part du bailleur,
opère un nouveau bail ou *tacite reconduction* (art. 1738);
de même cette *tacite reconduction*, ou relocation tacite,
doit s'opérer en matière d'héritages ruraux.

II. Quoique la loi ne parle que de biens ruraux
écrits, la tacite reconduction doit s'opérer, à plus forte

raison, si le bail n'est que verbal ; car on concevrait difficilement que le bail rural écrit, qui expire de plein droit au terme fixé par le contrat, de même que le bail verbal expire de plein droit à l'expiration du terme légal, dût se prolonger par *tacite reconduction*, et qu'il en fût autrement en matière du bail rural *sans écrit*. Dans l'un et dans l'autre, la continuation de jouissance, établissant la même présomption, la tacite reconduction doit également s'opérer. (Cour d'appel de Rouen, 17 mai 1812, affaire Chandellier contre Hotteman ; SIREY, t. 12, 2ᵉ. part., p. 310.)

III. Si la tacite reconduction s'est opérée, et s'il s'agit d'un bail écrit, l'effet de ce bail tombe alors dans la catégorie générale des baux sans écrit, réglés par l'art. 1774. La loi, en le déclarant ainsi, indique suffisamment que l'art. 1738, à la section des règles communes aux baux à loyer et à ferme, qui contient des dispositions contraires, et entre autres la nécessité de donner congé selon l'usage des lieux, ne s'applique, ainsi que l'art. 1736, qu'aux *baux à loyer* et non aux *baux de biens ruraux*.

Si, dans le contrat de bail, le fermier s'était expressément soumis à la contrainte par corps pour le paiement des fermages, cette obligation rigoureuse, toute spéciale au preneur, se trouverait anéantie par la *novation* produite par la tacite reconduction ; car l'on sait que l'effet de la novation est d'éteindre la première obligation pour en créer une nouvelle. (ROUSSEAU, au mot BAIL, sect. 6, n°. 3 ; art. 1271 et 2062 du code civil.)

IV. Il est toujours prudent, pour éviter la tacite reconduction, de donner congé quelques jours avant la fin du bail ; alors, en effet, cette manifestation de vo-

lonté repousse à l'avance toute présomption de relocation.

La Cour d'appel de Bruxelles l'a ainsi jugé, le 15
mars 1808, dans l'espèce suivante :

Le sieur Hoefs avait donné à ferme, par acte écrit,
jusqu'au mois de décembre 1804, au sieur Tank, une
prairie située dans la commune d'Assche.

A l'expiration du bail, le preneur étant demeuré en
possession, la tacite reconduction s'était opérée.

Depuis, le bailleur ayant donné congé, ce dont il
aurait pu se dispenser, le preneur, aux termes des articles 1736 et 1738, soutint que ce congé, qui devait
être donné selon l'usage des lieux, avait été signifié
tardivement ; et que, conséquemment, il avait le droit de
continuer la jouissance.

Mais alors le sieur Hoefs, bailleur, répondit de son
côté, qu'il s'agissait d'un bail à ferme de biens ruraux;
que ce bail était réglé, en cas de tacite reconduction,
par les art. 1774, 1775 et 1776, qui dispose que ce
genre de bail, expire de *plein droit* après l'année de la
tacite reconduction, et sans qu'il soit besoin de donner
congé. Dès lors, disait Hoefs, peu importe que le
congé eût été donné à telle ou à telle époque, puisque
ce congé n'était point pour lui une obligation.

Jugement de première instance qui déclare que la
tacite reconduction ne s'est point opérée pendant l'année 1806.

Sur l'appel, arrêt confirmatif de la Cour d'appel de
Bruxelles, ainsi conçu : « ATTENDU que l'effet du
nouveau bail qui s'est opéré en vertu de l'art. 1776 du
code, est réglé par l'art. 1774 ; ATTENDU que, suivant
ce dernier article, le bail d'un pré est censé fait pour

un an, et que, suivant l'art. 1775, le bail des héritages ruraux, quoique fait sans écrit, cesse de plein
droit à l'expiration du terme pour lequel il est censé
fait, selon l'art. 1774; en sorte que la signification du
congé était même un acte superflu : la Cour confirme ».
(Voyez SIREY, t. 10, 2ᵉ. part., p. 536.)

ART. 1777.

*Le fermier sortant doit laisser à celui qui lui
succède dans la culture, les logemens convenables
et autres facilités pour les travaux de l'année suivante ; et réciproquement, le fermier entrant doit
procurer à celui qui sort les logemens convenables et autres facilités pour la consommation des
fourrages, et pour les récoltes restant à faire.*

*Dans l'un et l'autre cas, on doit se conformer
à l'usage des lieux.*

ART. 1778.

*Le fermier sortant doit aussi laisser les pailles
et engrais de l'année, s'il les a reçus lors de son
entrée en jouisance ; et quand même il ne les aurait pas reçus, le propriétaire pourra les retenir
suivant l'estimation.*

OBSERVATIONS.

I. Les règles tracées par l'art. 1777 sont fondées
sur des principes de justice et de réciprocité qui sont
rarement méconnus. Si le fermier s'en écartait, il serait
passible de dommages-intérêts proportionnés au préjudice par lui occasioné.

II. Les pailles et engrais , considérés par l'art. 524 du code, comme immeubles par destination , quand le propriétaire les a placés dans le fonds, pour le service et l'exploitation de ce fonds, ne peuvent être enlevés par le fermier à sa sortie des lieux , car ils sont censés *faire partie de l'immeuble.*

Si , d'ailleurs , le fermier les a trouvés dans la ferme , lors de son entrée en jouissance , il est rigoureusement juste qu'il en laisse pareille quantité à sa sortie.

III. S'il ne les y a point trouvés , ils sont alors sa propriété ; mais il est libre au propriétaire de les retenir, en en payant la valeur suivant l'estimation qui en est faite par deux experts choisis par chacune des parties. Quoiqu'en thèse générale nul ne puisse être contraint de céder malgré lui sa propriété, si ce n'est pour cause d'utilité publique (545) , l'intérêt de l'agriculture, qu'on peut aussi considérer comme un objet d'utilité publique , a dû motiver cette disposition toute spéciale , accordée au propriétaire par le législateur.

CHAPITRE III.

DU LOUAGE D'OUVRAGE ET D'INDUSTRIE.

ART. 1779.

Il y a trois espèces principales de louage d'ouvrage et d'industrie :

1°. Le louage des gens de travail qui s'engagent au service de quelqu'un ;

2°. Celui des voituriers, tant par terre que par eau, qui se chargent du transport des personnes ou des marchandises ;

3°. Celui des entrepreneurs d'ouvrages par suite de devis ou marchés.

OBSERVATIONS.

Nous parlerons à chacune des sections consacrées à à ces trois espèces de louage, des règles qui leur sont particulières.

SECTION PREMIÈRE.

Du Louage des domestiques et ouvriers.

OBSERVATIONS.

I. L'*ouvrier* est celui qui travaille *de la main*, moyennant *un salaire* qui lui est payé par celui qui l'emploie.

II. On appelle *domestiques* les individus qui font partie d'une maison, et qui, subordonnés à la volonté du maître, en reçoivent *des gages*.

III. Les *domestiques* sont de deux sortes ; ceux dont les fonctions n'ont rien d'avilissant et sont même regardées comme honorables ; et ceux qui sont employés à des services regardés comme vils.

A la première classe appartiennent les bibliothécaires, les précepteurs, les secrétaires, les intendans de maison. Par arrêt du 12 mai 1739, le parlement de Paris a jugé dans l'affaire Rondot, qui, par son testament, avait fait un legs à tous ses domestiques, qu'un prêtre, bibliothécaire du testateur, devait être rangé dans cette classe, et était appelé à recueillir sa part du legs.

Dans la seconde classe, sont compris tous ceux que l'on nomme valets, serviteurs et servantes, et qui sont désignés dans les lois sous la dénomination de *serviteurs domestiques*. Ceux-ci sont encore de deux sortes : ceux qui ne sont attachés qu'à la personne du maître, tels que les cuisinières, valets de chambre, portiers et laquais, et ceux qui sont seulement attachés aux travaux de la campagne ; ces derniers, aux termes du réglement de 1567, ne peuvent, avant l'expiration du temps convenu, quitter leur maître, qui, par la même raison, ne peut non plus les renvoyer avant le même temps. Le besoin de cultiver les terres et les difficultés de retrouver une autre place, sont les deux motifs de ces dispositions. (Voyez le *Répertoire universel*, au mot JUGE DE PAIX.)

IV. Quant aux autres domestiques, il est loisible de les renvoyer quand bon semble, de même qu'il leur est loisible de quitter leur maître; mais il est d'usage de s'avertir réciproquement huit jours d'avance.

V. Si, cependant, le maître ou le domestique avaient des motifs graves pour se quitter instantanément, ils pourraient se dispenser d'accorder les huit jours de délai.

VI. En cas de difficultés entre le maître et le domestique, ces contestations sont de la compétence de la justice de paix.

VII. Dans ce genre de contrat, le domestique et l'ouvrier pourraient être réputés locateurs ou bailleurs; car, dit Domat, *Lois civiles*, tit. 4, sect. 1re., n°. 2, ils louent et baillent leur peine, *locat artifex operam suam*, *id est*, *faciendi necessitatem* (*leg.* 22, ff. §. 2, *loc.*). Cependant ils sont réputés preneurs ou conducteurs, parce qu'ils se chargent de la besogne ou de l'ouvrage qui leur est donné à faire par le maître.

VIII. Deux décrets impériaux, l'un du 3 octobre 1810, l'autre, du 25 septembre 1813, imposent respectivement aux maîtres et aux domestiques certaines obligations de police et de sûreté générale, qu'il importe de connaître, quoique l'insouciance des uns et la mauvaise volonté des autres, les rendent le plus souvent illusoires.

DÉCRET *du* 3 *octobre* 1810. — « Art. 1er. Dans le mois qui suivra la promulgation du présent décret, tous les individus de l'un et de l'autre sexe, qui sont actuellement, ou qui voudront se mettre en service à l'année, au mois, même au jour, en qualité de domestiques, sous quelque dénomination que ce soit, dans notre bonne ville de Paris, seront inscrits dans les bureaux qui seront désignés par le préfet de police, soit sur leur déclaration, soit sur les états et vérifications que les commissaires de police seront tenus de faire, *sous peine d'une détention qui ne pourra excéder trois mois, ni être moindre de huit jours.* Il sera délivré, à chaque individu qui se fera inscrire, un bulletin portant ses noms, prénoms, lieu de naissance, profession, son signalement, s'il est marié ou veuf, et l'indication du maître qu'il sert.

» Art. 2. Ceux qui servent comme domestiques de place, au mois ou au jour, seront tenus, en outre, d'avoir un domicile déclaré par eux à la préfecture de police, et de présenter un maître d'hôtel garni, ou autre citoyen domicilié, qui réponde d'eux sous la peine portée en l'art. 7.

» Art. 3. Il n'est pas permis de recevoir et prendre à son service aucun domestique non pourvu d'un bulletin d'inscription : ledit bulletin restera entre les mains du maître.

» Art. 4. Celui de chez qui sortira un domestique, adressera le bulletin d'inscription à la préfecture de police, après y avoir inscrit le jour de sortie. Le do-

mestique sera tenu de se transporter à la préfecture
dans les quarante-huit heures, et d'y faire la déclaration, s'il veut continuer à servir ou prendre une profession, à peine d'un emprisonnement qui ne pourra
excéder quatre jours, ni être moindre de vingt-quatre
heures. Le bulletin lui sera rendu visé selon sa déclaration, et, si le maître a négligé de l'envoyer, le bureau de la préfecture le requerra de l'adresser, ou y
suppléera.

» Art. 5. Nul ne pourra prendre à son service un
domestique, si le bulletin d'inscription ne lui est repré-
senté visé à la préfecture de police.

» Art. 6. Il est défendu aux domestiques de louer
aucunes chambres ou cabinets à l'insu de leurs maîtres,
et sans en avoir prévenu le commissaire de police de la
division où lesdites chambres et cabinets sont situés, à
peine d'une détention qui ne pourra excéder trois mois,
ni être moindre de huit jours.

» Il est pareillement défendu aux propriétaires ou
principaux locataires de leur louer ou sous-louer aucune chambre ni cabinet, sans en avoir fait la déclaration au même commissaire de police, à peine d'une
amende qui ne pourra excéder 100 fr., ni être moindre de 25 fr.

» Art. 7. Tout domestique sans place pendant plus
d'un mois, et qui ne justifiera pas ses moyens d'existence, sera tenu de sortir de notre bonne ville de Paris,
s'il n'est autorisé à y séjourner, à peine d'être arrêté et
puni comme vagabond.

» Art. 8. Il y aura toujours au bureau établi par la
préfecture de police, conformément à l'article 1er, un
officier de police chargé de recevoir toute plainte pour

vol domestique, d'y donner suite sans délai, et de prendre toutes les mesures nécessaires pour en découvrir et poursuivre les auteurs.

» Art. 9. L'obligation de se faire inscrire et de prendre un bulletin, n'est applicable aux domestiques servant le même maître *depuis cinq ans révolus*, que du jour où ils sortiraient de chez lui.

» Art. 10. Les obligations qui sont imposées aux maîtres par le présent décret, seront remplies par les intendans des maisons, où il y en a d'établis.

» Art. 11. Les peines portées au présent décret seront prescrites par six mois, si le domestique qui les aura encourues, est replacé au service d'un nouveau maître. »

Voici maintenant le décret du 25 septembre 1813.

« Art. 1er. Le décret du 3 octobre 1810, sera exécuté dans les villes dont la population est de cinquante mille âmes et au-dessus.

» Art. 2. Les fonctions attribuées par ce décret au préfet de police de la ville de Paris, seront remplies par les maires des villes comprises dans le présent décret.

» Art. 3. Dans les villes où il y a des commissaires généraux de police, les bulletins d'inscriptions, dont parle l'article 5 du décret du 3 octobre 1810, seront visés, non-seulement par le maire, mais encore par le commissaire général. »

IX. Aux termes de l'article 5 de la loi du 24 brumaire an 6, tout homme qui a reçu chez lui, comme *serviteur à gages*, un déserteur, un conscrit fugitif, sans l'avoir préalablement présenté à la mairie du lieu, est par cela seul présumé avoir eu connaissance de sa qualité de conscrit fugitif ou de déserteur, et il doit, par suite, être puni comme s'il y avait preuve qu'il l'eût recélé *sciemment*.

Ainsi, d'après cet article, c'est en vain que le particulier, qui aurait reçu chez lui le déserteur ou réfractaire en qualité de serviteur à gages, objecterait qu'il n'a pas eu connaissance de cette circonstance, la présomption légale du contraire s'élèverait *de plano* contre lui. C'est ce que la Cour suprême a jugé dans maintes circonstances, et notamment le 24 floréal an 7, dans l'affaire Benoist et Rousseau.

X. Mais il en serait autrement, si le conscrit ou le déserteur était entré chez quelqu'un, non en qualité de serviteur à gages ou de domestique, mais en qualité d'*ouvrier* ou de *simple journalier*, et si, en réalité, il n'avait exercé que les fonctions d'ouvrier ou de journalier. Si au contraire, quoiqu'entré à ce titre au service du maître, il avait en réalité rempli les fonctions de domestique ou de serviteur à gages, il serait considéré comme un véritable domestique, et le maître serait puni comme recéleur. (Arrêt de cassation du 9 juin 1808, rendu sur le réquisitoire de Merlin, affaire Janssens.)

XI. Cette présomption légale introduite par la loi du 24 brumaire an 6, est tellement puissante, que l'exhibition d'un faux acte de naissance qui le placerait hors de l'âge de la conscription, faite par le conscrit à celui qu'il l'a reçu en qualité de domestique ou de serviteur à gages, ne saurait être une excuse suffisante pour le dispenser de le présenter à la mairie. (Cour de cassation, rejet, 24 messidor an 12, affaire Vallée: voyez MERLIN, *verbo* CONSCRIPTION MILITAIRE.)

Les maîtres sont *civilement* responsables des délits de

leurs domestiques et ouvriers, c'est-à-dire des dommages-intérêts qui peuvent en résulter; ce qu'il faut
néanmoins restreindre aux délits commis dans les lieux
et dans les fonctions où leurs maîtres les ont employés.
(Code civil, art. 1389.)

Art. 1780.

On ne peut engager ses services qu'à TEMPS, *ou
pour une entreprise déterminée.*

Art. 1781.

Le maître est cru sur son affirmation,
Pour la quotité des gages;
Pour le paiement du salaire de l'année échue;
*Et pour les à-comptes donnés pour l'année
courante.*

OBSERVATIONS.

I. La disposition consignée dans l'article 1780 n'est
que la conséquence de l'abolition générale des servitudes *personnelles*. Celui qui engagerait ses services *pour
toute sa vie*, aliénerait sa liberté, et se ferait esclave.
Or, on comprend qu'un tel pacte serait essentiellement
contraire à la Charte constitutionnelle, qui proclame
la liberté individuelle de tous les citoyens.

II. Rien ne peut empêcher cependant qu'on ne puisse
engager ses services pour une entreprise déterminée,
encore qu'elle puisse éventuellement durer aussi long-
temps que la vie de celui qui y attache ainsi son industrie; mais, dans ce cas, il s'agit non du domestique,
mais de l'ouvrier, et comme l'entreprise est déterminée,

8

il n'engage par le fait ses services que pour un temps.
Aux termes de l'article 15 de la loi du 22 germinal
an 11, sur les manufactures, fabriques et ateliers, « l'engagement d'un ouvrier ne peut excéder un an, à moins
qu'il ne soit contre-maître, conducteur des autres ouvriers, ou qu'il n'ait un traitement et des conditions
stipulées par un acte exprès. »

III. S'il s'agit d'un ouvrier qui ait loué son industrie pour une entreprise déterminée, le contrat ne peut
être résolu que par la commune volonté des parties ;
dans le cas contraire, l'inexécution se résout en dommages-intérêts. (Art. 1183, 1184.)

IV. La même loi du 22 germinal an 11, relative aux
manufactures et ateliers, contient, au sujet des *apprentis
et des ouvriers*, les dispositions suivantes :

..... TITRE III. « Art. 9. Les contrats d'appren-
» tissage consentis entre majeurs, ou par des mineurs
» avec le concours de ceux sous l'autorité desquels ils
» sont placés, ne pourront être résolus, sauf l'indem-
» nité en faveur de l'une et de l'autre des parties, que
» dans les cas suivans, 1°. d'inexécution des engage-
» mens de part ou d'autre ; 2°. de mauvais traitemens
» de la part du maître ; 3°. d'inconduite de la part de
» l'apprenti ; 4°. si l'apprenti s'est obligé à donner,
» pour tenir lieu de rétribution pécuniaire, un temps
» de travail dont la valeur serait jugée excéder le prix
» ordinaire des apprentissages.

» Art. 10. Le maître ne pourra, sous peine de dom-
» mages et intérêts, retenir l'apprenti au-delà de son
» temps, ni lui refuser un congé d'acquit, quand il
» aura rempli ses engagemens.

» Les dommages-intérêts seront au moins du triple
» du prix des journées depuis la fin de l'appren-
» tissage.

» Art. 11. Nul individu employant des ouvriers, ne
» pourra recevoir un apprenti sans congé d'acquit,
» sous peine de dommages-intérêts envers son maître.

» Art. 12. Nul ne pourra, sous les mêmes peines,
» recevoir un ouvrier, s'il n'est porteur d'un livret por-
» tant le certificat d'acquit de ses engagemens, délivré
» par celui de chez qui il sort.

» Art. 13. La forme de ces livrets, et les règles à
» suivre pour leur délivrance, leur tenue et leur re-
» nouvellement, seront déterminées par le gouverne-
» ment de la manière prescrite pour les réglemens d'ad-
» ministration publique.

» Art. 14. Les conventions faites de bonne foi en-
» tre les ouvriers et ceux qui les emploient, seront
» exécutées. »

L'arrêté du 9 frimaire an 12, relatif au livret dont
les ouvriers travaillant en qualité de compagnons ou
garçons doivent être pourvus, contient, à cet égard,
les dispositions suivantes :

« TITRE Iᵉʳ. *Dispositions générales.* Art. 1ᵉʳ. A comp-
» ter de la publication du présent arrêté, tout ouvrier
» travaillant en qualité de compagnon ou garçon de-
» vra se pourvoir d'un livret.

» Art. 2. Ce livret sera en papier libre, coté et pa-
» raphé sans frais, savoir : à Paris, Lyon et Marseille,
» par un commissaire de police; et, dans les autres
» villes, par le maire, ou l'un de ses adjoints. Le pre-
» mier feuillet portera le sceau de la municipalité, et

8.

» contiendra le nom et le prénom de l'ouvrier, son âge,
» le lieu de sa naissance, son signalement, la désigna-
» tion de sa profession, et le nom du maître chez le-
» quel il travaille.

» Art. 3. Indépendamment de l'exécution de la loi
» sur les passeports, l'ouvrier sera tenu de faire viser
» son dernier congé par le maire ou son adjoint, et de
» faire indiquer le lieu où il se propose de se rendre.

» Tout ouvrier qui voyagerait sans être muni d'un
» livret ainsi visé, sera réputé vagabond, et pourra
» être arrêté et puni comme tel.

» TITRE II. *De l'inscription des congés sur le livret, et*
» *des obligations imposées à cet égard aux ouvriers, et à*
» *ceux qui les emploient.* Art. 4. Tout manufacturier,
» entrepreneur, et généralement toutes personnes em-
» ployant des ouvriers, seront tenus, quand ces ou-
» vriers sortiront de chez eux, d'inscrire sur leurs li-
» vrets un congé portant àcquit de leurs engagemens,
» s'ils les ont remplis.

» Les congés seront inscrits sans lacune, à la suite
» les uns des autres; ils énonceront le jour de la sortie
» de l'ouvrier.

» Art. 5. L'ouvrier sera tenu de faire inscrire le jour
» de son entrée sur son livret, par le maître chez lequel
» il se propose de travailler, ou à son défaut, par les
» fonctionnaires publics désignés à l'art. 2, et sans
» frais, et de déposer le livret entre les mains de son
» maître, s'il l'exige.

» Art. 6. Si la personne qui a occupé l'ouvrier, re-
» fuse, sans motif légitime, de remettre le livret ou
» de délivrer le congé, il sera procédé contre elle de

» la manière et suivant le mode établi par le titre 5 de
» la loi du 22 germinal [1]. En cas de condamnations,
» les dommages-intérêts adjugés à l'ouvrier, seront
» payés sur-le-champ.

» Art. 7. L'ouvrier qui aura reçu des avances sur son
» salaire, ou contracté l'engagement de travailler un
» certain temps, ne pourra exiger la remise de son li-
» vret et la délivrance de son congé, qu'après avoir
» acquitté sa dette par son travail et rempli ses enga-
» gemens, si son maître l'exige.

» Art. 8. S'il arrive que l'ouvrier soit obligé de se
» retirer, parce qu'on lui refuse du travail ou son sa-
» laire, son livret et son congé lui seront remis, en-
» core qu'il n'ait pas remboursé les avances qui lui ont
» été faites : seulement le créancier aura droit de men-
» tionner la dette sur le livret.

» Art. 9. Dans le cas de l'article précédent, ceux
» qui emploieront ultérieurement l'ouvrier, feront,
» jusqu'à entière libération, sur le produit de son tra-
» vail, une retenue au profit du créancier.

» Cette retenue ne pourra, en aucun cas, excéder
» les deux dixièmes du salaire journalier de l'ouvrier :
» lorsque la dette sera acquittée, il en sera fait men-
» tion sur le livret.

» Celui qui aura exercé la retenue sera tenu d'en
» prévenir le maître, au profit duquel elle aura été faite,
» et d'en tenir le montant à sa disposition.

» Art. 10. Lorsque celui pour lequel l'ouvrier a tra-
» vaillé ne saura ou ne pourra écrire, ou lorsqu'il sera
» décédé, le congé sera délivré, après vérification, par

[1] Voyez les observations n°. 6.

» le commissaire de police, le maire du lieu, ou l'un
» de ses adjoints, et sans frais.

» TITRE III. *Des formalités à remplir pour se procu-*
» *rer le livret.* Art. 11. Le premier livret d'un ouvrier
» lui sera expédié, 1°. sur la présentation de son ac-
» quit d'apprentissage, 2°. ou sur la demande de la per-
» sonne chez laquelle il aura travaillé, 3°. ou enfin sur
» l'affirmation de deux citoyens patentés de sa profes-
» sion, et domiciliés, portant que le pétitionnaire est
» libre de tout engagement, soit pour raison d'ap-
» prentissage, soit pour raison d'obligation de travailler
» comme ouvrier.

» Art. 12. Lorsqu'un ouvrier voudra faire coter et
» parapher un nouveau livret, il représentera l'ancien.
» Le nouveau livret ne sera délivré qu'après qu'il aura
» été vérifié que l'ancien est rempli, ou hors d'état de
» servir. Les mentions des dettes seront transportées
» de l'ancien livret sur le nouveau.

» Art. 13. Si le livret de l'ouvrier était perdu, il
» pourra, sur la représentation de son passeport en
» règle, obtenir la permission provisoire de travailler,
» mais sans pouvoir être autorisé à aller dans un autre
» lieu, et à la charge de donner à l'officier de police
» du lieu, la preuve qu'il est libre de tout engage-
» ment, et tous les renseignemens nécessaires pour au-
» toriser la délivrance d'un nouveau livret, sans lequel
» il ne pourra partir. »

Voici maintenant l'ordonnance de police rendue le
20 pluviôse an 12 (10 février 1804), pour régler l'exécution de ces deux lois :

Art. 1er. Les articles 6, 7, 8, 9, 10, 11, 12, 13,

» 14 et 15 de la loi du 22 germinal an 11, et l'arrêté
» du gouvernement du 9 frimaire an 12, seront im-
» primés, publiés et affichés [1].

» Art. 2. Les ouvriers, domiciliés dans le ressort de
» la préfecture de police, seront tenus de se pourvoir
» d'un livret, savoir : à Paris, dans les délais qui se-
» ront fixés par des avis particuliers pour chaque classe
» d'ouvriers, et dans les communes rurales, dans un
» mois, à compter du jour de la publication de la pré-
» sente ordonnance.

» Art. 3. Ce livret sera délivré, à Paris, par les
» commissaires de police préposés à cet effet, et dans
» les communes rurales, par les maires ou adjoints.

» Art. 4. Le livret portera en titre le timbre de la
» préfecture de police, les nom et prénoms de l'ouvrier,
» son âge, le lieu de sa naissance, son signalement,
» la désignation de sa profession, et le nom du maître
» chez lequel il travaillera au moment où le livret lui
» sera accordé.

» Art. 5. Ce livret sera coté et paraphé sans frais.

» Art. 6. Tout ouvrier, qui voudra travailler dans le
» ressort de la préfecture de police, sera tenu, indé-
» pendamment des formalités exigées par les lois et
» réglemens, de se présenter, dans les trois jours de son
» arrivée à Paris, devant le commissaire de police pré-
» posé pour les ouvriers de sa classe ; et dans les com-
» munes rurales, devant le maire ou adjoint, à l'effet
» d'obtenir un livret.

[1] Les art. 6, 7 et 8 de la loi du 22 germinal sont relatifs aux coalitions qui ont pour objet la diminution ou l'augmentation forcée du salaire.

» Art. 7. Les maîtres devront faire inscrire leurs ap-
» prentis, et produire leurs contrats d'engagement,
» dont il sera fait mention au registre d'inscription,
» savoir : à Paris, dans les délais qui seront déterminés
» pour les ouvriers de chaque classe ; et dans les com-
» munes rurales, dans le délai fixé par l'article 2.

» Art. 8. En sortant d'apprentissage, l'ouvrier sera
» tenu de se pourvoir d'un livret, sur lequel il sera fait
» mention de son congé d'acquit.

» Art. 9. Il est défendu à tout individu qui emploie
» des ouvriers d'en admettre aucun, après l'expira-
» tion des délais fixés pour l'obtention des livrets, s'il
» n'est pourvu d'un livret, et s'il n'y est pas fait men-
» tion du congé de son dernier maître, à peine de dom-
» mages-intérêts contre celui-ci.

» Aussitôt après l'admission d'un ouvrier, le maître
» sera tenu de faire viser le livret par le commissaire
» de police de l'arrondissement de son domicile, et par
» le maire, dans les communes rurales.

» Art. 10. Tout ouvrier, sortant d'une manufacture,
» d'une fabrique, d'un atelier ou d'une boutique, après
» avoir rempli ses engagemens, sera tenu de faire por-
» ter son congé sur son livret, et de faire viser ce li-
» vret, à Paris, par le commissaire de police préposé
» pour les ouvriers de sa classe, et dans les communes
» rurales, par le maire ou adjoint.

» Art. 11. Tout ouvrier qui desirera voyager, sera
» tenu, 1°. de faire viser son dernier congé, à Paris,
» par le commissaire de police préposé pour les ou-
» vriers de sa classe ; et dans les communes rurales, par
» le maire ou adjoint ; 2°. de prendre un permis de
» voyager, qui sera inscrit à la suite de ce *visa*, et qui

» sera délivré, à Paris, à la préfecture de police, et
» dans les communes rurales, par le maire ou adjoint.

» Les permis délivrés par les maires ou adjoints se-
» ront visés à la préfecture de police.

» Art. 12. Tout ouvrier, qui aura perdu son livret,
» ne pourra en obtenir un second, que sur le certificat
» d'acquit des deux derniers maîtres chez lesquels il aura
» travaillé. Ce certificat devra énoncer s'il était libre
» de tous engagemens envers d'autres maîtres.

» Si le livret a été perdu en voyage, ou au retour
» d'un voyage, le *duplicata* n'en sera délivré que sur
» une attestation de moralité, donnée par quatre
» maîtres patentés de la même profession.

» Art. 13. Il sera établi, à Paris, des bureaux de
» placement pour les classes d'ouvriers, à l'égard des-
» quels ils seront jugés nécessaires.

» Art. 14. Il sera pris envers les contrevenans aux
» dispositions de la présente ordonnance, telles me-
» sures de police administrative qu'il appartiendra,
» sans préjudice des poursuites à exercer contr'eux,
» conformément à la loi du 22 germinal an 11, et à
» l'arrêté du gouvernement du 9 frimaire an 12. »

V. Lorsqu'un domestique a loué ses services pour
une année, pour un mois ou pour quelqu'autre temps
limité, et qu'il lui est survenu une maladie qui l'a empêché de les continuer pendant une partie considérable
du temps pour lequel il s'est engagé, le maître est bien
fondé à retenir une partie du prix convenu, en proportion du temps que la maladie a duré : telle est la décision de la plupart des docteurs.

Cependant, s'il ne s'agissait que d'une indisposition,
qui eût empêché un domestique de servir son maître

pendant quelques jours d'une année, nous ne croyons pas que le maître fût fondé à diminuer pour cela le prix convenu pour les gages. La raison en est qu'il a dû, en quelque sorte, compter sur un pareil événement, attendu qu'il est assez ordinaire qu'une personne ait quelque indisposition dans le cours d'une année.

Cette distinction est justifiée, par un arrêt du parlement de Paris, du 26 mai 1556, rapporté dans les *Réponses du Droit Français* par Charondas, par la doctrine de Voët, célèbre commentateur du digeste, tit. *locati conducti*, n°. 27, et par les lois romaines dont il s'appuie. (Répertoire Universel de Jurisprudence, *verb. Domestiques*, n°. 2.)

VI. Le maître étant cru sur son affirmation pour la quotité des gages et salaires, le paiement de l'année échue et les à-comptes donnés pour l'année courante, le domestique ou l'ouvrier ne sauraient être admis à la preuve par témoin du contraire, encore qu'il s'agît d'une somme moindre de 150 fr.

Néanmoins le domestique ou l'ouvrier pourraient déférer le serment décisoire à leur maître, attendu que ce serment peut être déféré sur quelque espèce de contestation que ce soit. (Art. 1358.)

VII. Aux termes de l'article 9 de la loi du 24 août 1790, les contestations doivent être portées devant le juge de paix, « qui connaît sans appel jusqu'à concur- » rence de 50 fr., et à charge d'appel, à quelque va- » leur que la demande puisse monter, du paiement des » salaires des gens de travail, des gages des domesti- » ques et de l'exécution des engagemens respectifs des » maîtres et de leurs domestiques ou gens de travail ».

C'est donc devant le juge de paix que devrait être portée l'action en dommages-intérêts formée par l'ouvrier contre le maître qui refuserait de signer son livret, ou d'y faire les consignations qui lui sont prescrites par la loi.

VIII. L'action des domestiques qui se louent à l'année pour le paiement de leurs gages, se prescrit par un an (art. 2272 du code); celle des ouvriers est prescrite par six mois (art. 2271). Néanmoins, celui à qui cette prescription est opposée, peut déférer le serment sur la question de savoir si la chose a été réellement payée. Le même serment peut aussi être déféré aux veuves et héritiers ou au tuteur de ces derniers, s'ils sont mineurs, pour qu'ils aient à déclarer s'ils ne savent pas que la chose soit due. (Art. 2275.)

IX. Les domestiques et gens de service, sont privilégiés sur la généralité des meubles, pour le salaire de l'année échue et de ce qui est dû sur l'année courante. (Art. 2101.)

X. Il est défendu aux concierges, portiers et autres domestiques des maisons et hôtels, de vendre et débiter pour leur compte en détail aucune boisson, à peine de confiscation et de 100 fr. d'amende. (Décret impérial du 5 mai 1806, art. 29.)

XI. Il est défendu, sous peine de 500 fr. d'amende, à tout particulier, de faire porter la livrée de Sa Majesté à ses domestiques, à moins qu'il n'en ait obtenu le droit par ses charges, ou par une concession particulière. (Ordonnance royale du 5 novembre 1776.)

XII. Par ordonnance royale du 22 novembre 1781, il est défendu aux domestiques, connus sous la dénomination de chasseurs, heiduques, nègres, et à tous autres serviteurs, gens de livrée, de porter, sous quelques prétextes que ce soit, aucunes armes, épées, couteaux de chasse, sabres, cannes, bâtons ou baguettes, à peine d'être emprisonnés sur-le-champ et punis corporellement selon la rigueur des ordonnances. (Voy. l'Ordonnance de 1779.)Leur défend pareillement Sa Majesté, sous peine de prison, de porter des épaulettes; et à toutes personnes, de quelque qualité et condition qu'elles soient, de faire porter lesdites armes et épaulettes par leurs domestiques, à peine de désobéissance et d'être civilement responsables des délits qui seront par eux commis.

SECTION II.

Des Voituriers par terre et par eau.

ART. 1782.

Les voituriers par terre et par eau sont assujétis, pour la garde et la conservation des choses qui leur sont confiées, aux mêmes obligations que les aubergistes, dont il est parlé au titre du Dépôt et de Séquestre.

OBSERVATIONS.

I. Le voiturier est celui qui fait métier de transporter les effets, denrées ou marchandises pour le compte d'autrui.

II. Les voituriers sont assimilés aux aubergistes en

ce qui concerne la garde et la conservation des choses
à eux confiées; ils sont, comme eux, régis par les dispositions du code, dont il est parlé au titre du Dépôt et
du Séquestre. Ces dispositions sont celles des art. 1952,
1953 et 1954 : nous en parlerons aux mots *hôteliers* et
aubergistes.

III. Ainsi, de même que les effets apportés chez
l'aubergiste sont regardés comme *un dépôt nécessaire*,
de même les effets et marchandises confiés aux voituriers, constituent également entre ses mains un dépôt
nécessaire. (Art. 1952.)

IV. Comme dépôt nécessaire, la preuve par témoins
peut en être reçue, encore qu'il s'agisse d'une somme
qui dépasse 150 fr. (Art. 1950.)

Et, à cet égard, il faut remarquer, qu'encore que la
loi ait imposé à certains voituriers, tels que les entrepreneurs de voitures publiques et ceux de roulages publics, l'obligation de tenir registre des effets et des paquets dont ils se chargent (art. 1785), et qu'on pourrait
en conclure au premier abord que la preuve testimoniale ne saurait être admise contre les voituriers qui se
sont soumis à ces obligations, il est néanmoins hors de
doute, et les discussions du conseil d'État en font foi,
que telle n'a point été la pensée du législateur.

En effet, la loi établit en principe général (art. 1782),
que les voituriers par terre et par eau sont assujétis,
pour la garde et la conservation des choses à eux confiées, aux mêmes obligations que les aubergistes, que
la loi déclare dépositaires nécessaires en pareil cas. On
ne peut donc suppléer, en faveur des voituriers *tenus
d'avoir des registres*, une exception qui n'est pas dans
la loi; car, l'art. 1785, qui leur est propre, ne contient

aucune exception de cette nature. La loi, à la vérité,
veut qu'ils tiennent des registres ; mais ces registres,
qui n'ont aucun caractère public, ces registres, qui sont
l'œuvre personnelle du voiturier, n'ont été et n'ont pu
être prescrits que pour la régularité et la police du
commerce.

A cela, il convient d'ajouter que le magistrat est
toujours libre, s'il aperçoit quelqu'indice de mauvaise
foi dans la réclamation, d'admettre ou de ne point admettre les demandeurs à la preuve testimoniale ; car la
loi se sert de cette expression (art. 1950) : « *La preuve,
par témoins*, PEUT ÊTRE REÇUE *pour dépôt nécessaire* » ;
mais la loi n'a pas dit que cette preuve dût toujours
être reçue.

ART. 1783.

*Ils répondent non-seulement de ce qu'ils ont
déjà reçu dans leur bâtiment ou voiture, mais
encore de ce qui leur a été remis sur le port ou
dans l'entrepôt, pour être placé dans leur bâtiment ou voiture.*

OBSERVATIONS.

I. Comme dépositaires nécessaires de ces objets, ils
en répondent par corps. (Art. 2060.)

II. Cette responsabilité est étendue, par les articles 221 et 222 du code de commerce, à tout capitaine,
maître ou patron *chargé de la conduite* d'un navire ou
autre bâtiment.

III. La loi dit que les voituriers par terre et par eau
sont responsables de ce qu'ils ont reçu dans leur voi-

ture ou bâtiment; et, en outre, de ce qui leur a été remis sur le port ou dans l'entrepôt, *pour être placé dans
leur bâtiment ou voiture.* En interprétant cet article, la
Cour de cassation, dans l'affaire Maggia contre Bat-
tetta et Rai, a rejeté, le 5 mars 1811, le pourvoi
formé contre un arrêt qui avait décidé que les voituriers ne sont pas responsables des paquets qui sont remis directement, non à eux-mêmes, mais à leurs domestiques. (Voyez SIREY, t. 11, 1re. part., p. 178.)

ART. 1784.

*Ils sont responsables de la perte et des avaries
des choses qui leur sont confiées, à moins qu'ils
ne prouvent qu'elles ont été perdues et avariées
par cas fortuit ou force majeure.*

OBSERVATIONS.

I. Ils sont responsables *de la perte* de la chose, et
même *de l'avarie,* c'est-à-dire de toute diminution ou
détérioration de la chose, survenue durant le voyage,
et occasionée par défaut de soin, impéritie ou impru-
dence.

II. Si l'avarie ou la perte n'avaient été occasionées
que par cas fortuit ou force majeure, ou par le vice de
la chose (art. 103 du code de commerce), toute responsabilité de leur part cesserait; mais il faudrait que le
voiturier en rapportât la preuve; car la présomption
légale est que le dommage est survenu par son fait.
Pour repousser cette présomption, il est donc prudent
à lui de faire constater sur les lieux même, par un

officier public, tel qu'un maire, un adjoint ou un commissaire de police, le cas fortuit ou la force majeure.

III. Les dispositions du code sur la responsabilité des voituriers, peuvent être appliquées même à celui qui, par sa lettre de voiture, aurait déclaré ne pas répondre *du bris ou coulage.* La responsabilité ne cesse pas, lorsque le consignataire a reçu les objets transportés, ainsi que la lettre de voiture, sans aucune réclamation au moment de la réception. (Cour de cassation, rejet, 21 janvier 1807; DENEVERS, t. 5, p. 68.)

IV. Le commissionnaire de roulage qui, devant expédier des marchandises pour le compte d'autrui, a joint au chargement une caisse contenant des acides nitreux et des huiles et vernis, est responsable de l'incendie occasioné par le contact des acides. (Affaire Pernet contre Rozet, 1er. frimaire an 14, Cour de Paris; SIREY, t. 7, 2e. part., p. 484.)

V. Lorsque des caisses de marchandises ont été livrées à un commissionnaire de roulage, pour les faire parvenir à une destination convenue, le commissionnaire doit veiller *lui-même*, à ce qu'elles soient rendues à la maison de commerce, indiquée dans le billet ou lettre de voiture pour les recevoir : il répond du défaut ou du retard de la remise. (Rodrigue contre Legret, 19 fructidor an 13, Cour de Paris; SIREY, t. 7, 2e. partie, p. 1184.)

VI. Les commissionnaires de roulage ne sont affranchis de toute responsabilité envers le propriétaire, qu'autant qu'ils peuvent positivement faire connaître le roulier auquel ils ont confié les marchandises, et

mettre ainsi le propriétaire à même de recourir directement contre le roulier. (Godet contre Jarasse, 30 thermidor an 11, Cour de Poitiers; SIREY, t. 3, 2ᵉ. partie, p. 493.)

VII. Lorsqu'un voiturier, à son arrivée dans les
lieux où il doit, suivant sa lettre de voiture, remettre
les paquets ou ballots dont il est chargé, ne trouve
pas les personnes à qui ils sont adressés, et qu'en effet
elles n'y ont ni domicile, ni magasin connu, il suffit pour
sa décharge qu'il les dépose dans un bureau désigné à
cet effet par l'autorité publique. On ne peut pas l'en
rendre responsable sous prétexte qu'avant d'effectuer
le dépôt, il n'a point fait dresser un procès-verbal de
perquisition qui, par l'événement, n'aurait amené aucun résultat. (Voyez MERLIN, *Questions de droit*, verb.
voiturier; et l'Arrêt du 13 avril 1785, du parlement de
Flandre, qui s'y trouve rapporté.)

VIII. Lorsqu'un voiturier a, par sa faute, détérioré
des marchandises ou d'autres objets, de manière à les
mettre hors de service, on peut le forcer de les prendre
à son compte et d'en payer la valeur, sans qu'il puisse
se libérer en payant le déchet qu'il leur a fait éprouver.
Ainsi jugé par arrêt du parlement de Paris, le 15 septembre 1779. (Voyez MERLIN, *Questions de droit*, verb.
voiturier, §. 2.)

IX. Lorsque les effets confiés à un commissionnaire
de roulage sont perdus, la garantie du commissionnaire
s'étend à toute la valeur des effets, bien qu'il n'y ait
pas eu d'estimation déclarée lors du chargement. Les
juges peuvent s'en tenir à une estimation ultérieure faite
de bonne foi par le réclamant. (Cour de Rouen, 20 fé-

vrier 1816, affaire Lecomte, contre Carpentier-Prévost; SIREY, t. 16, 2ᵉ. partie, p. 108.)

X. Quand les messageries étaient exploitées pour le compte du gouvernement, sous le nom de *messageries nationales*, la responsabilité des entrepreneurs était restreinte, faute d'évaluation des effets perdus, dans l'acte de chargement, à la somme de 150 fr., fixée par la loi des 24 juillet 1793, art. 62. Cette fixation, introduite uniquement en faveur de la régie nationale, a cessé d'être en vigueur, depuis la promulgation de la loi du 9 vendémiaire an 6, qui a supprimé les messageries nationales. En conséquence, les directeurs des messageries doivent payer *en entier* la valeur réelle des marchandises. (Ainsi jugé par arrêt de rejet, du 13 vendémiaire an 10, de la Cour de cassation, dans l'affaire Duclos, et par arrêt de la même Cour, rendu le 6 février 1809, dans l'affaire de la veuve Courant. Voyez MERLIN, verb. *Voiturier*, n°. 5.)

XI. Lorsqu'une caisse de marchandises est avariée, parce que la voiture des messageries a roulé dans la rivière, au moment d'être embarquée dans le bac ou bateau, il y a lieu à responsabilité. En ce cas, les messageries sont responsables envers le propriétaire, encore qu'il ait retiré sa caisse, mais *sous réserves*. Mais le fermier des bacs est responsable, de son côté, envers les messageries, encore que l'accident soit le résultat d'un acte de complaisance du passager, pour le conducteur de la diligence. (Cour d'appel de Paris, 31 août 1808, affaire de l'administration des messageries, contre Dancemont et Vital Saugeon; SIREY, t. 8, 2ᵉ. partie, p. 278.)

XII. Les entrepreneurs de voitures publiques répondent des accidens arrivés par cas fortuits, lorsque ces cas fortuits ont eu lieu par un défaut de précaution de leur part. (Cour de cassation , rejet , 2 thermidor an 8 , affaire Monthieu ; SIREY, t. 1, 1ʳᵉ. partie , page 315.)

XIII. Il est dû, par le directeur des messageries , une indemnité au voyageur dont le sac de nuit a été perdu par le fait du conducteur, encore que ce sac n'ait pas été inscrit sur les registres de la direction. (Cour de cass., rejet, 19 frimaire an 7, aff. Gaillard et Treil-lard ; SIREY, t. 1, 1ʳᵉ. partie, p. 196.)

XIV. Le voyageur, qui a fait inscrire sur les registres des messageries un porte-manteau, sans indiquer en détail les objets qui y sont contenus, ne peut, en cas de perte du porte-manteau , réclamer une somme d'argent qu'il dit y avoir renfermée. (Cour de Bruxelles, 28 avril 1810 , affaire Dépinois contre l'administration des messageries ; SIREY, t. 11, 2ᵉ. partie, p. 21.)

XV. Si le transport n'est pas effectué dans les délais convenus, *par suite de force majeure*, il n'y a lieu à au-cune indemnité pour cause de retard, contre le voitu-rier. (Art. 104, code de commerce.)

XVI. La réception des objets transportés, et le paiement de la voiture, éteignent toute action contre le voiturier. (Art. 105, code de commerce.)

XVII. En cas de refus ou contestation, pour la ré-ception des objets transportés, leur état est vérifié et constaté par des experts nommés par le président du tribunal de commerce, ou à son défaut, par le juge de paix, et par ordonnance au pied d'une requête.

Le dépôt ou séquestre, et ensuite le transport dans un lieu public, peut en être ordonné.

La vente peut en être ordonnée en faveur du voitu-

9.

rier, jusqu'à concurrence du prix de la voiture. (Article 106, code de commerce.)

XVIII. Le maître des marchandises doit, de son côté, indépendamment du prix du transport, rembourser au voiturier les dépenses imprévues qu'il a été dans le cas de faire pour la conservation des caisses et ballots. (Arg. art. 1947.)

XIX. Le voiturier, pour le remboursement de ses frais de voiture et autres dépenses nécessaires, a un privilége sur la chose voiturée. (Art. 2102, n. 6.)

XX. Toutes actions contre le commissionnaire et le voiturier, à raison de *la perte* ou de *l'avarie* des marchandises, sont prescrites, *après six mois*, pour les expéditions faites dans l'intérieur de la France, *et après un an*, pour celles faites à l'étranger ; le tout à compter, pour le cas de perte, du jour où le transport des marchandises aurait dû être effectué, et pour le cas d'avarie, du jour où la remise des marchandises a été faite ; sans préjudice des cas de fraude et d'infidélité. (Article 108, code de commerce.)

XXI. Voici quelles sont les dispositions du décret impérial du 13 août 1810 :

« Article 1er. Les ballots, caisses, malles, paquets, et tous autres objets qui auraient été confiés, pour être transportés dans l'intérieur du royaume, à des entrepreneurs, soit de roulage, soit de messageries par terre ou par eau, lorsqu'ils n'auront pas été réclamés dans le délai de six mois, à compter du jour de l'arrivée au lieu de leur destination, seront vendus, par voie d'enchères publiques, à la diligence de la régie de l'enregistrement, et après l'accomplissement des formalités suivantes :

» Art. 2. A l'expiration du délai qui vient d'être fixé, les entrepreneurs des messageries et de roulage, devront faire, aux préposés de la régie et de l'enregistrement, la déclaration des objets qui se trouvent dans le cas de l'article précédent.

» Art. 3. Il sera procédé par le juge de paix, en présence du préposé de la régie de l'enregistrement et des entrepreneurs des messageries ou de roulage, à l'ouverture et à l'inventaire des ballots, malles, caisses et paquets.

» Art. 4. Les préposés de la régie de l'enregistrement seront tenus de faire insérer dans les journaux, un mois avant la vente des objets non réclamés, une note indiquant le jour et l'heure fixés pour cette vente, et contenant, en outre, les détails propres à ménager aux propriétaires de ces objets, la faculté de les reconnaître ou de les réclamer.

» Art. 5. Il sera fait un état séparé du produit de ces ventes, pour le cas où il surviendrait, dans un nouveau délai de deux ans, à compter du jour de la vente, quelque réclamation susceptible d'être accueillie.

» Art. 6. Les préposés de la régie de l'enregistrement, et ceux de la régie des droits réunis, sont autorisés, tant pour s'assurer de la sincérité des déclarations ci-dessus prescrites, que pour y suppléer à vérifier les registres qui doivent être tenus par les entrepreneurs de messageries ou de roulage. »

XXII. Les tribunaux de commerce ne sont pas compétens pour connaître des demandes en paiement du prix d'effets confiés à la diligence, et qui ont été perdus; c'est aux tribunaux ordinaires qu'il appartient d'en connaître. (Cour de cassation, rejet, 20 mars 1811, af-

faire Fusibey contre l'administration des diligences ;
SIREY, t. 11, 1ʳᵉ. partie, p. 193.)

ART. 1785.

Les entrepreneurs de voitures publiques par
terre et par eau, et ceux des roulages publics,
doivent tenir registre de l'argent, des effets et des
paquets dont ils se chargent.

OBSERVATIONS.

I. On a vu plus haut (art. 1782), que l'obligation
de tenir des registres, imposée aux entrepreneurs de
voitures publiques et de roulage, était une mesure de
police qui ne pouvait avoir pour objet de faire preuve
contre les particuliers. Voici comment s'exprime, à cet
égard, M. de Malleville, dans son analyse de la discussion du code civil, t. 3, art. 1786.

« Les voituriers employés par un entrepreneur, ré-
pondent-ils des paquets non enregistrés qui leur sont
confiés? L'entrepreneur en est-il responsable dans le
même cas? Beaucoup de divagations à ce sujet. Cependant de la discussion, il paraît résulter que le voiturier, qui a reçu les effets non enregistrés, en est toujours tenu, mais que l'entrepreneur ne l'est pas, à
moins qu'il ne tînt pas de registre, auquel cas il serait
déjà en faute, et demeurerait responsable avec le voiturier; que si l'entrepreneur avait des registres, et qu'il
eût omis d'y inscrire des effets qu'on prouverait avoir
été remis à l'entrepôt, il en serait encore tenu : s'il
avait donné un reçu, la chose serait bien certaine, mais
quoiqu'il n'y ait ni reçu ni enregistrement, on dit (au
conseil d'état) que les juges pouvaient, suivant les cir-

constances et l'état des personnes, admettre la preuve, comme il est décidé au titre du dépôt (*nécessaire* s'entend) ».

II. L'obligation de tenir des registres n'est point imposée, comme on voit, au voiturier particulier, qui s'est chargé de voiturer des marchandises, sans en faire habituellement son état.

ART. 1786.

Les entrepreneurs et directeurs de voitures et roulages publics, les maîtres de barques et navires, sont en outre assujétis à des réglemens particuliers, qui font la loi entre eux et les autres citoyens.

OBSERVATIONS.

Les réglemens dont parle le présent article sont contenus dans les décrets du 14 fructidor an 12, la loi du 21 floréal an 10, la loi du 25 ventôse an 13, et les décrets impériaux des 20 juin 1806, 28 août 1808, 18 août 1810, et 13 août 1813[1].

SECTION III.

Des Devis et Marchés.

ART. 1787.

Lorsqu'on charge quelqu'un de faire un ouvrage, on peut convenir qu'il fournira seulement

[1] Voyez, sur toutes ces matières, le *Nouveau Code Voiturin.*

son travail ou son industrie, ou bien qu'il fournira aussi la matière.

OBSERVATIONS.

I. Le louage d'ouvrage diffère du louage des choses, en ce que dans ce dernier, c'est l'usage de la chose qui est accordé, moyennant un prix que paie le conducteur ou locataire, *res utenda datur;* tandis qu'en matière de louage d'ouvrage, c'est l'ouvrage donné à faire qui fait l'objet du contrat, *res facienda datur*, et c'est *le bailleur* de louage qui paie le prix de l'ouvrage au *conducteur ou entrepreneur.*

II. Comme le contrat de louage des choses, le contrat de louage d'ouvrage, est un contrat consensuel, sinallagmatique et commutatif.

III. D'après la loi, le preneur, chargé de la main-d'œuvre, peut apporter seulement son industrie, ou fournir en outre la matière.

Justinien, dans ses *Institutes*, au titre de *loc. cond.*, liv. 3, tit. 25, décidait que dans le premier cas, celui où l'ouvrier fournissait seulement son travail ou son industrie, le contrat était un contrat de louage; mais dans le second, c'est-à-dire, quand, indépendamment de son travail, l'ouvrier fournissait en outre la matière, Justinien décidait qu'un contrat de cette nature était un contrat de vente, dans lequel l'entrepreneur était le vendeur. L'article 1787, comme on voit, a fait disparaître cette distinction; dans l'une et l'autre hypothèse, le contrat est un contrat de louage.

IV. Trois choses forment la substance du contrat de louage : *un ouvrage à faire, un prix, et le consentement des parties.*

V. Un ouvrage à faire. Cette proposition n'a pas besoin de démonstration. Cet ouvrage doit être possible, *impossibilium, nulla obligatio.* Mais il importerait peu qu'il fût moralement impossible à l'entrepreneur ; si, par exemple, il n'avait ni le talent, ni les fonds suffisans pour y parvenir ; car, dans ce cas, il aurait dû consulter ses forces, et il serait tenu des dommages-intérêts résultant de l'inexécution de la convention. (POTHIER, *Traité du louage*, n°. 395.) La raison en est que, si l'entrepreneur ne se fût pas engagé, le bailleur en aurait trouvé un autre plus habile et plus capable.

VI. L'ouvrage doit être *licite,* car toute obligation fondée sur une chose illicite, est nulle. Si, par exemple, des lois de police défendaient d'exhausser la maison au-delà d'une hauteur déterminée, le marché qui aurait pour objet un exhaussement de cette nature, serait frappé de nullité.

Pothier pense que s'il était justifié que l'une des parties connût cette loi, et que l'autre l'ignorât, celle des parties qui connaissait la loi serait tenue envers l'autre, *actione de dolo*, des dommages-intérêts. Nous ne saurions partager cette opinion, d'après le principe que nul ne doit ignorer la loi : *error juris non excusat.*

VII. Quant au prix et au consentement, qui sont les deux autres caractères substantiels du contrat, nous renvoyons aux observations relatives à l'art. 1709.

VIII. S'il avait été convenu que le prix serait payé, soit à l'avance, soit au fur et à mesure du travail, soit après les travaux exécutés, le maître ou le propriétaire, à défaut de paiement, en devrait les intérêts, mais seulement du jour de la demande.

IX. S'il était convenu que tout ou partie du prix serait payé d'avance, et qu'il y eût péril à faire ce paiement, le bailleur ne pourrait y être contraint, si l'entrepreneur ne donnait une sûreté suffisante. (*Leg.* 58, §. 2°. ff. *locat.;* DOMAT, *du louage*, sect. 9, n°. 3.)

X. Le marché est l'acte qui renferme les conditions auxquelles se soumettent respectivement le bailleur ou propriétaire, et le preneur ou entrepreneur.

XI. Le devis, au contraire, n'est que l'aperçu détaillé des objets qui doivent être employés, le prix d'achat et de main-d'œuvre de ces objets. Les devis servent à faire connaître approximativement quels seront les frais de l'entreprise.

ART. 1788.

Si, dans le cas où l'ouvrier FOURNIT LA MA-TIÈRE, *la chose vient à périr, de quelque manière que ce soit, avant d'être livrée, la perte en est pour l'ouvrier, à moins que le maître ne* FUT EN DEMEURE *de recevoir la chose.*

OBSERVATIONS.

I. Tant que l'ouvrier, s'il doit fournir la matière, ne l'a point livrée, il en demeure propriétaire; dèslors, si elle périt, elle doit périr pour son compte : *res perit domino.*

II. Mais si l'ouvrier, *l'ouvrage étant terminé* (car, c'est alors seulement qu'il a le droit de forcer le maître à le recevoir), avait mis celui-ci en demeure de retirer la chose, c'est-à-dire, s'il l'avait averti que la chose était à sa disposition, elle périrait alors pour le compte du maître, parce que, s'il l'eût enlevée à temps, peut-être elle n'eût point péri; et parce que, d'ailleurs, de même qu'en matière de vente, la mise en demeure a eu pour objet de transporter la propriété sur la tête du maître.

ART. 1789.

Dans le cas où l'ouvrier fournit seulement son travail ou son industrie, si la chose vient à périr, l'ouvrier n'est tenu que de sa faute.

ART. 1790.

Si, dans le cas de l'article précédent, la chose vient à périr, QUOIQUE SANS AUCUNE FAUTE DE LA PART DE L'OUVRIER, *avant que l'ouvrage ait été reçu, et sans que le maître fût en demeure de le vérifier, l'ouvrier n'a point de salaire à réclamer, à moins que la chose n'ait péri par le vice de la matière.*

OBSERVATIONS.

I. Si le maître fournit la matière, et que *l'ouvrier fournisse seulement son travail,* si la chose périt *par la faute de l'ouvrier,* il perd non-seulement le salaire convenu, mais il doit être tenu en outre de rembourser au maître la valeur de la matière qui a péri par sa faute, car tout homme est responsable de son quasi-délit. (Art. 1382.)

II. Il en est de même, si la chose périt par l'ignorance ou l'impéritie de l'ouvrier, *imperitia culpæ annumeratur.* (L. 132, ff., *de regulis juris.*)

III. Il en serait encore de même, si la chose, sortant des mains de l'ouvrier, était défectueuse, ou tellement mal confectionnée, qu'elle fût impropre à l'objet auquel elle était destinée. Le juge, après un rapport d'experts, condamnerait l'ouvrier à la mettre en bon état, ou autoriserait le maître à le faire faire par qui bon lui semblerait. Si, néanmoins, le vice était irréparable, l'ouvrier serait condamné aux dommages-intérêts.

IV. Si la chose a péri, même sans aucune faute de la part *de l'ouvrier,* celui-ci ne peut réclamer *son salaire* que dans l'un des trois cas suivans :

Le premier, si l'ouvrage a été reçu par le maître, c'est-à-dire, s'il lui a été livré, ou s'il en a pris possession ;

Le second, si l'ouvrier, avant que la chose pérît, avait mis le maître en demeure de vérifier l'ouvrage ;

Le troisième, si la chose a péri par le vice de la matière.

V. Si le maître a reçu l'ouvrage sans réclamation, il est réputé de plein droit l'avoir agréé, et c'est en vain qu'il voudrait se plaindre après que la chose aurait cessé d'exister. Il y a néanmoins exception à cette règle, pour le cas où il s'agirait d'un édifice construit, et qui, par vice de construction, viendrait à s'écrouler avant le laps de dix ans. (Voyez l'art. 1792 ci-après.)

VI. Si l'ouvrier avait mis le maître en demeure de vérifier l'ouvrage, c'est au maître à se reprocher de n'avoir point procédé à cette vérification qui l'aurait mis à même de ne le point accepter. Dans ce cas, si la chose vient à périr, il y a présomption, *juris est de jure,* laquelle repousse toute preuve contraire, que l'ouvrage était convenable.

VII. Si la chose a péri par un vice de la matière, comme c'est au maître qui la fournit à la donner de bonne qualité, l'ouvrier, en pareil cas, ne pourrait, sans injustice, être privé de son salaire ; mais, par les mêmes motifs d'équité, si la chose périt avant que l'ouvrier ait pu terminer son travail, il ne doit être payé qu'à raison du travail qu'il a exécuté. Dans le cas où la chose périt par vice de la matière, c'est à l'ouvrier à en administrer la preuve.

ART. 1791.

S'il s'agit d'un ouvrage à plusieurs pièces ou à la mesure, la vérification peut s'en faire par parties : elle est censée faite pour toutes les parties payées, si le maître paie l'ouvrier en proportion de l'ouvrage fait.

OBSERVATIONS.

I. Nous avons dit plus haut qu'il existait deux sortes de marchés : le premier, le marché *à prix fait*, lorsqu'il est convenu entre les parties que le maître donnera tant de la toise ou du mètre, et le marché *à forfait* ou *per aversionem*, quand il est convenu que le maître donnera à l'ouvrier une somme déterminée pour le tout, ou pour telle ou telle partie complète du tout, comme pour un mur entier, un corps de logis entier.

II. Si la chose vient à périr, et s'il s'agit d'un marché à tant la pièce, ou à tant la mesure de partie de l'ouvrage, l'ouvrier peut demander la vérification de la

part du maître , et le mettre en demeure d'y procéder.
Au moyen de cette mise en demeure , la partie ainsi
vérifiée ou présumée vérifiée , se trouve aux risques et
périls du propriétaire. Il en est de même pour la partie
de l'ouvrage que le maître aurait payée ; car il est censé
ne l'avoir payée qu'après l'avoir vérifiée et l'avoir agréée.

III. S'il s'agit au contraire d'un marché à *forfait*,
comme le maître ne paie que quand le tout est terminé ,
et comme il ne doit rien jusque-là , si la chose périt ,
elle périt pour le compte de l'ouvrier, qui ne peut réclamer aucun salaire.

Si , cependant , le marché à forfait était divisible ; par
exemple , si l'on était convenu d'une somme fixe pour
chaque corps de logis , il y aurait alors autant de marchés à forfait qu'il y aurait de corps de logis séparés ;
et , dans ce cas , à *mesure que chaque corps de logis serait
terminé* , l'entrepreneur, pour décharger sa responsabilité , devrait s'empresser de les faire vérifier par le propriétaire.

Art. 1792.

*Si l'édifice construit à prix fait, périt en tout ou
en partie par le vice de la construction , même
par le vice du sol, les architecte et entrepreneur
en sont responsables pendant dix ans.*

OBSERVATIONS.

I. Remarquons d'abord, que la loi ne laisse planer
cette longue responsabilité sur l'ouvrier ou entrepreneur,
que quand il s'agit d'un édifice ; car s'il s'agit de tout autre
ouvrage, il faut alors remonter aux règles tracées dans
les articles précédens, et l'on a pu voir que, dès l'ins-

tant où le maître en a été mis en possession, ou a été mis en demeure d'en faire la vérification, l'ouvrage étant réputé de plein droit bon et valable, la chose, à dater de cet instant, cesse de demeurer aux risques de l'ouvrier.

II. S'il s'agit donc d'un édifice, les architectes, les entrepreneurs, ainsi que les maçons, charpentiers, serruriers et autres ouvriers qui ont traité directement comme entrepreneurs dans leur partie respective (art. 1799), sont responsables pendant dix ans de la solidité du bâtiment. (Art. 2270.)

III. Ils en sont responsables si le bâtiment vient à s'écrouler *par vice de construction*, et même par *vice du sol*.

IV. Par vice de construction; car un architecte ou entrepreneur doit, avant tout, connaître son métier.

V. Par vice de sol; car, avant de mettre la main à l'œuvre, il devait s'assurer que le sol était propre à recevoir les constructions qu'il voulait y élever.

VI. Cependant, cette responsabilité, en cas d'éboulement *par vice du sol*, ne saurait tomber sur les entrepreneurs spéciaux, tels que les charpentiers et serruriers, qui n'ont pu, dans leur partie et par la nature même de leurs travaux, s'occuper du sol sur lequel on devait construire, comme l'auraient pu faire, et comme devaient avant tout le faire, l'architecte qui a donné le plan des travaux ou qui les a conduits, et le maçon qui en a posé les fondemens. Comme chacun ne doit être responsable que de son propre fait, on comprend facilement que le fait du charpentier ou du serrurier ne consiste point à examiner les fondemens d'un édifice, ainsi que doit le faire un architecte ou un maçon.

VII. Quant au vice de *construction*, l'architecte qui a conduit les travaux en est toujours responsable. S'il n'a fourni que le plan, et que les entrepreneurs s'en soient écartés, et s'il n'était pas tenu de diriger et de surveiller l'exécution des travaux, c'est alors l'entrepreneur seul qui en est responsable.

VIII. Pareillement, si une maison construite par divers entrepreneurs, tels qu'un charpentier, un serrurier et un maçon, vient à s'écrouler, il faut examiner quelle a été la cause déterminante de l'écroulement. Si, donc, la maison vient à s'écrouler par vice de construction dans les fondemens, c'est le maçon seul qui en sera responsable, et nulle responsabilité ne pourra tomber sur le charpentier et sur le serrurier, encore que l'affaissement des fondemens ait occasioné l'écroulement de la charpente. Pareillement, en sens inverse, toute la responsabilité tomberait sur le charpentier, si les travaux du maçon étant d'ailleurs réguliers, les combles de la maison, en s'affaissant, avaient déterminé, par suite, la ruine du reste de la maison; car, nous le répétons, la loi et le bon sens veulent que chacun ne soit responsable que de son propre fait, et non du fait d'autrui.

ART. 1793.

Lorsqu'un architecte ou un entrepreneur s'est chargé de la construction à forfait d'un bâtiment, d'après un plan arrêté et convenu avec le propriétaire du sol, il ne peut demander aucune aug-

mentation de prix, ni sous le prétexte d'augmentation de la main-d'œuvre ou des matériaux,
ni sous celui de changemens ou d'augmentations
faits sur ce plan, si ces changemens ou augmentations n'ont pas été autorisés par écrit, et
le prix convenu avec le propriétaire.

OBSERVATIONS.

I. Comme en matière de marché à forfait, le maître
ou propriétaire du sol ne peut pas diminuer le prix
convenu, si les dépenses de l'entrepreneur sont infé-
rieures à ce prix, de même, l'entrepreneur ne peut exiger aucune augmentation du prix, si les dépenses à
faire dépassent le prix stipulé dans le contrat, car ce
contrat est une sorte de contrat aléatoire, dont les
chances doivent être supportées également de part et
d'autre.

II. Cependant, il y aurait exception à cette règle,
si les changemens ou augmentations avaient été autorisés par écrit, et le prix convenu avec le propriétaire.
Mais, comme on voit, il faut le concours de ces deux
circonstances; car, si les changemens avaient seulement été autorisés par écrit, sans stipulation d'un nouveau prix, le propriétaire ne serait pas réputé avoir
souscrit de nouvelles obligations à cet égard.

III. Ces conventions nouvelles doivent être *consenties par écrit*. La preuve testimoniale ne saurait donc y
suppléer, quelque minime que fût la somme réclamée,
parce que, d'une part, la loi exige impérativement que
ce nouveau contrat soit rédigé par écrit, et parce que,
de l'autre, aux termes de l'article 1341, « il n'est reçu

10

» aucune preuve par témoin contre et outre le contenu
» aux actes, ni ce qui serait allégué avoir été dit avant,
» lors ou depuis les actes, encore qu'il s'agisse d'une
» somme ou valeur moindre de 150 francs. »

ART. 1794.

Le maître peut résilier, par sa seule volonté, le marché fait à forfait, quoique l'ouvrage soit déjà commencé, en dédommageant l'entrepreneur de toutes ses dépenses, de tous ses travaux, et de tout ce qu'il aurait pu gagner dans cette entreprise.

OBSERVATIONS.

I. Cet article semblerait, au premier coup-d'œil, impliquer contradiction avec l'art. 1134, qui dispose que « les conventions légalement formées tiennent lieu de loi à ceux qui les ont faites, et ne peuvent être révoquées que de leur consentement mutuel »; mais il est facile d'apercevoir que la loi, tout en respectant la foi due aux conventions, n'a fait que reproduire les dispositions de l'article 1142, qui établit que l'obligation de faire, *en cas d'inexécution*, se résout en dommages-intérêts. En effet, l'article 1794 porte que le propriétaire qui veut résilier le marché, est tenu, indépendamment des dépenses déjà faites par l'entrepreneur, de lui payer tous les bénéfices qu'il aurait pu faire dans l'entreprise, si elle eût été terminée.

II. La loi ne parle ici que des marchés à forfait. S'il s'agissait en effet d'un marché à *tant la toise*, le maître, comme nous l'avons dit plus haut, pourrait toujours arrêter les travaux, quand bon lui semblerait, en payant seulement les travaux exécutés jusqu'au moment de la suspension ; parce qu'alors l'entrepreneur est censé travailler sous ses ordres à tant la toise, de même qu'un ouvrier qui travaillerait pour son compte à tant par jour. Comme, dans de pareils marchés, il est permis au maître de renvoyer l'entrepreneur, pour en prendre un autre plus expérimenté, ou moins coûteux, il doit être permis de le faire quand le maître a des motifs personnels qui le forcent à discontinuer son entreprise.

ART. 1795.

Le contrat de louage d'ouvrage est dissous par la mort de l'ouvrier, de l'architecte ou de l'entrepreneur.

OBSERVATIONS.

I. On a vu, en matière de louage des choses, au chapitre des baux à loyer et à ferme, que ce contrat n'était pas dissous par la mort du preneur, locataire ou fermier (article 1742). En matière de marchés, au contraire, il en devait être autrement, parce que, dans ce genre de louage, où le talent et l'habileté de l'ouvrier ou entrepreneur doivent seuls avoir déterminé le choix du propriétaire, l'architecte ou entrepreneur ayant contracté une obligation essentiellement *personnelle*, cette obligation ne pourrait point, par cela même, se perpétuer dans la personne de l'héritier. Elle doit donc s'éteindre à la mort du preneur.

II. Quant au décès du bailleur, on conçoit que son obligation étant plus réelle que personnelle, elle doit passer à ses héritiers.

10.

III. On a vu, dans l'article 1794, que le marché à *forfait* pouvait être résilié par la seule volonté du bailleur, à charge par lui d'indemniser l'entrepreneur. On a vu aussi, qu'en matière de marchés à *tant la toise*, le maître pouvait résilier le contrat par sa seule volonté, soit pendant les travaux, soit même en remplaçant l'entrepreneur.

IV. Le contrat de louage d'ouvrage est encore dissous, lorsqu'un événement de force majeure en arrête l'exécution. Si, par exemple, après marché fait pour la construction d'une maison, le propriétaire était tenu d'en céder le terrain au gouvernement, pour cause d'utilité publique (moyennant, bien entendu, une indemnité préalable); ou si, par cas fortuit, ou force majeure, et sans aucune faute de part et d'autre, la chose venait à périr, soit par vétusté, soit par suite d'un incendie, d'un tremblement de terre, d'une inondation, ou d'une irruption des armées ennemies: dans toutes ces circonstances et autres analogues, le contrat serait résolu, et aucune des parties ne pourrait réclamer de l'autre des dommages-intérêts. « Il n'y a lieu à aucun dommage-intérêt, dit l'article 1148, lorsque, par suite d'une force majeure, ou d'un cas fortuit, le débiteur a été empêché de donner ou de faire ce à quoi il était obligé. »

Art. 1796.

Mais le propriétaire est tenu de payer en proportion du prix porté par la convention, à leur succession, la valeur des ouvrages faits et celle des matériaux préparés, lors seulement que ces travaux ou ces matériaux peuvent lui être utiles.

OBSERVATIONS.

Dans le cas du décès de l'architecte, ouvrier ou entrepreneur, encore que le louage soit résolu, le propriétaire doit payer *les ouvrages faits, lorsqu'ils peuvent lui être utiles ;* car, comme il en profite, il est juste qu'il les paie. Par la même raison, il doit payer la valeur *des matériaux préparés.* Dans l'un et l'autre cas, les experts choisis à l'amiable, ou nommés par le tribunal, doivent déclarer préalablement que ces travaux, ou ces matériaux *peuvent lui être utiles.*

ART. 1797.

L'entrepreneur répond du fait des personnes qu'il emploie.

OBSERVATIONS.

Cet article est la conséquence de l'article 1384. C'est à l'entrepreneur à chercher des ouvriers probes et intelligens, et s'ils commettent quelque dommage, il doit en être responsable.

ART. 1798.

Les maçons, charpentiers et autres ouvriers qui ont été employés à la construction d'un bâtiment ou d'autres ouvrages faits à l'entreprise, n'ont d'action CONTRE CELUI POUR LEQUEL LES OUVRAGES ONT ÉTÉ FAITS, *que jusqu'à concurrence de ce dont il se trouve débiteur envers l'entrepreneur, au moment où leur action est intentée.*

OBSERVATIONS.

I. Les ouvriers qui n'ont pas traité directement avec

le propriétaire, sont sensés ne connaître que l'entrepreneur en chef; ils peuvent donc agir directement contre ce dernier *pour tout ce qui peut leur être dû.* Ils doivent avoir soin, comme on l'a dit plus haut, d'intenter leur action dans les six mois, sous peine d'être repoussés par la prescription.

II. Mais si l'entrepreneur en chef, celui avec qui seul ils ont traité directement, ne les paie pas, ils ont le droit d'exercer une action récursoire contre le propriétaire du bâtiment; mais, comme dans ce cas, ils interviennent au lieu et place de leur débiteur ils ne peuvent exercer plus de droit que ce dernier ne pourrait faire lui-même (art. 1167); ils doivent donc se borner à réclamer du propriétaire du sol, les sommes dont il se trouverait débiteur lui-même envers l'entrepreneur.

Art. 1799.

Les maçons, charpentiers, serruriers, et autres ouvriers qui font directement des marchés à prix fait, sont astreints aux règles prescrites par la présente section : ils sont entrepreneurs dans la partie qu'ils traitent.

OBSERVATIONS.

Voyez, pour la responsabilité qui pèse sur chacun d'eux, les observations placées sous l'article 1792.

CHAPITRE IV.

DU BAIL A CHEPTEL.

SECTION PREMIÈRE.

Dispositions générales.

ART. 1800.

Le bail à cheptel est un contrat par lequel l'une des parties donne à l'autre un fonds de bétail pour le garder, le nourrir et le soigner, sous les conditions convenues entre elles.

OBSERVATIONS.

I. Le bail à cheptel peut, comme tout autre bail, être consenti par écrit ou verbalement; c'est une conséquence de la disposition générale de l'article 1714. Par le même motif, si le cheptel a été consenti par acte sous seing privé, l'acte, ainsi que tout autre bail, doit être soumis à l'enregistrement dans les trois mois de sa date. (Loi du 22 frimaire an 7, art. 22.)

II. Pareillement, si le bail n'était que verbal, la preuve par témoins n'en saurait être admise, que s'il y avait eu exécution de la part des parties.

III. Il est néanmoins prudent, de la part du bailleur, de faire constater le bail, soit par acte authentique, soit par acte sous seing privé, dûment enregistré, pour pouvoir, au besoin, exercer l'action en revendication sur les bestiaux par lui confiés au preneur, dans le cas où une saisie serait pratiquée sur les biens de ce dernier.

ART. 1801.

Il y a plusieurs sortes de cheptels :
Le cheptel simple ou ordinaire,
Le cheptel à moitié,
Le cheptel donné au fermier ou au colon partiaire.

Il y a encore une quatrième espèce de contrat improprement appelée CHEPTEL.

ART. 1802.

On peut donner à cheptel TOUTE ESPÈCE *d'animaux susceptibles de croît ou de profit pour l'agriculture ou le commerce.*

OBSERVATIONS.

On voit, par la généralité de l'article 1862, que tous les animaux susceptibles de croît ou de profit pour l'agriculture ou le commerce, peuvent être baillés à cheptel; ainsi, l'on doit considérer comme tels, les bêtes à laine, les chèvres, les bœufs, les vaches, les chevaux et *même les porcs*, quoique sous l'empire des anciennes coutumes, Lathaumassière, et quelques autres auteurs, considérassent ce dernier genre de cheptel comme usuraire, et conséquemment comme illicite.

Art. 1803.

A défaut de conventions particulières, ces contrats se règlent par les principes qui suivent.

OBSERVATIONS.

Ce contrat, comme tous les autres, est susceptible de modifications, que les parties peuvent y introduire, pourvu qu'elles ne soient point défendues par les lois. A défaut de conventions particulières, les parties sont régies par les dispositions suivantes.

SECTION II.

Du Cheptel simple.

Art. 1804.

Le bail à cheptel simple est un contrat par lequel on donne à un autre des bestiaux à garder, nourrir et soigner, à condition que le preneur profitera de moitié du croît, et qu'il supportera aussi la moitié de la perte.

Art. 1805.

L'estimation donnée au cheptel dans le bail

n'en transporte pas la propriété au preneur; elle n'a d'autre objet que de fixer la perte ou le profit qui pourra se trouver à l'expiration du bail.

On voit, par cette définition, que ce contrat est un contrat mixte, qui participe du contrat de société et du contrat de louage. Il participe du louage, car le bailleur les donne (les bestiaux) à bail au preneur, lequel profite seul des fumiers, du laitage, et du service journalier des animaux à lui confiés (art. 1811). Il participe du contrat de société, en ce que le bailleur apporte la chose, et le preneur son industrie, pour en partager ultérieurement les profits, résultant du croît et de la laine. Toutefois il diffère de la société proprement dite, en ce que l'une des parties (le bailleur), au lieu de mettre la chose en commun, n'y met que la jouissance, se réservant essentiellement la nue propriété.

ART. 1806.

Le preneur doit les soins d'un bon père de famille à la conservation du cheptel.

Il doit donc faire, pour la conservation et l'entretien des bestiaux à lui confiés, ce qu'il ferait, s'il en était lui-même propriétaire. Faute par lui d'accomplir cette obligation, le bailleur peut demander, non-seulement la résolution du bail, mais encore des dommages et intérêts proportionnés à la perte occasionée, et aux bénéfices dont il a été privé. (Art. 1816 et 1184.)

Art. 1807.

Il n'est tenu du cas fortuit que quand il a été précédé de quelque faute de sa part, sans laquelle la perte ne serait pas arrivée.

Art. 1808.

En cas de contestation, le preneur est tenu de prouver le cas fortuit, et le bailleur est tenu de prouver la faute qu'il impute au preneur.

OBSERVATIONS.

I. Le preneur ou cheptelier est tenu de la *faute légère*, comme dans les contrats de louage et de société; le contrat de cheptel étant, de même que ces contrats, un contrat qui se fait dans l'intérêt *mutuel* des parties.

II. Par cela même, il répond de la négligence de son pâtre, de la négligence occasionée par les chiens, du simple larcin. (Coquille sur la Coutume de Nivernais, art. 3, titre 21.) Rousseau de la Combe, au mot *cheptel*, prétend qu'il répond aussi de la fermeture des portes. Mais il faut remarquer que, notamment dans les cas de simple larcin et de bris de porte, qui sont des cas fortuits, il n'en est responsable que quand ces cas fortuits ont été précédés de quelque faute de sa part. C'est à lui, d'abord, à prouver l'existence du cas fortuit; c'est ensuite au bailleur ou propriétaire à prouver la faute qui l'aurait précédé.

Art. 1809.

Le preneur qui est déchargé par le cas for-

tuit, est TOUJOURS *tenu de rendre compte des peaux des bêtes.*

OBSERVATIONS.

I. Si des loups, par exemple, avaient ravagé un troupeau, faute de chiens pour le garder, cet événement étant occasioné par la faute du preneur, qui doit répondre de sa négligence, il en serait *responsable*, et devrait conséquemment remplacer SEUL les têtes de bétail qui auraient péri.

II. Si le cas fortuit était arrivé sans aucune faute reprochable au preneur ou cheptelier, la perte serait tout entière pour le bailleur. C'est une conséquence de la maxime *res perit domino;* car le bailleur n'a pas cessé d'en être propriétaire.

III. Dans ce cas, cependant, dit la loi, le preneur ou cheptelier *est* TOUJOURS *tenu de rendre compte des peaux des bêtes qui ont péri.* Que le cheptelier soit tenu de rendre compte au bailleur des peaux des bêtes, si les bêtes n'ont point péri CORPS ET PEAUX, comme dans une épizootie, c'est une disposition fort juste, *quod ex re meâ superest, meum est;* il serait contraire d'ailleurs à l'équité, que ces peaux pussent profiter au preneur, tandis qu'elles appartiennent rigoureusement au propriétaire; mais, par les mêmes motifs d'équité, nous pensons que la loi s'est servie d'une locution vicieuse, en disposant que le preneur devait *toujours* rendre compte de ces peaux. En effet, si tout ou partie du troupeau avait été emporté par une inondation, ou avait péri dans un incendie, et s'il était, par cela même, impossible au preneur de représenter en nature les peaux des bêtes, il serait, ce nous semble, contraire à l'esprit de la loi, et à tout principe d'équité, d'obliger le preneur à en faire la valeur au propriétaire; car, si le preneur n'est pas tenu des cas fortuits (arrivés sans sa faute); si la perte est seulement commune, ou retombe en entier sur le propriétaire, selon que partie ou totalité de la chose a péri, ce serait mettre gratuitement à sa charge une partie de la chose qui a péri, en l'obligeant à payer la valeur des peaux, lorsqu'elles ont elles-mêmes péri.

Il faut donc supposer, ou que la loi s'est servie d'une expression inexacte, en disposant que le preneur serait *toujours* tenu de rendre compte, ou que, par ces mots *rendre compte*, elle a simplement entendu que le preneur serait tenu de *faire connaître ce que sont devenues les peaux qu'on réclame*, sauf à ne les point restituer, si elles ont péri avec le troupeau, quoique d'ailleurs l'article 616, au titre de l'usufruit, attache un sens diamétralement contraire à la même expression.

ART. 1810.

Si le cheptel périt en entier sans la faute du preneur, la perte en est pour le bailleur.

S'il n'en périt qu'une partie, la perte est supportée en commun, d'après le prix de l'estimation originaire, et celui de l'estimation à l'expiration du cheptel.

OBSERVATIONS.

I. Si le cheptel périt en entier *sans la faute* du preneur, la perte en est supportée par le bailleur, *res perit domino;* alors le bail à cheptel est résilié de plein droit; car la chose est de l'*essence* du bail, et sans la chose, le bail ne peut exister. (Art. 1741.)

II. S'il n'en périt *qu'une partie*, le contrat subsiste, et la perte doit être supportée en commun ; car le cheptel a pour objet de mettre en commun la perte et le bénéfice.

ART. 1811.

On ne peut stipuler,

Que le preneur supportera la perte totale du cheptel, quoique arrivée par cas fortuit et sans sa faute,

Ou qu'il supportera, dans la perte, une part plus grande que dans le profit,

Ou que le bailleur prélèvera, à la fin du bail, quelque chose de plus que le cheptel qu'il a fourni.

Toute convention semblable est nulle.

Le preneur profite seul des laitages, du fumier et du travail des animaux donnés à cheptel.

La laine et le croît se partagent.

OBSERVATIONS.

I. Les stipulations dont s'occupent les trois premiers paragraphes de cet article, communément extorquées à la misère d'un cheptelier, seraient contraires aux règles d'équité et de réciprocité, qui doivent toujours régir ce genre de contrat : aussi la loi les frapperait-elle de nullité.

II. La laine et le croît se partagent. On entend par croît, l'augmentation des bêtes survenues dans un troupeau, et l'accroissement de valeur que le temps et les soins du cheptelier doivent progressivement lui donner.

III. On ne peut enlever la laine qu'aux époques ordinaires. Si, toutefois, la santé des animaux l'exigeait, il faudrait en avertir le propriétaire, pour qu'il pût assister à la tonte, et recueillir la part qui lui est due. (Art. 1814.)

ART. 1812.

Le preneur ne peut DISPOSER *d'aucune bête du troupeau, soit du fonds, soit du croît, sans le consentement du bailleur, qui ne peut lui-même en* DISPOSER *sans le consentement du preneur.*

OBSERVATIONS.

I. Lorsque, dans le courant du bail, le surplus du croît a été partagé entre les parties intéressées, il n'y a nul doute que le preneur ne puisse disposer, comme bon lui semble, des bêtes qui lui sont échues pour sa part.

II. Si, hors ce cas, le preneur vendait quelque bête sans l'autorisation du bailleur, celui-ci aurait une action en dommages-intérêts à exercer contre le chepte-lier. Mais, nous ne pensons pas qu'il pût exercer contre le *tiers-acquéreur* de bonne foi une action en revendication.

En effet, aux termes de l'article 2280, en fait de meubles, la possession vaut titre, et on ne peut les re-vendiquer, qu'autant que l'on prouve qu'elles ont été *perdues* ou *volées*. Or, le fait du preneur, en pareil cas, ne saurait être assimilé à un vol, puisque la chose lui avait été remise par le propriétaire lui-même, pour en faire un emploi déterminé ; ce qui constituerait, seule-ment de la part du cheptelier, un abus de confiance, mais non un vol. (V. MERLIN, *Répert. et Questions de*

Droit, au mot *Revendication*.) Ainsi jugé par la Cour royale de Paris, le 5 avril 1813, dans l'affaire Basile. (SIREY, t. 14, 2ᵉ. partie, p. 306.)

ART. 1813.

Lorsque le cheptel est donné au fermier d'autrui, il doit être notifié au propriétaire de qui ce fermier tient ; sans quoi il peut le saisir et le faire vendre pour ce que son fermier lui doit.

OBSERVATIONS.

I. Aux termes de l'article 2102, le privilége du propriétaire de la ferme, à raison des fermages, s'étend sur tout ce qui garnit la ferme, ou sert à son exploitation; si, donc, le propriétaire voulait exercer ce privilége, il serait en droit d'y comprendre les animaux donnés à cheptel. C'est pour éviter cet inconvénient, que la loi a voulu que le contrat de cheptel fût notifié par huissier au propriétaire de la ferme; dès lors, l'existence du cheptel lui étant connue, ainsi que la désignation exacte des animaux confiés, à ce titre, au fermier, le propriétaire de la ferme ne pourrait plus les confondre dans la saisie par lui pratiquée, pour obtenir paiement des fermages.

II. Le privilége du propriétaire sur tous les objets qui garnissent la ferme, s'étend aux bestiaux donnés à cheptel au fermier par un tiers, lorsque la signification du bail à cheptel n'a été faite au propriétaire du domaine affermé, que *postérieurement* à l'introduction des bestiaux dans le domaine. (Affaire Monnier, Cour de cassation, rejet; SIREY, t. 20, 1ʳᵉ. part., p. 469.)

Art. 1814.

Le preneur ne pourra tondre sans en prévenir le bailleur.

OBSERVATIONS.

Il ne suffirait pas au cheptelier de prévenir le bailleur; il faudrait encore lui donner le temps moral nécessaire pour se transporter lui-même sur les lieux, ou y envoyer son mandataire, afin de surveiller l'opération.

Art. 1815.

S'il n'y a pas de temps fixé par la convention pour la durée du cheptel, il est censé fait pour trois ans.

OBSERVATIONS.

La tacite reconduction s'opère-t-elle en matière de cheptel simple? Voyez à l'art. 1820 ci-après, n°. 2.

Art. 1816.

Le bailleur peut en demander plus tôt la résolution, si le preneur ne remplit pas ses obligations.

OBSERVATIONS.

Nous avons dit, article 1806, que le bailleur, dans ce cas, pouvait demander, non-seulement la résolution du cheptel, mais encore des dommages-intérêts. (Article 1184.)

11

Art. 1817.

A la fin du bail, ou lors de sa résolution, il se fait une nouvelle estimation du cheptel.

Le bailleur peut prélever des bêtes de chaque espèce, jusqu'à concurrence de la première estimation : l'excédant se partage.

S'il n'existe pas assez de bêtes pour remplir la première estimation, le bailleur prend ce qui reste, et LES PARTIES SE FONT RAISON DE LA PERTE.

OBSERVATIONS.

I. Les parties se font raison de la perte, c'est-à-dire que la perte devient commune, en ce sens que les deux parties en souffrent, l'une par la perte de la chose, l'autre par la privation des profits qui pouvaient en résulter, sans que le bailleur puisse forcer le cheptelier à lui en payer la moitié, si toutefois la perte est survenue *sans la faute du cheptelier.* En effet, il est de l'essence du contrat de cheptel que la chose donnée en garde demeure la propriété du bailleur, et soit conséquemment à ses risques. Si, donc, la chose périt pour le compte du propriétaire, *res perit domino*, s'il avait le droit, soit avant, soit après l'expiration du cheptel, de réclamer du cheptelier la restitution de la moitié des pertes, ce principe serait violé, puisqu'il se trouverait par ce fait que la moitié de la perte retomberait à la charge du non propriétaire. (Art. 1805, 1807, 1809.) En cela, le code, ainsi que l'attestent les discussions du conseil d'État, dans la séance du 9 nivôse an 12, s'est écarté de l'opinion du célèbre Pothier.

II. Mais cette règle, qui doit être observée lorsqu'il y a perte matérielle de partie des bestiaux, arrivée par cas fortuit, tel qu'épizootie ou autre, ne nous semble pas devoir être applicable, s'il y a seulement diminution dans la valeur intrinsèque des bestiaux cheptélisés. Si, par exemple, l'une des paires de bœufs donnée à cheptel, et estimée primitivement 20 louis, avait été vendue pendant la durée du bail, et le profit partagé entre le bailleur et le preneur; et, si cette paire de bœufs avait été remplacée par deux autres bœufs beaucoup plus jeunes, qui ne valussent que 16 louis à l'expiration du cheptel, on ne pourrait pas invoquer le principe, *res perit domino*; car rien n'aurait péri, et il faudrait que le cheptelier tînt compte au bailleur de la moitié de la diminution survenue, c'est-à-dire, de 2 louis, puisqu'il aurait profité de la moitié du prix de la vente des précédens. Cette règle, généralement adoptée dans le midi de la France, où presque toujours les bestiaux sont donnés à cheptel simple par le propriétaire au métayer, nous paraît rigoureusement conforme et à l'équité et à l'esprit de la loi, qui doit toujours la prendre pour guide.

SECTION III.

Du Cheptel à moitié.

ART. 1818.

Le cheptel à moitié est une société dans laquelle chacun des contractans fournit la moitié des bes-

11.

tiaux, qui demeurent communs pour le profit et pour la perte.

OBSERVATIONS.

Ainsi que l'exprime la loi, cette espèce de cheptel est une véritable société, puisque chacun fournit la moitié des bestiaux.

ART. 1819.

Le preneur profite seul, comme dans le cheptel simple, des laitages, du fumier et des travaux des bêtes.

Le bailleur n'a droit qu'à la moitié des laines et du croît.

Toute convention contraire est nulle, à moins que le bailleur ne soit propriétaire de la métairie dont le preneur est fermier ou colon partiaire.

OBSERVATIONS.

Comme, indépendamment de sa part en nature, le preneur apporte en outre son industrie, qui consiste dans les soins à donner aux animaux qu'on lui confie, et de plus, comme il fournit les écuries pour les loger et le fourrage pour les nourrir, il est juste qu'à titre de dédommagement il recueille, indépendamment de la moitié du croît et des laines, le laitage, le fumier et le profit résultant des travaux des bêtes.

ART. 1820.

Toutes les autres règles du cheptel simple s'appliquent au cheptel à moitié.

OBSERVATIONS.

I. Ces règles sont tracées dans les articles 1805 et suivans jusqu'à l'art. 1817 exclusivement.

II. La tacite reconduction peut-elle s'opérer pour ces deux espèces de cheptel, le cheptel simple et le cheptel à moitié ?

Nous ne le pensons pas. En effet, la tacite reconduction, qui a sa source dans l'intention supposée des parties de prolonger le bail, ne peut produire cet effet qu'autant que la loi a érigé cette présomption en *présomption légale* ; car cette prolongation tacite de bail, contraire à la convention existante entre les parties, est par cela même une exception au droit commun, qui attribue force de loi à la convention. Or, la présomption légale est celle qui résulte d'un texte formel de la loi. Ainsi, en matière de baux à loyer l'art. 1759, et l'article 1776 en matière de baux à ferme, consacrent expressément cette présomption légale ; mais il n'en est pas de même quant aux baux à cheptel *simple* et à *moitié*, où la loi sur cet objet garde le silence le plus absolu. Or, l'art. 1724, qui consacre d'une manière générale le principe de la tacite reconduction en matière de baux écrits, ne saurait s'appliquer au bail à cheptel, puisque, d'une part, cet article est placé dans la section des règles particulières aux baux à ferme et à loyer, et que, d'autre part, l'art. 1711 dispose, dans son dernier paragraphe, que le bail à cheptel est gouverné par des règles particulières. Si, donc, ces règles particulières sont muettes sur la tacite reconduction, du moins en ce qui touche le cheptel simple et le cheptel à moitié, il faut, ce nous semble, en conclure, quoique l'ancienne coutume de Berry en décide différemment, que la tacite reconduction n'a point été admise par la loi.

III. Mais, comme on le verra plus loin, la tacite reconduction existe en matière de cheptel de fer, ou en matière de cheptel donné au colon partiaire. La raison en est alors, que ce genre de cheptel, suivant le sort du bail à ferme, dont il n'est lui-même que l'une des clauses, et expirant avec lui, il doit, par cela même, être sujet à *tacite reconduction*, le bail à ferme y étant lui-même soumis. On voit que le même motif ne saurait s'appliquer au cheptel simple ou à moitié, parce que ce cheptel est indépendant du bail à ferme ; car, de même qu'il peut être donné au fermier sans participer en rien du bail à ferme, il peut être aussi donné à un tiers.

SECTION VI.

Du Cheptel donné par le propriétaire à son fermier ou colon partiaire.

§. Ier.

Du Cheptel donné au fermier.

ART. 1821.

Ce cheptel (aussi appelé CHEPTEL DE FER *) est celui par lequel le propriétaire d'une métairie la donne à ferme, à la charge qu'à l'expiration du bail, le fermier laissera des bestiaux d'une valeur* *égale au prix de l'estimation de ceux qu'il aura reçus.*

OBSERVATIONS.

I. Ce cheptel est nommé *cheptel de fer,* parce qu'il est attaché à la métairie, qu'il s'y trouve comme enchaîné; le fermier étant obligé, à l'expiration du bail, de quelque manière que le cheptel ait péri, de laisser dans la métairie ou la ferme des bestiaux d'une valeur égale au prix de l'estimation de ceux qu'il a reçus, ou du moins la somme suffisante pour parfaire le déficit, s'il en existe à cette époque. (Art. 1826.)

II. Ce cheptel peut avoir lieu de quelque manière que le prix de la ferme (ou métairie s'entend), doive être payé, soit en argent, soit en denrées, soit en une portion aliquote des fruits. (BOUSQUET, *Explication du code,* art. 1821.) On voit par là que le cheptel de fer peut aussi être donné au colon partiaire, quoiqu'une autre espèce de cheptel, qu'on nomme *cheptel donné au colon partiaire,* soit reconnue par la loi.

ART. 1822.

L'estimation du cheptel donné au fermier ne lui en TRANSFÈRE PAS LA PROPRIÉTÉ, *mais néanmoins* LE MET A SES RISQUES.

ART. 1823.

Tous les profits appartiennent au fermier pendant la durée de son bail, s'il n'y a convention contraire.

OBSERVATIONS.

I. La propriété du cheptel de fer résidant sur la tête du bailleur, le preneur ou fermier n'a pas le droit de vendre tout ou partie des animaux qui le composent, à moins que leur vieillesse n'en nécessite la vente, auquel cas, le preneur est tenu de les remplacer par d'autres.

II. Quoique ce genre de cheptel ne transfère pas au cheptelier la propriété de la chose, la loi, par une dérogation expresse au principe qui veut que la chose périsse pour le compte du propriétaire de cette même chose, dispose, néanmoins, qu'en matière de cheptel de fer, la chose demeure aux risques du preneur, qui doit supporter la perte, quand bien même cette chose périrait en tout ou en partie, même par cas fortuit et sans aucune faute de sa part (art. 1825); si toutefois il n'y a convention contraire. La raison en est que le preneur étant appelé à recueillir l'intégralité des profits, résultant soit du croît, soit du laitage, il doit, par réciprocité, remplacer seul la chose, si elle vient à périr d'une manière quelconque.

III. Lorsque le bailleur a des sûretés suffisantes pour répondre de la restitution du cheptel et du paiement des loyers; qu'il ne lui est dû aucun terme échu, et que le preneur n'est pas en déconfiture, il ne peut empêcher les créanciers de ce dernier (*du preneur*) de faire saisir et vendre les bestiaux qui composent le cheptel de fer. (Cour de cassation, rejet, Bourges, affaire Debas contre Dechezelles; DENEVERS, t. 5, 1re. part., p. 52.)

IV. Les profits du cheptel appartenant de plein droit au fermier, pendant la durée du bail, le fermier, en cas de saisie du cheptel pratiqué par les créanciers du bailleur, serait-il fondé à demander main-levée de la saisie, sauf aux créanciers à saisir seulement les fermages indépendans du cheptel. Pothier soutient la négative. En effet, dit Pothier, le bail à ferme (et *par la même raison le cheptel*), ne donne au preneur qu'une créance personnelle contre le bailleur, pour qu'il soit tenu de le faire jouir de la chose louée, et ne lui transfère aucun droit réel dans la chose. Ainsi, continue Pothier, dans le cas de la saisie du cheptel, le preneur a seulement le droit de demander aux créanciers saisissant que, si le cheptel se vend au-delà de l'estimation faite lors du bail, cet excédant de l'estimation lui soit délivré.

Quelle que soit notre vénération pour ce savant jurisconsulte, nous ne pourrions partager cette opinion. En effet, aux termes de l'art. 1743, si le bailleur vend la chose louée, l'acquéreur ne peut expulser le fermier qui a un bail authentique, ou dont la date est certaine, à moins qu'il ne se soit réservé ce droit par le contrat de bail, parce que l'acquéreur est, à l'égard du bailleur, un tiers qui doit respecter les droits antérieurement acquis. D'un autre côté, les règles générales, qui gouvernent l'acte authentique, ou tout autre acte ayant date certaine, posent en principe qu'il ne peut être attaqué par les tiers que dans les cas de fraude pratiquée à leur détriment.

Si, donc, ce droit est par cela même réel, ce que nous croyons incontestable, il n'est pas plus permis aux créanciers du bailleur à cheptel de s'emparer, au mépris des droits acquis du cheptelier, des bestiaux qui font l'objet du contrat, qu'il ne serait permis à l'acquéreur du bailleur en matière de baux à ferme ou à loyer, de chasser le preneur; ou qu'il ne serait permis au créancier du bailleur à ferme ou à loyer, de dépouiller le preneur de ses droits, au moyen d'une saisie qui opérerait le même effet. Si pareille chose était licite, quoi de plus facile au bailleur, qui voudrait évincer le cheptelier, que de l'expulser indirectement, au moyen de créanciers factices qui, à l'aide de prétendues créances fabriquées après coup, viendraient saisir inopinément le cheptel, au mépris des droits acquis au cheptelier par un contrat que la loi leur impose toujours l'obligation de respecter.

Toutefois, de même qu'en matière de baux ordinaires, il est permis aux créanciers du bailleur de saisir l'immeuble, à charge de respecter les clauses du bail, sauf à toucher les loyers ou les fermages; de même, en matière de bail à cheptel, il est permis aux créanciers de saisir la ferme, à charge de maintenir le cheptel jusqu'à l'époque fixée pour son expiration.

La même solution doit encore, ce nous semble, s'appliquer aux autres espèces de cheptel, seulement si ces cheptels accordent au bailleur une part dans les profits; cette part pourra être saisie par les créanciers qui devront d'ailleurs respecter celle du cheptelier.

Au reste, la décision de Pothier est fondée sur un principe vicieux qui découle de la loi *Emptorem*, 9, *cod. locati*, dont il tire argument, et qui est ainsi conçue : *Emptorem fundi necesse non est stare colono, cui prior dominus locavit, nisi eâ lege emit.* Or, ce principe, qui permettait à l'acquéreur d'expulser le preneur, a été formellement aboli, et par les lois qui gouvernent l'acte authentique et l'acte ayant date certaine, et par l'art. 1743, que nous avons cité plus haut et qui tranche la question. (Voy. l'art. 1743.)

ART. 1824.

Dans les cheptels donnés au fermier, le fumier n'est point dans les profits personnels des preneurs, mais appartient à la métairie, à l'exploitation de laquelle il doit être uniquement employé.

OBSERVATIONS.

I. Les bestiaux qui composent le cheptel, ayant été spécialement affectés au fonds rural par le bailleur, pour en faciliter l'exploitation, soit à l'aide de leur travail, soit à l'aide de leurs fumiers, il était juste que le fermier ne pût divertir ces fumiers pour les appliquer à un autre héritage.

Tel est le sens de la loi, lorsqu'elle dispose que le fermier ne profite point personnellement des fumiers, car il est certain qu'il en profite *réellement*, par cela même, qu'étant placés sur les terres affermées, ils en accroissent nécessairement le rapport.

II. Quant aux travaux des bêtes, la loi n'ayant point interdit au fermier d'en tirer profit, il semblerait, au premier abord, qu'il pourrait les utiliser au profit d'un tiers pour en retirer lui-même un supplément de bénéfice, sauf, à l'expiration du bail, à les rendre tels qu'il les a reçus au moment du contrat, à payer régulièrement les fermages, et à remplacer les bêtes, si elles viennent à périr. Mais il n'en saurait être ainsi sans le consentement du bailleur, car, par cela que les fumiers doivent appartenir à la ferme ou métairie, dont

ils ne peuvent être distraits, si le fermier permettait à
des tiers de se servir des bestiaux, la ferme, pendant
leur absence, serait évidemment privée d'une partie des
fumiers, ce qui serait contraire à la loi.

ART. 1825.

*La perte, même totale et par cas fortuit, est en
entier pour le fermier, s'il n'y a convention contraire.*

OBSERVATIONS.

Cet article, qui n'est que la répétition de l'art. 1822,
qui met le cheptel aux risques du preneur, est la conséquence de l'article 1823. En effet, si, aux termes de
cet article, tous les bénéfices du cheptel appartiennent
au fermier, il est juste, par réciprocité, qu'il en supporte la perte, *ubi commodum*, *ibi incommodum ;* mais
les parties peuvent modifier cette règle par des conventions particulières, qui ne soient point défendues par
la loi.

ART. 1826.

*A la fin du bail, le fermier ne peut retenir le
cheptel en en payant l'estimation originaire ; il
doit en laisser un de valeur pareille à celui qu'il
a reçu.*

*S'il y a du déficit, il doit le payer ; et c'est seu-
lement l'excédant qui lui appartient.*

OBSERVATIONS.

I. Le cheptel de fer ayant pour objet l'intérêt de
l'agriculture, on conçoit, ainsi que sa dénomination
l'exprime d'ailleurs suffisamment, qu'il ne doit point

être permis au fermier de garder les bestiaux à l'expiration du bail, en en payant la valeur , car le fonds se trouverait ainsi tout-à-coup privé de tout moyen d'exploitation.

II. S'il y a du *déficit*, la loi dit que le fermier sera tenu d'en payer la valeur. Mais ce déficit ne peut s'entendre, dans l'esprit de la loi, que pour le cas où il y aurait perte, *par suite de cas fortuits*. En effet, si, antérieurement à l'expiration du bail, le fermier, pour éluder la loi, avait transporté ailleurs tout, ou partie des bestiaux, il serait tenu de les remplacer en nature , ou condamné, indépendamment du prix des bestiaux , à des dommages-intérêts ; car, en agissant de la sorte, il retiendrait indirectement le cheptel, ce que la loi ne saurait tolérer.

III. S'il y a de l'excédant, il est naturel que cet excédant lui appartienne, puisqu'il fait partie des profits licites qui lui appartiennent, aux termes de l'art. 1823.

§. II.

Du Cheptel donné au colon partiaire.

ART. 1827.

Si le cheptel périt en entier sans la faute du colon partiaire , la perte est pour le bailleur.

OBSERVATIONS.

I. Ce genre de cheptel, donné au colon partiaire, est, d'ordinaire, consenti dans le contrat du bail de la métairie. Il participe du cheptel, en ce que, dans celui-ci, les animaux sont attachés à la métairie pour son exploitation, et en ce qu'il suit le sort du bail à ferme ou à métairie, avec lequel il s'éteint (art. 1829) à son expiration.

II. Mais ce genre de cheptel est d'ailleurs assimilé au cheptel simple, puisqu'il suit toutes ses règles (article 1830), sauf les modifications spécifiées dans l'article 1828, que les parties peuvent y introduire par une convention expresse.

III. Ainsi, si le cheptel périt en entier, sans la faute du colon partiaire (et à la différence du cheptel de fer, où la perte est supportée, en toute hypothèse, par ce preneur), la perte est à la charge du bailleur ; mais il y a cette différence, qui résulte de la nature même de ce cheptel, qui ne finit qu'avec le bail, que la perte totale des animaux donnée à cheptel, ne résilie pas le cheptel, mais impose au bailleur l'obligation de le remplacer. En effet, le bail subsistant malgré la perte des animaux, le cheptel, qui n'est qu'une condition du bail, ne pourrait finir qu'avec lui ; et comme d'une part les bestiaux sont nécessaires à la jouissance du bail, le bailleur étant tenu, d'une part, *d'entretenir la chose en état* de servir à l'usage pour lequel elle a été destinée (article 1719), et, comme de l'autre, il supporte seul la perte, il devra, pour garantir tout à la fois et la jouissance du bail, et la jouissance du cheptel, qui en est une fraction essentielle, remplacer le cheptel qui a péri.

IV. Les règles du cheptel simple étant communes au cheptel donné au colon partiaire, il faut décider avec les articles 1810 et 1817 que, s'il ne périt qu'une partie du cheptel, la perte doit être supportée en commun.

Art. 1828.

On peut stipuler que le colon délaissera au bail-leur sa part de la toison à un prix inférieur à la valeur ordinaire ;

Que le bailleur aura une plus grande part du profit ;

Qu'il aura la moitié des laitages :

Mais on ne peut stipuler que le colon sera tenu de toute la perte.

Art. 1829.

Ce cheptel finit avec le bail à métairie.

Art. 1830.

Il est d'ailleurs soumis à toutes les règles du cheptel simple.

OBSERVATIONS.

Nous avons expliqué ces deux derniers articles dans les notes qui concernent l'article 1827.

SECTION V.

Du Contrat improprement appelé Cheptel.

Art. 1831.

Lorsqu'une ou plusieurs vaches sont données pour les loger et les nourrir, le bailleur en con-serve la propriété ; il a seulement le profit des veaux qui en naissent.

OBSERVATIONS.

I. Dans les contrats de cette nature qu'on nomme *cheptels de vaches*, le preneur, pour prix de ses soins, de la nourriture et de l'entretien des vaches à lui confiées, recueille seul le laitage et le fumier, à charge par lui, de fournir le chaume nécessaire à la litière. Quant au bailleur, il profite seul du croît; il peut, en outre, stipuler une somme quelconque pour prix de sa location.

II. Aussitôt que le veau est en état d'être vendu, le bailleur, sous peine de dommages-intérêts, est tenu de le retirer pour le vendre.

III. Si la durée de ce contrat n'est pas limitée, le bailleur peut retirer la vache quand bon lui semble, mais en se conformant aux règles de l'équité, en la retirant *tempore opportuno*. Ainsi, il ne pourrait retirer la vache, incontinent après qu'il a retiré le veau, parce que, le cheptelier ayant été privé de son lait pendant le temps qu'elle a nourri, il faut qu'il puisse la garder pendant le temps nécessaire pour le dédommager. Il en serait de même, si le bailleur avait donné la vache à l'entrée de l'hiver, époque pendant laquelle le lait est peu abondant, et la nourriture plus chère et plus difficile, et qu'il voulût la retirer au mois d'avril suivant. Dans ce cas, le juge devrait arbitrer le temps moral nécessaire pour le dédommager. (POTHIER, *Traité du Cheptel*, n°. 73.)

IV. Quand même le temps, pendant lequel la vache doit demeurer chez le preneur, aurait été fixé par le contrat, s'il survenait à la vache une maladie, qui la privât pour toujours de son lait, il ne serait pas équitable que, ne pouvant plus tirer des profits, il continuât de supporter la charge (POTHIER , *ibid.* , 75); mais il en serait différemment, si cette maladie n'était qu'accidentelle, et susceptible d'une prompte et facile guérison.

V. Le preneur ne doit aussi rendre la vache que dans un temps opportun, *tempore opportuno*. Il ne pourrait donc la rendre dans un moment où elle est prête à vêler, ou si, lui ayant été donnée au printemps, et après en avoir joui pendant toute la belle saison, il attendait l'hiver pour la rendre. (POTHIER, *ibid.* n°. 76.)

VI. La convention par laquelle on accorderait au preneur la moitié du profit des veaux, à la charge par lui de supporter, pour moitié, le risque du cas fortuit, serait une convention licite, puisqu'elle ne blesserait en rien l'équité : les chances étant balancées.

DE LA CONTRAINTE PAR CORPS.

Observations communes aux fermiers et aux colons partiaires.

I. La contrainte par corps ne peut être ordonnée contre les fermiers pour le paiement des fermages des biens ruraux, si elle n'a été stipulée formellement dans l'acte de bail. Néanmoins, les fermiers ou les colons partiaires peuvent être contraints par corps, faute par eux de représenter, à la fin du bail, le cheptel de bétail, les semences et les instrumens aratoires qui leur ont été confiés, *à moins qu'ils ne justifient que le déficit de ces objets ne procède point de leur fait.* (Art. 2062.)

Ce dernier membre de phrase, comme on voit, ne s'applique pas au cheptel de fer, puisque ce cheptelier est obligé de rembourser la valeur des bestiaux dans tous les cas, et encore qu'ils aient péri par cas fortuit. La contrainte par corps pourrait donc être prononcée contre lui, encore qu'il justifiât que la perte ne procède point de son fait. (Arg. de l'art. 1825.)

II. Dans les cas même ci-dessus énoncés, la contrainte par corps ne peut être prononcée contre les mineurs. (Art. 2064.)

III. Elle ne peut être prononcée pour une somme moindre de 300 fr. (art. 2065); ainsi, si les dommages-intérêts réclamés en dédommagement de la non-restitution, soit des instrumens aratoires, soit des animaux donnés à cheptel, montaient au moins à 3oo *francs*, il y aurait lieu à contrainte par corps; mais si elle était moindre, la contrainte par corps ne serait plus applicable, car l'art. 2066, sans déroger à l'article 2062, trace, ainsi que l'art. 2064 et les suivans, des règles auxquelles l'article 2062 est subordonné.

IV. Elle ne peut être prononcée contre les septua-génaires, les femmes et les filles, que dans le cas du *stellionnat*. Il suffit que la soixante-dixième année commence, pour jouir de la faveur accordée aux septuagé-naires. (Art. 2066.) Il y a stellionat, lorsqu'on vend ou qu'on hypothèque un immeuble dont on sait n'être pas propriétaire, ou lorsqu'on présente, comme libre des biens hypothéqués, ou que l'on déclare des hypo-thèques moindres que celles dont ces biens sont char-gés. (Art. 2059. Voyez aussi pour le stellionat l'ar-ticle 2136.)

V. La contrainte par corps, dans le cas même où elle est autorisée par la loi, ne peut être mise à exécu-tion qu'en vertu d'un jugement. (Art. 2067.)

VI. L'appel ne suspend pas la contrainte par corps, prononcée par un jugement provisoirement exécutoire en fournissant caution.

VII. L'exercice de la contrainte par corps n'em-pêche ni ne suspend les poursuites et les exécutions sur les biens du débiteur.

VIII. Les cautions des baux à ferme, à colon par-tiaire, et à cheptel, sont contraignables par corps, si elles se sont expressément soumises à cette contrainte.

DU BAIL A LONGUES ANNÉES.

I. Le bail à longues années est celui qui excède le terme de neuf ans; tout espace de temps qui embrasse au moins dix années, étant compris sous la dénomination de *longum tempus*.

II. Les biens ruraux appartenant aux hospices, aux établissemens d'instruction publique, et aux communautés d'habitation, ne peuvent être concédés à baux à longues années sans la permission du gouvernement.

III. Les baux à longues années sont d'ailleurs assujétis à toutes les autres règles générales tracées par la loi, soit en matière de baux à loyer, soit en matière de biens ruraux.

IV. Ainsi, le preneur d'un bail à longues années n'est pas assujéti à la contribution foncière, laquelle reste à la charge du bailleur, de même qu'en matière de baux ordinaires. (Cour de cassation, du 23 nivôse an 7 , affaire Robelin contre Belon.)

V. Ainsi, la tacite reconduction devrait s'opérer, en matière de bail à longues années, à l'expiration du délai fixé, si le preneur était laissé en possession, quoique Pothier, qui paraît avoir confondu la nature de ce bail avec le bail *emphythéotique*, ait développé, n°. 217, au *Traité de louage*, une opinion contraire. Sous l'empire des lois actuelles, le bail à longues années étant confondu avec le bail ordinaire, on ne voit pas pourquoi les règles consignées dans les art. 1738, 1759 et 1776, qui consacrent le principe général de la tacite reconduction, en matière de baux, ne lui seraient point applicables, ainsi que les autres règles spécifiées au titre du contrat de bail.

DU BAIL A RENTE FONCIÈRE

ET DU BAIL A LOCATAIRIE PERPÉTUELLE.

I. Le bail à *rente foncière* n'était pas un contrat de louage, c'était en réalité l'aliénation d'un fonds avec réserve d'une rente sur le fonds aliéné. Or, l'aliénation du fonds étant essentiellement contraire au contrat de louage où le bailleur en demeure propriétaire, ce genre de bail ne saurait plus exister.

II. Toutefois, une convention qui aurait pour objet l'aliénation d'un bien-fonds, à charge d'une rente ou redevance annuelle, pourrait être consentie en *qualité de vente* de la propriété, auquel cas la rente en serait le prix; mais cette rente serait essentiellement rachetable (art. 530 du code); car une pareille rente, par cela même que l'époque de sa durée n'en est point limitée, est réputée établie à perpétuité. Il serait néanmoins permis au créancier de la rente de régler les clauses et conditions du rachat, et de stipuler que la rente ne pourra lui être remboursée qu'après un certain temps qui ne peut excéder trente années. Si le créancier, pour éluder la loi et rendre tout remboursement impraticable, avait fixé pour prix du remboursement une somme évidemment supérieure à la valeur réelle des biens vendus, les tribunaux pourraient la réduire.

III. Le contrat autrefois usité sous la dénomination de *bail à locatairie perpétuelle* ou à *culture perpétuelle,* était celui par lequel le bailleur, tout en se réservant la propriété du fonds, en transmettait néanmoins à *perpétuité* la jouissance, moyennant un fermage ou loyer annuel. Or, l'économie de nos lois n'admet plus que celui qui renonce *à toujours*, pour lui et ses héritiers, à jouir et à user d'une chose, puisse être réputé en retenir, nonobstant cette énonciation, la propriété; elle n'admet pas que celui qui a acquis pour lui et ses héritiers la jouissance perpétuelle d'une chose, n'en soit pas réputé le véritable propriétaire. En effet, en matière d'usufruit, l'usufruit s'éteint par la mort naturelle ou civile de l'usufruitier (art. 617); et lorsqu'on a vendu à l'un la nue propriété, et à l'autre l'usufruit (art. 889), la jouissance retourne au nu-propriétaire à l'expiration de l'usufruit, qui ne peut jamais passer aux héritiers de l'usufruitier. Or, la locatairie perpétuelle, qui établirait un usufruitier *perpétuel,* serait par cela même illicite et légalement impraticable.

DU BAIL A VIE.

I. Le bail à vie est celui par lequel le bailleur s'engage à faire jouir le preneur d'une chose pendant la durée de la vie d'une personne indiquée, soit celle du bailleur, soit celle du preneur, soit celle d'un tiers.

II. Ce bail est licite; car le bailleur retient, nonseulement la propriété, mais encore la possession civile de la chose (art. 2228), dont il ne transmet au preneur que la possession naturelle et utile.

III. Quelque affinité qui semble d'abord exister entre le bail à vie et la vente de l'usufruit, il existe néanmoins entre eux des différences sensibles :

1°. Le prix de la vente d'usufruit est fixé à une somme unique et certaine qui ne peut varier, quelle que soit la durée de l'usufruit. En matière de bail à vie, au contraire, le prix du bail est divisé en paiemens successifs qui varient selon la durée de la vie de la personne, et qui peuvent donner lieu à une remise, lorsque tout ou partie de la récolte vient à périr par cas fortuit (art. 1769);

2°. L'usufruitier est tenu de payer la contribution foncière; en matière de bail à vie, au contraire, c'est le bailleur qui en est tenu; car, si le preneur doit acquitter cet impôt, il ne le paie qu'au nom du bailleur;

3°. L'usufruitier est tenu des réparations d'entretien ; ces réparations, au contraire, sont à la charge du bailleur seul, en matière de bail à vie; car le bailleur doit entretenir la chose en état de servir à l'usage pour lequel elle a été louée (art. 1719), le preneur n'étant tenu que des réparations locatives (art. 1731).

IV. Le bail à vie est d'ailleurs soumis à toutes les autres règles qui s'appliquent aux baux ordinaires.

V. Les baux à vie, aux termes de l'art. 69, §. 7, de la loi du 22 frimaire an 7, sont passibles du droit proportionnel de 4 pour 100 pour leur enregistrement.

DU BAIL EMPHYTÉOTIQUE.

I. On admettait autrefois deux sortes de baux emphytéotiques : l'emphytéose *perpétuelle* et l'emphytéose *pour un long temps*.

L'emphytéose *perpétuelle* était un contrat par lequel le propriétrire d'un fonds en transférait au preneur (l'emphytéote) *la propriété utile* , à la charge par celui-ci d'y faire certaines améliorations , et de payer au bailleur qui conserverait *le domaine direct,* une redevance ou prestation annuelle pendant toute la durée de sa jouissance , *en reconnaissance de la propriété directe réservée.* Cette redevance ou prestation se nommait *canon emphytéotique.*

II. On reconnaît au premier coup-d'œil, en admettant les principes que nous avons développés plus haut , que cette espèce d'emphytéose ne pourrait plus , de nos jours, subsister en qualité de bail. En effet , un tel acte , de quelque expression qu'on se fût servi d'ailleurs , serait de plein droit réputé vente , moyennant une rente perpétuelle, *et la réserve du domaine direct y serait sans effet*, parce que nos principes n'admettent plus une semblable réserve sur un fonds dont la propriété utile est aliénée à perpétuité. Or, comme une pareille rente perpétuelle (art. 530) est toujours essentiellement rachetable, on ne saurait y reconnaître les caractères constitutifs du contrat de louage, tels que la loi les a consacrés.

III. Mais les parties, aux termes de l'article 530, pourraient régler les conditions du rachat, et stipuler dans l'acte que ce rachat ne pourra s'opérer avant le laps de trente ans.

IV. Cette emphytéose n'étant plus réputée bail, le bailleur, ou plutôt le vendeur, ne doit plus conserver pour le prix des arrérages de la redevance, que le privilége d'un vendeur sur l'immeuble lui-même (art. 2103), et non le privilége sur les meubles et effets garnissant l'immeuble, lequel n'appartient qu'au bailleur à ferme ou à loyer pour le prix des fermages ou loyers (art. 2102).

V. Par la même raison, le bailleur ou vendeur emphytéotique à perpétuité n'a plus le droit de *commise* qui consistait à rentrer dans la pleine propriété de l'immeuble, faute de paiement de la redevance pendant trois ans; car ce droit était un caractère attaché au bail, et il est d'ailleurs implicitement abrogé par le silence du code de procédure; mais il peut, en revanche, suivre la voie ordinaire que la loi indique au vendeur, soit pour obtenir le paiement du prix, soit pour faire résilier le contrat. (V. MASSÉ, dans le *Parfait Notaire*, t. 2, au mot *Bail emphytéotique*.)

VI. Si, par le bail à emphytéose perpétuelle, le bailleur avait imposé au preneur l'obligation de défricher les terres, d'y faire des plantations, d'y construire un bâtiment, ou enfin d'y faire toute autre amélioration, cette clause serait réputée avoir été apposée dans la vue d'assurer davantage le paiement de la rente, en faisant donner à la chose vendue, qui lui sert de gage, une plus grande valeur. Elle n'empêcherait pas que le contrat ne fût toujours une vente pure et simple; elle donnerait au vendeur un droit éventuel de plus lors de la résolution du contrat, c'est-à-dire, qu'indépendamment du droit de demander la résolution faute de paiement, le vendeur aurait encore le droit de demander cette résolution à défaut d'exécution de la clause relative aux améliorations, comme étant une sûreté promise, sans laquelle la vente n'aurait pas été faite. (MASSÉ, *loco citato.*)

VII. *Le bail emphytéotique à temps limité*, qui seul n'est pas rejeté par nos lois, est le contrat par lequel le bailleur, en se réservant le domaine ou la propriété directe d'un fonds, en transfère néanmoins au preneur ou emphytéote le domaine ou la propriété utile pour un temps limité, moyennant une redevance ou prestation annuelle, en *considération de la propriété directe réservée.*

VIII. Le bailleur se réservant *essentiellement* la propriété directe, il rentre de plein droit dans la propriété utile, à l'expiration du temps fixé pour la durée du bail; mais, malgré cette réserve, comme le bailleur se dépouille réellement de la propriété utile, cette concession de sa part est regardée comme une aliénation véritable (art. 29 de la loi du 1er. décembre 1790, relative aux domaines nationaux, aux concessions et aux apanages); et, en conséquence, ce bail, qui renferme une véritable aliénation, ne peut être consenti que par ceux qui ont capacité pour aliéner. Quant aux autres, tels que les mineurs ou les interdits, le bail emphytéotique de leurs propriétés doit être accompagné des for-

malités prescrites par la loi, pour valider les aliéna-
tions ordinaires.

IX. La durée des baux emphytéotiques est, d'ordinaire, fixée à vingt, trente et quarante années, mais
elle ne peut dépasser le laps de quatre-vingt-dix-neuf
ans. Si ce terme, du moins sous l'empire de nos
lois (car, autrefois, comme on l'a vu plus haut,
la durée de l'emphytéose pouvait être illimitée), avait
été dépassé, le contrat devrait y être ramené, car,
dans ce cas, les parties seraient censées avoir voulu
éluder les dispositions de la loi prohibitive des cons-
titutions de rentes perpétuelles non rachetables; et les
parties sont réputées n'avoir pas eu d'autre but, lorsque, par l'effet d'un terme aussi reculé, la rentrée
en possession ne peut avoir lieu qu'au profit de des-
cendans, auxquels le bailleur ne doit pas être naturellement supposé porter un véritable intérêt. (MASSÉ,
loco citato).

X. De ce que la redevance ou prestation annuelle,
payée par le preneur ou emphytéote, n'est point considérée comme le prix de la jouissance des fruits, mais
comme le résultat de la reconnaissance du domaine direct réservé, il en résulte que l'emphytéote, en cas de
perte par cas fortuit ou force majeure, de tout ou
partie de la récolte, ne peut obtenir une remise ou diminution.

Quoiqu'il semble qu'une redevance aussi exclusivement attachée à la reconnaissance du domaine direct,
et qui paraît n'avoir pour objet que de lui rendre foi et
hommage, doive être réputée féodale, et comme telle,
frappée d'abolition, par la loi du 17 juillet 1793,

surtout si elle est qualifiée féodale dans l'acte, néanmoins il n'en est pas ainsi en matière d'emphytéose temporaire, car la redevance ainsi qualifiée, n'est féodale que de nom. (Cour de cass., rejet, 29 thermidor an 10, affaire des Tourmelles, Douai; SIREY, tome 3, 1ʳᵉ. partie, p. 17.)

Par la même raison, lorsqu'une vente de biens emphytéotiques a été faite, moyennant un certain prix, et en outre, sous la condition que le nouvel acquéreur ou emphytéote servira la rente féodale imposée par le maître de la propriété directe, l'acquéreur ne peut se dispenser de payer le prix convenu, sous le prétexte que le contrat, rappelant une dette féodale, renfermerait, par cela même, un mélange de féodal et de foncier, qui emporte l'abolition du tout. (Cassation, 26 février 1810, affaire Giraud; SIREY, t. 11, 1ʳᵉ. partie, p. 69.)

Il en serait autrement, et la redevance serait annulée, si le bailleur, dans l'acte constitutif de l'emphytéose, avait pris le titre de seigneur. (Cassation, 4 juillet 1809, Colmar; SIREY, t. 9, 1ʳᵉ. partie, p. 387.)

XI. Si le preneur a donné ou vendu la propriété utile, il ne doit plus que les arrérages de la redevance; mais la redevance elle-même doit être servie par le donataire ou l'acquéreur.

XII. Aussitôt que le preneur a cessé d'être détenteur de la propriété utile, soit en déguerpissant volontairement l'héritage, soit en l'aliénant, soit lorsque la chose a péri en totalité, il cesse d'être débiteur de la redevance; car, dans toutes les hypothèses, il cesse de reconnaître la propriété directe.

XIII. S'il déguerpit volontairement, il cesse de profiter du domaine utile, qui retourne par cela même au bailleur ; mais, si, par ce fait, l'obligation de payer à l'avenir se résout de plein droit, l'emphytéote n'en demeure pas moins débiteur des arrérages échus à l'époque du déguerpissement.

XIV. Mais il est divers cas où l'emphytéote n'est pas admis à déguerpir : 1°. lorsqu'il n'a pas rempli l'obligation, par lui contractée, pour les améliorations, parce que cette obligation est une obligation plus personnelle que réelle, que le bailleur est précisément censé avoir imposée pour rendre le déguerpissement moins possible ; 2°. lorsque le preneur a promis de *garantir, fournir et faire valoir* la prestation annuelle, car il est réputé, par cette promesse, s'être obligé principalement et personnellement au paiement de cette prestation, dont il demeure personnellement obligé, soit qu'il vienne à vendre ou à céder ses droits au bail ; 3°. lorsqu'il s'est obligé d'*entretenir le fonds emphythéotisé, de telle manière, qu'il puisse suffire à la prestation de la redevance annuelle,* ou *tellement, que la rente puisse y être perçue,* parce qu'il s'est alors, en quelque sorte, rendu caution personnellement du fonds, *aliud est modus, aliud conditio, imó expressa dispositio* ; 4°. par la même raison, le preneur ne peut user du déguerpissement, lorsqu'il y a expressément renoncé dans le contrat. (MASSÉ , *ibid.*)

XV. L'emphytéose diffère notamment de l'usufruit, 1°. en ce que la redevance est annuelle ; 2°. en ce que l'usufruitier n'est tenu que des réparations d'entretien, et non des grosses réparations (art. 605), tandis que toutes les réparations, grosses ou autres, sont à la charge de l'emphytéote.

XVI. L'emphytéote peut vendre, donner, hypothéquer la *propriété utile*, c'est-à-dire, le droit de jouissance : on peut le saisir sur lui, et l'en exproprier. (MASSÉ, *ibid.*)

XVII. Il ne peut acquérir le fonds par prescription, parce que nul ne peut prescrire contre son propre titre (art. 2240); mais le tiers qui aurait acheté le fonds, non à titre d'emphytéose, mais purement et simplement, pourrait acquérir par la prescription, après le laps de temps fixé par la loi. La raison en est alors, qu'il a possédé, non à titre précaire, mais en qualité de propriétaire véritable, *animo domini.*

XVIII. Indépendamment des obligations qui dérivent naturellement du contrat d'emphytéose, telles que de payer la redevance ou prestation emphytéotique, de faire les améliorations convenues, l'emphytéote, comme nous l'avons dit n°. 15, doit faire les réparations d'entretien, et même les *grosses réparations*, ce qui est un caractère particulier à ce genre de contrat. Il doit aussi, à l'expiration du bail, rendre la chose en bon état, et laisser en nature les bâtimens et autres améliorations qu'il s'est obligé de faire en contractant. Mais quant aux constructions qu'il a élevées de *son chef*, sans aucune obligation résultant du contrat, il n'est pas tenu de les entretenir, ni de les remettre en bon état à la fin du bail, parce qu'ils sont étrangers à son bail, et qu'il est réputé les avoir donnés au fonds, sans aucune garantie; mais, par le même motif, il ne peut demander aucune indemnité pour les dépenses qu'elles ont occasionées, et il ne peut ni les démolir, ni les enlever, attendu le principe *superficies solo cedit*. (V. LOUET, lettre E, n°s. 10 et 11.)

XIX. Le preneur emphytéotique est tenu, en outre, d'acquitter l'impôt foncier, sauf à prélever le cinquième sur le montant de la redevance pour représenter cet impôt (Loi du 1er. décembre 1790, art. 6), à moins, toutefois, qu'il y ait clause contraire dans le bail. Cette décision est conforme à l'avis suivant du Conseil d'État, en date du 2 février 1809, qui a dissipé les doutes que présentait l'obscurité de l'article 6 précité.

« Le Conseil d'État, etc, vu la loi du 1er. décembre 1790 ;

»Considérant que le paiement des contributions étant une charge inséparable de la propriété utile, il ne doit être supporté que par celui qui en jouit, c'est-à-dire par le preneur ou ses ayant-droits ; que cette jurisprudence, conforme au droit commun, a été reconnue, par une décision du ministre des finances, rendue le 10 avril 1792 ; — Considérant que la disposition de la loi de 1790 (art. 6), qui autorise le débiteur de rente à la retenue du cinquième sur la redevance, est textuelle et précise ; que, conséquemment, le bailleur ne peut lui contester ce droit, à moins qu'un pacte contraire n'ait été stipulé dans l'acte emphytéotique ; — Considérant, pour ce qui regarde les emphytéoses consenties par les ci-devant corps ecclésiastiques, pour lors exempts des impositions, qu'il n'y a nul motif de supposer qu'ils eussent stipulé la condition de l'exemption de toute retenue, lorsque cette condition n'a point été expressément énoncée dans leur contrat.

» EST D'AVIS, 1°. que les contributions imposées sur les propriétés tenues à bail emphytéotique, doivent être à la charge de l'emphytéote, lors même qu'il n'a point été astreint expressément à ce paiement par l'acte de bail ; 2°. que l'emphytéote est autorisé à la retenue du cinquième sur le montant de la redevance, pour représenter les contributions dues par le bailleur, à moins que le contraire n'ait été expressément stipulé. »

XX. Quant aux créances hypothécaires, antérieures à l'emphytéose, et qui grèvent le fonds, les créanciers ont, contre le preneur, l'action hypothécaire, parce que cette action suit l'immeuble, en quelques mains qu'il passe (art. 2114). Mais cette créance ne peut frapper que sur l'immeuble, et non sur les autres biens du preneur emphytéotique, car cette créance n'est point personnelle à ce dernier.

XXI. Le bail emphytéotique cesse, 1°. à l'expiration du terme fixé par le contrat ; 2°. si le fonds, ou la chose donnée à emphytéose, vient à périr en totalité ; 3°. par l'inexécution de l'une des clauses du contrat, soit lorsque le bailleur ne livre pas la chose telle qu'il l'avait promise, soit lorsque le preneur n'élève pas les constructions prescrites, ou se refuse à payer la redevance convenue; dans ce cas, la résolution doit être demandée en justice, comme s'il s'agissait de l'inexécution de tout autre contrat, et sans admettre le droit de *commise*, qui n'existe plus aujourd'hui, puisque le code de procédure, qui devrait en contenir les règles, l'a implicitement abrogé, en observant, à son égard, le plus profond silence.

DU PRIVILÉGE DU BAILLEUR

DE FERME OU MAISON.

Art. 2102.

Les créances privilégiées sur certains meubles sont,

1°. *Les* LOYERS ET FERMAGES DES IMMEUBLES, *sur les fruits de la récolte de l'année, et sur le prix de tout ce qui garnit la maison louée ou la ferme, et de tout ce qui sert à l'exploitation de la ferme; savoir, pour tout ce qui* EST ÉCHU *et pour tout ce qui est* A ÉCHEOIR, *si les baux sont authentiques, ou si, étant sous signature privée, ils ont une date certaine; et, dans ces deux cas, les autres créanciers ont le droit de relouer la maison ou la ferme pour le restant du bail, et de faire leur profit des baux ou fermages, à la charge toutefois de payer au propriétaire tout ce qui lui serait encore dû;*

Et, à défaut de baux authentiques, ou, lorsqu'étant sous signature privée, ils n'ont pas une date certaine, POUR UNE ANNÉE, *à partir de l'expiration de l'année courante;*

Le même privilége a lieu pour LES RÉPARATIONS LOCATIVES *et pour tout ce qui concerne* L'EXÉCUTION DU BAIL;

13.

Néanmoins les sommes dues POUR LES SEMENCES *ou* POUR LES FRAIS DE LA RÉCOLTE DE L'ANNÉE, *sont payées sur le prix de la récolte, et* CELLES DUES POUR USTENSILES, *sur le prix de ces ustensiles, par préférence au propriétaire, dans l'un et l'autre cas;*

Le propriétaire peut saisir les meubles qui garnissent sa maison ou sa ferme, lorsqu'ils ont été déplacés sans son consentement, et il conserve sur eux son privilége, pourvu qu'il en ait fait la revendication; savoir, lorsqu'il s'agit du mobilier qui garnissait une ferme, dans le délai de quarante jours, et dans celui de quinzaine, s'il s'agit des meubles garnissant une maison;

2°. *La créance sur le gage dont le créancier est saisi;*

3°. *Les frais faits pour la conservation de la chose;*

4°. *Le prix d'effets mobiliers non payés, s'ils sont encore en la possession du débiteur, soit qu'il ait acheté à terme ou sans terme;*

Si la vente a été faite sans terme, le vendeur peut même revendiquer ces effets, tant qu'ils sont en la possession de l'acheteur, et en empêcher la revente, pourvu que la revendication soit faite dans la huitaine de la livraison, et que les effets se trouvent dans le même état dans lequel cette livraison a été faite;

Le privilége du vendeur ne s'exerce toutefois QU'APRÈS CELUI DU PROPRIÉTAIRE DE LA MAISON OU DE LA FERME, *à moins qu'il ne soit prouvé que le pro-*

priétaire avait connaissance que les meubles et autres objets garnissant sa maison ou sa ferme n'appartenaient pas au locataire ;

Il n'est rien innové aux lois et usages du commerce sur la revendication ;

5°. Les fournitures d'un aubergiste sur les effets du voyageur qui ont été transportés dans son auberge ;

6°. Les frais de voiture et les dépenses accessoires, sur la chose voiturée ;

7°. Les créances résultant d'abus et prévarications commis par les fonctionnaires publics dans l'exercice de leurs fonctions, sur les fonds de leur cautionnement et sur les intérêts qui en peuvent être dus.

OBSERVATIONS.

I. Le privilége est un droit que la qualité de la créance donne à un créancier d'être préféré aux autres créanciers, même hypothécaires. (Art. 2095.)

II. Dans le cas de *diverses créances privilégiées*, dans quel ordre doit s'exercer le privilége du propriétaire de la ferme ou de la maison louée ?

Entre les créanciers privilégiés, la préférence, dit l'art. 2096, se règle par les *différentes qualités* des priviléges.

Et d'abord, en *première ligne*, vient se placer le privilége du trésor public pour le recouvrement des *contributions directes*.

En effet, la loi du 12 novembre 1808, décrétée le

22 novembre suivant, tranche toute espèce de doute à cet égard. Cette loi est ainsi conçue :

« Art. 1ᵉʳ. Le privilége du trésor public pour le recouvrement des *contributions* DIRECTES, est réglé ainsi qu'il suit, et *s'exerce avant tout autre* :

» 1°. Pour la contribution *foncière* de l'année échue et de l'année courante, sur les récoltes, fruits, loyers et revenus des biens immeubles sujets à la contribution ;

» 2°. Pour l'année échue et l'année courante des contributions *mobiliaire, des portes et fenêtres, des patentes, et toute autre contribution directe et personnelle,* sur tous les meubles et autres effets mobiliers appartenant aux redevables, en quelque lieu qu'ils se trouvent.

» Art. 2. Tous fermiers, locataires, receveurs, économes, notaires, commissaires-priseurs, et autres dépotaires et débiteurs de deniers provenant du chef des redevables, et affectés au privilége du trésor public, seront tenus, sur la demande qui leur en sera faite, de payer, en l'acquit des redevables et sur le montant des fonds qu'ils doivent, ou qui sont entre leurs mains, jusqu'à concurrence de tout ou partie des contributions dues par ces derniers. Les quittances des percepteurs pour les sommes légitimement dues, leur seront allouées en compte.

» Art. 3. Le privilége attribué au trésor public pour le recouvrement des contributions directes, ne préjudicie point aux autres droits qu'il pourrait exercer sur les biens des redevables, comme tout autre créancier.

» Art. 4. Lorsque, dans le cas de saisie de meubles et autres effets mobiliers pour le paiement des contri butions, il s'élèvera une demande en *revendication* de tout ou partie desdits meubles [1] et effets, elle ne pourra être portée devant les tribunaux ordinaires qu'après avoir été soumise, par l'une des parties intéressées, à l'autorité administrative, aux termes de la loi du 5 novembre 1790. »

Or, on voit clairement par ces mots : *S'exerce avant tout autre,* que le privilége du trésor public pour le recouvrement des contributions directes, doit primer le privilége du propriétaire.

III. Mais la loi que nous venons de rapporter n'attachant ce privilége *exclusif absolu* qu'à la créance qui a pour objet le recouvrement des contributions directes, il faut en conclure que ce privilége ne saurait s'appliquer, ni au recouvrement des contributions indirectes, ni à l'acquittement de toute autre créance, quelle qu'elle fût, *ubi lex de uno dicit, de altero negat.*

IV. Le privilége du trésor public, par cela même qu'il est limité par la loi, ne saurait être étendu aux *immeubles loués* ou affermés; car tout est de droit rigoureux en matière de privilége, le privilége étant de sa nature une faculté exorbitante du droit commun.

V. D'après le texte de la loi, il faut décider que le privilége pour le recouvrement de la *contribution foncière,* étant restreint aux récoltes, fruits, loyers et revenus des biens-immeubles sujets à contribution, ce privilége, à raison de la contribution foncière, ne peut frapper sur les meubles et effets mobiliers du locataire;

---

[1] C'est-à-dire lorsque des tiers s'en prétendraient propriétaires, comme un tapissier qui les aurait seulement loués au débiteur.

car la *contribution foncière* étant une charge de fonds,
et conséquemment du propriétaire du fonds, on ne
pourrait, sans fausser la lettre et l'esprit de la loi, en
rendre le locataire responsable.

VI. Par les mêmes motifs, il faut tenir pour certain que le privilége du trésor, pour le remboursement
de la *contribution mobiliaire des portes et fenêtres, des patentes et autres contributions directes et personnelles*, dont
le *locataire est tenu*, ne peut s'*exercer* que sur les *meubles* et autres effets *mobiliers qui lui appartiennent*, à
l'exclusion des récoltes, fruits, loyers et revenus qui,
comme nous venons de le dire, sont affectés par privilége à l'acquittement de la *contribution foncière*.

VII. Mais que décider, si le locataire ayant stipulé
dans un bail authentique que le *propriétaire* ou *bailleur*
resterait chargé de la contribution des portes et fenêtres, et le propriétaire n'acquittant pas cette contribution, le trésor cesserait-il d'avoir privilége sur les
meubles et effets du locataire qui opposerait la clause
du bail, qui met les contributions des portes et fenêtres
à la charge du bailleur ? Nous ne le pensons pas ; car
les conventions privées, qui ne sont jamais, à l'égard
du trésor, que le fait d'un tiers, *res inter alios acta*,
ne peuvent point le dépouiller d'un privilége que la loi
lui a formellement accordé. Mais, pour se soustraire à
tout recours de cette nature, le locataire peut en acquitter le montant de cet impôt, sauf à donner en paiement, comme comptant au propriétaire, en déduction
du loyer courant, la quittance du percepteur.

VIII. De même, si le trésor, dans l'hypothèse ci-dessus, renonçait à exercer le privilége sur les meubles du locataire, ou, après l'avoir épuisé, voulait, en excipant du bail qui met la contribution des portes et fenêtres à la charge du propriétaire, exercer la même créance, par privilége, sur les récoltes, fruits, loyers et revenus, il n'en aurait pas le droit, parce qu'il n'y a de privilége que celui qui est écrit dans la loi, et parce qu'il ne peut dépendre, ni de la volonté du fisc, ni de la volonté d'un bailleur, en créant ainsi un privilége particulier, de paralyser le privilége que d'autres créanciers auraient eux-mêmes le droit d'exercer.

Mais, dans ce cas, le trésor, pour n'être point créancier privilégié sur les récoltes et revenus, n'en demeurerait pas moins créancier du bailleur, et, en cette qualité, il pourrait le poursuivre par les voies ordinaires.

IX. Après avoir établi que le privilége du trésor, à raison du paiement de la contribution foncière, *est un privilége* ABSOLU qui prime tous les autres, quels qu'ils soient, reste la question de savoir si le privilége du propriétaire, ou plutôt du bailleur (car le privilége existe autant au profit du locataire qui a sous-loué, qu'au profit du propriétaire lui-même), spécifié dans l'article 2102, dont nous nous occupons, prime à son tour toutes les autres créances privilégiées, même les *créances privilégiées* sur la généralité des meubles, aux termes de l'article 2101, tels que les frais de *justice*, les frais *funéraires*, les frais de *dernière maladie*, le *salaire des gens de service*, et les *fournitures de subsistances* faites au débiteur et à sa famille.

Les raisons de douter seraient graves, si l'on ne consultait que le texte du code civil. En effet, la préférence en matière de privilége devant être réglée d'après

la qualité de la créance, et le privilége spécial du propriétaire, consacré par l'art. 2102, se trouvant placé à
la suite de l'art. 2101, qui s'occupe du privilége des
frais de justice et autres, qui frappe la généralité des
meubles, il serait difficile, à l'aide de ces seules indications, d'assigner sur des bases certaines une préférence absolue au premier au détriment du second,
alors surtout que la loi décide que les créanciers qui
sont dans *le même rang sont payés par concurrence* (2097).
Mais, fort heureusement, l'art. 662 du code de procédure civile tranche la question d'une manière aussi
nette que péremptoire, en faveur du privilége du propriétaire, en s'exprimant ainsi : « Les frais de poursuite *seront prélevés par privilége avant toute créance*
AUTRE QUE CELLE *pour* LOYERS DUS AU PROPRIÉ-
TAIRE ». Si, donc, le privilége pour le paiement des
loyers prime le privilége à raison des frais de justice,
il devra *à fortiori* primer les autres priviléges généraux
prévus par l'art. 2101, lesquels sont eux-mêmes primés
par le privilége des frais de justice, puisque l'art. 2102
en contient la disposition expresse, en disant que les
créances privilégiés dont il parle *s'exercent* dans l'ordre
qu'il a tracé, savoir : d'abord, les frais de justice, et
ensuite les autres, tels que les frais funéraires, etc. La
Cour royale de Paris, par arrêt du 27 novembre 1814,
a rendu hommage au principe consacré dans l'art. 662,
en jugeant que le privilége du propriétaire pour les
loyers qui lui sont dus, primait celui des frais de scellés apposés après la mort du locataire. (Affaire Cartier
contre Prague ; SIREY, t. 16, 2ᵉ. part, p. 205.)

X. Mais, si le privilége du bailleur doit primer
tous les priviléges qui frappent sur la généralité des

meubles et immeubles, il est lui-même primé par deux priviléges spéciaux, 1°. le privilége à raison des sommes dues pour les *semences* ou pour les frais de la récolte *sur le prix de la récolte ;* 2°. le privilége du vendeur *des ustensiles aratoires sur le prix de ces ustensiles.*

L'article 2102 s'en explique positivement. « Néanmoins, » dit-il, « les sommes dues pour les semences ou pour les frais de la récolte de l'année, sont payées *sur le prix de la récolte,* et celles dues pour ustensiles *sur le prix* de ces ustensiles, PAR PRÉFÉRENCE au *propriétaire,* dans l'un et dans l'autre cas. » Mais, comme on peut le remarquer, ce privilége ne peut s'étendre sur le prix des autres objets mobiliers qui garnissent la maison.

Ainsi, en nous résumant sur ce point, le privilége du bailleur ou locateur sur les effets, meubles, etc., garnissant la maison ou la ferme, n'est primé que par trois priviléges :

1°. Le privilége du trésor public pour le recouvrement de la contribution foncière, avec les distinctions développées ci-dessus ;

2°. Celui qui porte sur le prix de la récolte, pour le prix des semences fournies ou des frais de ladite récolte ;

3°. Celui qui appartient au vendeur des ustensiles aratoires, sur le prix de ces mêmes ustensiles. Sauf ces trois priviléges, celui du locateur s'exerce en première ligne, et par préférence à tous autres.

XI. Il est toutefois un quatrième privilége auquel M. de Malleville, dans son ouvrage sur le code civil, et M. Tarrible, *Répertoire Universel de Jurisprudence,* au mot *Privilége*, attribuent préférence sur le privilége du locateur; c'est celui qui a 'pour objet *les frais faits pour la conservation de la chose*. (N°. 3 de l'article 2102.)

Quelque respect que nous professions pour ces deux honorables jurisconsultes, un examen approfondi de la question ne nous permet pas d'adopter la même opinion.

En effet, l'opinion que nous combattons est fondée sur deux motifs qui nous paraissent plus spécieux que plausibles.

« Ce privilége, » dit M. Tarrible, « devra prévaloir » sur tous les autres, par la raison que les priviléges » ne peuvent s'exercer que sur une chose existante, et » que le plus formel de tous est nécessairement celui » du conservateur de cette même chose. »

Nous répondrons d'abord que la loi, par l'art. 662 du code de procédure, ayant établi en thèse générale, la supériorité du privilége du bailleur sur tous les autres priviléges, même sur celui des frais de justice (car nous ne parlons pas du privilége du trésor, qu'une loi expresse a mis hors ligne), et la loi ayant pris le soin, dans l'art. 2102, en plaçant en tête de son texte le privilége du propriétaire, de spécifier nominativement les seules exceptions apportées à ce principe, on concevrait difficilement que le n°. 3 du même article, qui consacre le privilége des frais de conservation, pût apporter une nouvelle exception à cette règle, alors que la loi n'en dit pas un mot.

Cette première réflexion acquiert une nouvelle force, si l'on examine de plus près le motif qui établirait *de plano* cette exception ainsi improvisée : *Ces frais*, dit on, *ont eu pour objet de conserver la chose, et sans la chose point de privilége.*

Il est d'abord incontestable que, si la chose n'existe pas, il n'existe pas de privilége sur cette chose : nous passons condamnation sur ce point ; mais, ce qu'il faut examiner, c'est le point de savoir si la loi accorde, soit au conservateur, soit *à fortiori*, au créateur ou constructeur de la chose, un privilége qui prime celui du locateur qui, sans cette chose, n'aurait pu louer sa ferme ou sa maison. Or, le texte de la loi va bientôt démontrer la négative.

En effet, aux termes de l'art. 662 déjà cité, le privilége des *frais de poursuite ou frais de justice*, est primé incontestablement par le privilége du propriétaire ou locateur ; mais que sont donc ces frais de justice, si ce n'est des frais *qui ont eu précisément pour objet la conservation de la chose*, en en rendant le détournement impraticable ; et cependant ces frais conservateurs sont textuellement primés par le privilége du propriétaire.

Maintenant que dit la loi au sujet, non du privilége du conservateur, mais du privilége du vendeur même du meuble saisi, de celui-là même qui peut en être tout à la fois et le *fabricateur* et le *vendeur?* Certes, sans lui la chose n'existerait pas, ou du moins la chose n'existerait pas entre les mains du débiteur, s'il ne la lui eût pas livrée. Eh bien ! quel est le sort de ce privilége, bien autrement sacré que celui du simple restaurateur ou conservateur de la chose, et sur le prix de tout ou partie de la chose qu'on ne lui a pas payée ? Aux termes de la loi (article 2102, n°. 4, premier ailnéa), *le privilége du vendeur des effets mobiliers ne s'exerce qu'après celui du propriétaire de la maison.*

Après ces deux autorités puisées dans la loi, alors que le privilége des frais de justice qui sont *essentiellement conservatoires*, alors que le privilége du vendeur qui a construit la chose qui lui a donné l'existence, sont primés par le propriétaire, on voit à quoi se réduit cet argument tiré de la conservation de la chose.

Le second argument ne nous paraît guère plus sérieux. « Le privilége de l'artisan, » dit M. de Malleville, « sur les meubles qu'il a faits ou réparés, est » positivement *préféré* par le n°. 1er. de l'art. 2102, à » celui du propriétaire; on peut donc y assimiler celui » des frais faits pour la conservation de la chose. »

Nous avons établi plus haut que, s'il s'agissait d'argumenter par analogie, il serait difficile d'allouer un privilége de cette nature au conservateur ou restaurateur de la chose, quand le vendeur ou constructeur lui-même de la totalité de la chose n'a pas le droit de l'exercer de préférence au propriétaire de la maison ou de la ferme.

Mais, ce qui nous semble plus concluent, c'est l'interprétation inexacte que M. de Malleville nous semble avoir donnée au texte même qu'il cite, en invoquant le n°. 1er. de l'art. 2102. En effet, où trouve-t-on dans ce n°. 1er. que l'artisan qui a fait ou réparé les meubles ait un privilége préférable à celui du propriétaire? Le seul paragraphe de ce numéro qui peut avoir donné lieu à cette interprétation, est ainsi conçu : *Le même privilége a lieu pour les réparations locatives et pour tout ce qui concerne l'exécution du bail.* Mais, pour peu qu'on daigne réfléchir que cette disposition n'est que la continuation du privilége du propriétaire, puisqu'elle est placée sous le même n°. 1er.; si l'on considère en outre

que les réparations des meubles rentrent de plein droit
dans *les frais faits pour la conservation de la chose* dont
s'occupe le n°. 3, on peut, ce nous semble, se con-
vaincre, au premier abord, que le privilége qui a lieu
pour les réparations locatives et pour tout ce qui concerne l'exécution du bail, doit uniquement s'entendre
du privilége qui appartient, non à l'ouvrier, mais au
propriétaire, si les réparations locatives n'ont pas été
faites, ou si le preneur a négligé quelques obligations
que son bail lui imposait. Entendre différemment le
privilége des réparations locatives, et ne l'attribuer
qu'à l'ouvrier qui les a faites, ce serait, d'une part,
reproduire une seconde fois le texte du n°. 3, et, de
l'autre, dépouiller gratuitement le bailleur d'un privilége que la loi lui a accordé.

Concluons donc que les frais conservatoires sont incontestablement privilégiés, mais qu'ils ne peuvent primer le privilége du propriétaire.

XII. Le privilége pour les réparations locatives et
pour tout ce qui concerne l'exécution du bail, prévu
par le n°. 1er. de l'art. 2102, se confond-il avec le privilége à raison des *loyers et fermages*, de telle sorte
qu'ainsi que ce dernier, il prime tous les autres priviléges (sauf toutefois les exceptions rapportées ci-dessus)? La négative de cette question paraîtrait d'abord
résulter de la lettre de l'art. 662 du code de procédure,
déjà rapporté et ainsi conçu : « Les frais de poursuite
seront prélevés par privilége avant toute créance autre
que celle pour LOYERS dus au propriétaire ». Cependant, comme l'expression générique de *loyers*, dont se
sert l'art. 662, est une locution qui doit s'entendre,

non-seulement des loyers des baux de maisons, mais
encore des fermages des baux à ferme, comme les réparations locatives et l'exécution des clauses du bail, sont
inhérentes au bail, et en forment, en quelque sorte,
une partie du prix, puisque, sans cela, le bailleur l'aurait augmenté d'autant; comme d'ailleurs le privilége
du propriétaire pour les réparations locatives et pour
l'exécution des clauses du bail, est assimilé, par la loi,
au privilége des loyers et fermages, et s'exerce de la
même manière et sur les mêmes objets, puisque la loi
se sert de ces mots : « *Le même privilége a lieu pour les
réparations locatives*, etc. » On ne voit pas pour quels
motifs il ne se trouverait pas implicitement confondu
avec lui par l'art. 662. (*Leg.* 2, ff. *in quibus causis
pignus vel hypoth. tacite contrahantur;* et *leg.* 6, §. 2°. ff.
qui potior. in pign. vel hypoth. habeantur.*)

XIII. Après avoir fixé le rang du privilége du propriétaire, il faut examiner sur quels objets il frappe légalement.

Et d'abord, en règle générale, le privilége s'exerce;
non sur la chose elle-même, mais sur *le prix* de cette
chose (art. 2101); ainsi, s'il s'agit d'une saisie-gagerie,
c'est-à-dire de la saisie des effets mobiliers qui garnissent
la maison, on pratique la saisie à la requête du propriétaire, selon les règles tracées par le code de procédure,
aux art. 819 et suivans. La vente des objets saisis opérée,
le propriétaire est payé, par privilége, sur ce prix. (Article 617 et suivans du code de procédure civile.)

Si la saisie est déjà pratiquée, à la requête d'un autre
créancier du locataire ou fermier, le propriétaire ne
peut former opposition *que sur le prix de la vente*, en

se conformant aux autres formalités spécifiées à peine de nullité, dans l'art. 609 du code de procédure, qui établit cette disposition.

XIV. Le privilége du propriétaire n'a lieu que sur le prix de ce *qui garnit* la ferme ou la maison ; ce privilége ne saurait donc s'étendre sur les pierreries, les bijoux, l'argent, les billets, les obligations trouvées en la possession du fermier ou locataire, ni sur les meubles et effets appartenant aux domestiques, ouvriers, pensionnaires, ou qui ont été confiés au locataire pour être confectionnés, réparés ou apprêtés, parce que ces divers objets n'étant point destinés *à garnir les lieux*, le propriétaire, en louant ou affermant les lieux, n'a pas pu compter sur leur produit ; pour assurer un jour l'exécution du bail.

XV. Le bailleur ne peut comprendre dans la saisie-gagerie le coucher nécessaire du locataire, celui de ses enfans vivant avec lui, les habits dont les saisis sont vêtus et couverts. (Art. 592 du code de procédure, et art. 593, 1er. alinéa.) Quant aux autres objets déclarés insaisissables par la loi (art. 592), tels qu'une vache, ou trois brebis, ou deux chèvres, au choix du saisi, avec les pailles, fourrage et grain nécessaires pour la litière et nourriture desdits animaux, pendant un mois, ils peuvent être saisis-gagés par le propriétaire, pour le paiement de ses loyers ou fermages échus ou à écheoir. (Art. 593, code de procéd., 2102 du code civil.)

XVI. Si les meubles qui garnissent la maison ou la ferme, en avaient été déplacés sans le consentement du locateur ou propriétaire, il aurait le droit de les saisir revendiquer, dans le délai de quarante jours, si

14

ces objets garnissaient une ferme, et dans le délai de quinzaine, s'il s'agit de meubles garnissant une maison. Pour opérer cette saisie, il faut obtenir préalablement, à l'aide d'une requête, l'ordonnance du président du tribunal de première instance, et observer d'ailleurs les autres formalités prescrites par les articles 820 et suivans du code de procédure, au titre de la saisie-revendication.

XVII. Si, parmi les objets saisis, il s'en trouvait qui eussent été vendus au locataire, sans que le prix en eût été payé, le vendeur aurait un privilége sur ces objets; mais son privilége serait primé par celui du propriétaire. Il en serait, toutefois, autrement, *si le propriétaire avait connaissance que ces meubles ou objets n'appartenaient pas au locataire.* (Art. 2102, n°. 4.)

Alors, en effet, il n'a pu considérer ces objets comme la propriété de son locataire, et il n'a pas pu compter sur leur produit.

XVIII. Mais il faudrait que cette connaissance existât au moment de l'*introduction des effets dans les lieux;* car, toute notification ultérieurement faite au propriétaire des effets, quelque régulière qu'elle fût d'ailleurs, ne saurait dépouiller le propriétaire des lieux, du privilége irrévocablement acquis à son bénéfice, par le fait même de l'introduction. (Arrêt de la Cour royale de Paris, du 26 mai 1814; SIREY, t. 15, p. 217.)

XIX. Quoique l'article 2102 ne parle nominativement qué du cas où le locateur aurait su *que les objets vendus* n'appartenaient pas au locataire, cette disposition étant démonstrative et non limitative, il faut l'étendre au cas où les objets n'auraient été que *loués* ou *prêtés* au locataire ; par exemple : un piano, ou tout autre objet mobilier, qu'un facteur d'instrument, ou un tapissier, aurait loué au locataire. Comme il y a absolument même motif de décider dans l'une et dans l'autre hypothèse, c'est le cas d'appliquer la maxime *odia restringenda*, *favores ampliandi*. Mais il faut remarquer que, pour réclamer utilement le meuble prêté ou loué, le propriétaire de ce meuble devrait, comme le vendeur, prouver que le propriétaire de la maison en avait connaissance, au moment de l'introduction de l'objet mobilier dans les lieux.

XX. Le privilége s'exerçant, non sur les meubles, mais sur le prix de ces mêmes meubles vendus, ce privilége ne saurait donner au propriétaire le droit de s'opposer à la vente, bien qu'elle pût nuire à l'entretien du bail, parce qu'il ne peut, en aucun cas, exercer son privilége que sur son prix. (Aff. Mollier, 16 août 1814, cass.; SIREY, t. 15, 1re. partie, p. 93.)

XXI. S'il s'agissait des fruits de la récolte de l'année, il faudrait alors recourir à la marche usitée en matière de saisie-brandon (art. 621, 626 et suivans, au code de procédure), et, c'est encore sur le prix de la vente de ces fruits, que le propriétaire viendrait se faire payer par privilége; car la répartition des deniers, en matière de saisie-brandon, est soumise aux mêmes règles que la répartition en matière de saisie-exécution. (Art. 635 du code de procédure.)

XXII. En cas de distribution par contribution des deniers résultant de la vente, cas qui a lieu quand le prix de la vente est insuffisant pour rembourser tous les créanciers, le propriétaire, après l'opposition préa-

14.

lablement faite par lui sur le prix de la vente, aux termes de l'article 609 du code de procédure, doit, dans le mois de la sommation qui lui est faite de produire ses titres, en faire la production, et y joindre sa demande à fins de privilége, si mieux il n'aime appeler la partie saisie, et l'avoué le plus ancien, en référé devant le juge-commissaire, pour faire statuer préliminairement sur son privilége. (Art. 661 du C. de proc.)

XXIII. Examinons maintenant, à raison de quels droits s'exerce le privilége. Aux termes de l'art. 2102, le privilége du propriétaire de la maison ou de la ferme, a lieu au profit du propriétaire, soit pour les réparations locatives, et tout ce qui concerne l'exécution du bail, soit pour les loyers ou fermages échus OU A ÉCHEOIR, s'il y a, bien entendu, bail à date certaine, et si le bail n'a point ce caractère, pour les loyers ou fermages échus, et pour ceux de l'année courante.

On voit qu'aux termes de l'article 2102, le privilége du propriétaire s'exerce, tant pour les loyers échus, que pour les LOYERS A ÉCHEOIR. Mais comment concilier cette disposition avec la disposition non moins positive de l'article 819 du code de procédure, au titre de la saisie-gagerie, qui porte : « les propriétaires » et principaux locataires des maisons et biens ruraux, » soit qu'il y ait bail, soit qu'il n'y en ait pas, peu- » vent, un jour après le commandement, et sans per- » mission du juge, faire saisir-gager pour loyers et » fermages ÉCHUS, les effets et fruits étant dans les- » dites maisons ou bâtimens ruraux, et sur les terres ». Il est certain que ces deux articles, dont le premier accorde privilége au propriétaire pour les loyers *échus* ou A ÉCHEOIR, et dont le second permet au propriétaire de saisir-gager, seulement pour les loyers *échus*, semblent présenter, au premier aperçu, une antinomie manifeste.

Néanmoins, cette prétendue contradiction doit s'évanouir à l'aide de la distinction que la loi a elle-même introduite.

En effet, de quoi s'occupe l'article 819 du code de procédure, au titre des saisies-gageries? Du cas où le propriétaire de la maison ou de la ferme agit SEUL pour le recouvrement des loyers ou fermages *échus*. Dans cette hypothèse, qui est évidemment celle de l'art. 819, qui ne parle que du bailleur, celui-ci seul, après les formalités préalables de la saisie-gagerie, exerce sa créance, et non son privilége; car tout privilége exige le concours d'autres créanciers; et, dans ce cas le prix des objets vendus, comme il est dit dans la loi, ne lui est dévolu que jusqu'à due concurrence des fermages ou loyers *échus.*

Mais il est une autre hypothèse, c'est celle où le propriétaire ou bailleur se trouve *en concours* avec d'autres créanciers qui poursuivent le paiement de leurs créances sur les meubles et effets du locataire ou fermier. Ce cas est celui prévu par l'article 2102, qui, en étendant *le privilége* du propriétaire aux loyers ou fermages échus ou à *écheoir*, fixe en même temps les droits des *autres créanciers*. Or, dans ce cas, la loi, par une dérogation au droit commun, qui ne permet pas de se faire payer par anticipation, a cru devoir consacrer cette exception, pour le cas seulement ou d'autres créanciers viendraient *en concours* sur les meubles et autres effets avec le propriétaire des lieux loués.

Il n'existe donc aucune contradiction réelle entre ces

deux articles. Le savant Merlin, qui partage cette opinion, s'en exprime, d'ailleurs, de la sorte dans son *Répertoire*, au mot *Privilége de créance*, section 3, §. 2.

« Lorsque les fruits du fonds loué, et les effets qui garnissent la ferme ou servent à son exploitation, sont vendus, et que leur prix est mis en distribution, le propriétaire a le droit de réclamer, non-seulement les fermages échus, mais encore les fermages à écheoir, indépendamment de la valeur des réparations locatives, et des autres dépenses qui concernent l'exécution du bail. Il aura, disons-nous, le droit d'exiger le paiement d'une dette avant son échéance.

» Cette anticipation de paiement, dont nous verrons un autre exemple dans l'art. 2184, est justifiée par la nature du privilége, qui affecte tellement la chose pour la sûreté du paiement de la créance, que le législateur a mieux aimé anticiper le terme, et le fixer à l'époque de la vente de la chose affectée, que de compromettre les intérêts des créanciers privilégiés, soit en suspendant la distribution du prix, soit en versant cette distribution sur les créances simples, mais échues.

» Néanmoins, cette dérogation au droit commun ne doit avoir lieu qu'en cas de nécessité; et il n'y a nécessité que lorsque les fruits et les meubles affectés au privilége du propriétaire, sont saisis et mis en vente par *des créanciers étrangers*, qui le dépouilleraient ainsi de son gage. C'est ce qui est très-bien exprimé par une disposition de notre article (2102), qui porte que, dans le cas où, pendant le cours du bail, les fruits et les effets garnissant la ferme ont été vendus, et où le prix en a été adjugé au propriétaire pour les fermages échus et à écheoir, et pour autres objets tenant à l'exé-

cution du bail, *les autres créanciers* ont le droit de relouer la maison ou la ferme pour le restant du bail, et
de faire leur profit des baux ou fermages, à la charge,
toutefois, de payer au propriétaire tout ce qui serait
encore dû.

» On voit, disons-nous, que la même disposition
qui accorde au propriétaire un privilége pour les fermages échus et à écheoir, le suppose *en concours avec
d'autres créanciers ;* car, si le propriétaire agissait seul
contre son fermier, et faisait faire la vente des fruits ou
effets qui leur sont affectés, il devrait se contenter de
se payer sur le produit des fermages échus, et nulle
raison ne pourrait l'autoriser à exiger le paiement des
fermages non échus. »

La Cour de cassation, par arrêt du 8 décembre
1806, a consacré cette doctrine dans l'affaire Debar
contre Dechizelles, en rejetant le pourvoi formé contre
un arrêt de la Cour d'appel de Bourges, qui l'avait
ainsi jugé. (V. SIREY, t. 7, 1ᵉ. partie, p. 52.)

Mais que décider, si le locataire ou fermier étant en
faillite, aucun terme n'étant dû au propriétaire, et les
syndics de la faillite au lieu d'exercer des poursuites
contre les syndics, insistant au contraire pour la continuation du bail au nom de la masse, le propriétaire
voulait exercer son privilége sur les loyers à *écheoir?*
Nous n'hésitons pas à penser que cette prétention du
propriétaire serait dénuée de tout fondement.

En effet, d'après les principes exposés ci-dessus, le
propriétaire ne peut exercer son privilége *par anticipation,* que dans le cas de *concours avec d'autres créanciers.*
Pour cela, il faut évidemment que ces créanciers poursuivent le recouvrement de leur créance sur les meu-

bles et effets qui garnissent les lieux ; car, s'ils n'exercent aucunes poursuites, ils sont, à l'égard du propriétaire, comme s'ils n'existaient pas.

Qu'importe, dès-lors, que le locataire soit ou non en faillite ; ses créanciers, représentés par les syndics, ayant le droit de faire l'entier abandon de leur créance contre lui, ont, sans doute, celui de ne le point poursuivre sur le mobilier d'une maison dont ils ont intérêt à continuer la location. Le propriétaire ne pourra donc point soutenir qu'il soit en concours avec d'autres créanciers, puisque ces créanciers renoncent à tout concours avec lui.

D'un autre côté, si le failli est dessaisi pendant les opérations de la faillite, de l'administration de ses biens, s'il se trouve dès-lors sous la tutelle légale des syndics, qui le représentent, les contrats par lui consentis antérieurement ne sont pas annulés, puisque les opérations terminées, il reprend la libre administration des biens. (Art. 525.) Le propriétaire ne pourrait donc exciper de cette prétendue nullité, pour provoquer le concours forcé des créanciers de la faillite.

Si donc le propriétaire ne concourt avec aucuns créanciers, il ne peut plus exercer son privilége, car, aux termes de l'article 2095 « le privilége est un droit que la créance donne à un créancier, d'être préféré AUX AUTRES CRÉANCIERS ».

Il retombe conséquemment dans l'article 819 et dans la loi commune, qui paralysent toute poursuite de sa part, si les loyers échus lui ont été payés.

XXIV. Le privilége du propriétaire ne peut être exercé par celui *qui a cessé de l'être*, encore qu'il s'agisse de droits à lui acquis, pendant que la propriété résidait sur sa tête; ainsi, les objets mobiliers appartenant au fermier, qui a continué l'exploitation d'un domaine vendu, ne peuvent être l'objet d'une saisie-gagerie de la part de celui qui a cessé d'être propriétaire, même pour arrérages échus antérieurement à la vente. Ainsi jugé dans l'affaire Champanhet, par la Cour royale de Nîmes, le 31 janvier 1820. (V. SIREY, t. 20, 2ᵉ. partie, p. 105.)

XXV. Quant au privilége de l'aubergiste sur les effets du voyageur, voyez au mot *Hôtelier*, §. 3, n°. 4.

DES HOTELIERS, AUBERGISTES

ET LOGEURS.

I. Les hôteliers, aubergistes et logeurs, sont ceux qui, par état, reçoivent habituellement dans leur hôtel, auberge ou maison garnie, les étrangers qui viennent y descendre. Nous examinerons, 1°. les obligations de police qui leur sont imposées; 2°. leur responsabilité; 3°. les obligations que contractent envers eux les personnes qu'ils reçoivent.

§. Ier.

Obligations de police.

II. Ces obligations sont résumées, en partie, dans l'ordonnance de police du 10 juin 1820, dont nous avons transcrit les deux derniers paragraphes dans les observations relatives à l'article 1758 (voyez cet article). Cette ordonnance est ainsi conçue :

§. Ier. — *Des Maîtres d'hôtels garnis et des Logeurs de profession.*

« Art. 1er. Les personnes qui veulent exercer l'état d'aubergiste, de maître d'hôtel garni, ou de logeur, sont tenues d'en faire *préalablement* la déclaration à la préfecture de police, et d'avoir un registre en papier timbré, pour l'inscription des voyageurs français ou étrangers. Ce registre doit être coté et paraphé par le commissaire de police du quartier (Ordonnance du 8 novembre 1780, art. 5 ; loi du 22 juillet 1791, art. 5, §. 2; code pénal, art. 475). Elles doivent, en outre, placer au-dessus de la porte de leur maison, en lieu apparent, et en gros caractères, un tableau indicatif de l'état qu'elles exercent. (Pour le défaut de déclaration et d'enseigne, voyez §. 3, art. 3, loi du 24 avril 1790.)

» Art. 2. Il est enjoint aux aubergistes, maîtres d'hôtels garnis et logeurs, d'inscrire, *jour par jour, de suite, sans aucun blanc ni interlignes,* les noms, prénoms, âges, qualités, domicile habituel et profession de tous ceux qui couchent chez eux, *même une seule nuit.* Le registre doit indiquer la date de leur entrée et de leur sortie. (Ordonnance du 8 novembre 1780, art. 5, et Loi du 22 juillet 1791, article 5, §. 2; code pénal, art. 475.)

» Art. 3. Les aubergistes, maîtres d'hôtels garnis et logeurs, représenteront leur registre à toute réquisition, soit aux commissaires de police qui le viseront, soit aux officiers de paix, ou aux préposés de la préfecture de police, qui pourront aussi le viser. (Ordonnance du 8 novembre 1780, et loi du 22 juillet 1791, mêmes articles; code pénal, art. 475, §. 2.)

» Art. 4. Faute par eux de se conformer aux dispositions ci-dessus prescrites, ils encourront les peines prononcées par les lois (amende de 6 à 10 francs inclusivement, art. 475 du code pénal, §. 2, et emprisonnement pendant cinq jours, en cas de récidive, article 478 du même code). Ils seront, en outre, civilement responsables des restitutions, des indemnités et des frais adjugés à ceux à qui un crime ou un délit, commis par des personnes logées sans inscription, auraient causé quelque dommage, sans préjudice de leur responsabilité, dans le cas des articles 1952 et 1953 du code civil. (Art. 73 du code pénal [1].)

» Art. 5. Les aubergistes, maîtres d'hôtels garnis et logeurs, porteront, chaque jour, au commissaire de police du quartier, le relevé par eux certifié, de leurs registres. (Art. 73 ci-dessus cité.)

» Art. 6. Ils porteront également, tous les jours, avant midi, au commissaire de police, les passeports des voyageurs français qui seront arrivés dans leurs auberges, hôtels ou maisons garnies (§. 3, art. 3 de la loi du 24 août 1790). En échange de chaque passeport, le commissaire de police leur remettra un bulletin, avec lequel les voyageurs se présenteront, dans les trois jours de leur arrivée, à la préfecture de police, pour y retirer leurs passeports et obtenir un visa ou un permis de séjour.

» Art. 7. Les passeports seront laissés à la disposition des voyageurs étrangers à la France, afin que, dans les trois jours de leur arrivée, ils puissent se faire reconnaître par l'ambassadeur, ministre, envoyé ou

[1] Voyez, à la rubrique, *Responsabilité*, ci-après.

chargé d'affaires de leur gouvernement, et obtenir à la préfecture de police un visa ou un permis de séjour.

Le visa ou permis de séjour ne sera accordé aux sujets des puissances représentées auprès de Sa Majesté, que d'après la reconnaissance de leurs ambassadeurs, ministres, envoyés ou chargés d'affaires respectifs, et aux sujets des puissances non représentées, que sur une attestation de banquiers ou de citoyens notoirement connus.

» Art. 8. Les personnes qui, antérieurement à leur arrivée dans une maison garnie, auraient obtenu des permis de séjour, seront tenues de les remettre, dans les vingt-quatre heures, au maître de la maison garnie, dans laquelle ils viendront loger. (§. 3, article 3, loi du 24 août 1790 précitée.) Ce dernier sera tenu de les représenter, dans le même délai, au commissaire de police de son quartier. (*Ibidem.*) »

III. Aux termes de l'article 50 de la loi du 28 avril 1816, « les cabaretiers, aubergistes, traiteurs, restaurateurs, maîtres d'hôtels garnis, cafetiers, liquoristes, buvetiers, débitans d'eau-de-vie, concierges et autres donnant à manger au jour, au mois ou à l'année, ainsi que tous autres, qui *voudront se livrer à la vente en détail* des boissons spécifiées en l'art. 47 (les vins, cidres, poirés, eaux-de-vie, esprits et liqueurs composées d'eau-de-vie ou d'esprit), sont tenus de faire leur déclaration au bureau de la régie, avant de commencer leur débit, et de désigner les espèces et quantités de boissons qu'ils ont en leur possession, dans les caves ou celliers de leur demeure, ou ailleurs, ainsi que le lieu de la vente, comme aussi d'indiquer, par une enseigne ou bouchon, leur qualité de débitant ».

Aux termes de l'article 144 de la même loi, « toute personne assujétie à la déclaration préalable, en raison d'un commerce quelconque de boissons., est tenue, en faisant ladite déclaration, de se munir d'une licence, dont le prix annuel est fixé par le tarif annexé à la loi ».

En cas de contravention à l'une de ces dispositions, la peine est d'une *amende de* 300 *francs à* 1000 *francs,* et de la *confiscation des boissons saisies.* Les contrevenans peuvent néanmoins obtenir la restitution des boissons saisies, en payant une somme de 1000 francs, indépendamment de l'amende prononcée par le tribunal. (Art. 95 de la même loi. V. ci-après n°. 8.)

Le droit à percevoir lors de la vente en détail des vins, poirés, cidres, eaux-de-vie, esprit ou liqueurs composées, est de 15 pour 100 du prix de ladite vente. Les débitans en détail sont tenus de déclarer aux commis le prix de vente de leurs boissons, chaque fois qu'ils en sont requis, sous les peines spécifiées dans l'art. 96 de la même loi (50 à 300 francs d'amende, art. 47, 48 et 96 de la même loi). Ce refus de déclaration à la régie *sur sa réquisition*, qu'il ne faut pas confondre avec le défaut de déclaration préalable à la régie, prescrite par l'art. 50, ne constitue en effet qu'une contravention, dont la peine est prévue par l'article 96, et non par l'article 95, qui prononce une amende de 300 à 1,000 fr.

IV. On a pu voir, d'après l'économie de l'art. 3, combiné avec les autres articles, que cette loi n'astreint à la déclaration *préalable* et *à la licence*, que les hôteliers ou logeurs qui se livrent à la vente en détail des boissons. Si, donc, un hôtelier ou logeur, *donnait seu-*

lement le gîte, sans donner la table aux voyageurs, il ne ne serait astreint à aucune de ces formalités.

Mais il importe de remarquer que la preuve de ce fait exceptionnel demeurerait tout entière à la charge de l'hôtelier. Telle est la jurisprudence adoptée par la Cour de cassation, et attestée notamment par les deux arrêts suivans, d'une date fort récente.

Dans l'espèce du premier de ces deux arrêts, un arrêt de la Cour royale de Nîmes avait jugé, dans l'affaire de la dame Martel, maîtresse d'hôtel garni, à Marseille, poursuivie pour contravention à l'article 50 de la loi du 28 avril 1816, faute par elle de prendre une licence, et d'avoir fait déclaration préalable à la régie, que c'était à la régie à *prouver que ladite aubergiste donnait à boire et à manger,* et qu'ainsi il n'y avait pas lieu à l'application de l'art. 50. Pourvoi en cassation de la part de la régie.

Me. Odillon-Barrot, dans l'intérêt de la dame Martel, soutenait devant la Cour suprême, que c'est le fait de donner à boire et à manger, qui est assujéti aux obligations qu'impose l'impôt des boissons, et que c'est en tant qu'elles donnent à boire et à manger, que les professions y dénommées y sont soumises; que, dès-lors, la Cour de Nîmes avait consacré les vrais principes, en décidant que la preuve de ce fait appartenait tout entier à la régie.

« La Cour, par arrêt du 9 décembre 1826, jugeant en » audience solennelle, sous la présidence de monseigneur » le garde-des-sceaux, et sur les conclusions de M. Mourre, » procureur-général, vu l'art. 50 de la loi du 28 avril » 1816; attendu que, dans cet article, les auber- » gistes et toutes les autres professions y dénommées

» sont assimilés aux débitans; que, de cette assimila-
» tion, résulte une présomption légale; que la Cour
» royale de Nîmes a elle-même reconnu cette pré-
» somption; mais qu'au lieu d'en tirer la conséquence
» que c'était à l'aubergiste à prouver le fait contraire
» à cette présomption, elle a rejeté cette preuve sur la
» régie; qu'en cela, elle a violé les principes en ma-
» tière de présomption légale; par ces motifs, la Cour
» casse et annule l'arrêt de la Cour royale de Nîmes. »

Dans l'espèce du second arrêt rendu le même jour
par la Cour de cassation, la Cour royale de Grenoble
avait jugé comme la Cour royale de Nîmes, dans l'affaire du sieur Salin.

M^e. Odillon-Barrot, avocat de Salin, soutenait que
la cause offrait néanmoins une différence essentielle,
et, s'emparant du principe consacré par l'arrêt précédent, il faisait observer que l'arrêt avait déclaré *en fait*,
1°. que Salin ne débitait point de vin; 2°. qu'il n'était
pas même aubergiste, puisqu'il se bornait à remiser
des voitures; qu'ainsi on ne pouvait faire à la Cour
royale de Grenoble le reproche d'avoir mis à la charge
de la régie une preuve qui était toute faite dans la
cause; que d'ailleurs la base de la présomption légale,
savoir, la qualité d'aubergiste, manquait en fait, et
qu'ainsi la question de savoir s'il était ou non aubergiste, était une question de fait qui sortait des attri-
butions de la Cour.

« La Cour, après un nouveau délibéré, attendu
» que la Cour royale de Grenoble a reconnu, en fait,
» que Salin recevait des voituriers et des chevaux;
» qu'ainsi elle a implicitement reconnu qu'il était au-
» bergiste; mais qu'en refusant de lui appliquer l'ar-

» ticle 5o de la loi du 28 avril 1816, elle a violé cet
» article : par ces motifs, casse et annule l'arrêt de la
» Cour royale de Grenoble. »

V. Quant aux aubergistes, ils sont réputés, de
plein droit, se livrer au débit des boissons : aussi, la
Cour de cassation, section des requêtes, a-t-elle jugé,
le 17 novembre 1819, que le seul fait de recevoir *et de
loger habituellement des voituriers* et leurs chevaux, constituait un aubergiste, et le soumettait conséquemment
à la déclaration et à la licence préalables.

VI. Les procès-verbaux, soit de saisie, soit de contravention, doivent, à peine de nullité, être dressés par
les employés de la régie. Ils doivent, en outre, être affirmés, dans les trois jours, devant le juge de paix, par
deux, au moins, des employés saisissans. (Art. 94,
loi du 28 avril 1816; art. 20, 21, 24, 25, 26, décret du 1er. germinal an 13.)

VII. Le prix de la licence, dans les départemens de
la Seine, de la Marne, de l'Aisne, des Ardennes du
Nord, du Pas-de-Calais, du Bas-Rhin, et de la Somme, est de 5o francs.

VIII. L'obligation de prendre une licence, et celle
de *faire à la régie la déclaration préalable*, imposées en
règle générale par les articles 5o et 144 de la loi du
28 avril 1816, ne sauraient s'appliquer aux aubergistes et débitans, *dans l'intérieur de la capitale.*

En effet, cette déclaration et cette licence, qui n'ont
été établies que dans l'intérêt de la régie, se trouve-
raient sans objet dans l'intérieur de la capitale, où
l'exercice de la régie est textuellement interdit par l'article 98 de la même loi, ainsi conçu : « §. 6, DU REM-

PLACEMENT DU DROIT DE DÉTAIL, A PARIS. Il n'y aura, dans l'intérieur de la ville de Paris, d'exercice sur les boissons autres que les bières; le droit de détail et celui d'entrée y seront *remplacés* au moyen d'une taxe unique aux entrées, fixée ainsi qu'il suit :

	fr.	c.
Par hectolitre de vin en cercles.	10	50
Par hectolitre de vin en bouteille.	15	»
Par hectolitre de cidre et poiré.	5	»
Par hectolitre d'eau-de-vie simple au-dessous de vingt-deux degrés.	18	»
Par hectolitre d'eau-de-vie de vingt-deux degrés jusqu'à vingt-huit exclusivement.	36	»
Par hectolitre d'esprit à vingt-huit degrés et au-dessus, d'eau-de-vie de toute espèce en bouteille, et des liqueurs composées d'eau-de-vie ou d'esprit, tant en cercles qu'en bouteilles. .	60	»

La Cour royale de Paris, sous la présidence de M. de Haussy, l'a ainsi jugé, le 19 mars 1827, dans l'affaire des sieurs Béatrix, Noël, et autres débitans de liquides *intrà muros*. « Attendu, » porte l'arrêt, « que les mar- » chands ou débitans de vin ne sont pas soumis dans » l'intérieur de Paris au droit de détail ni à l'exercice; » que tous les droit se perçoivent à l'entrée; qu'il suit » de là que les art. 94 et 95 de la loi du 28 avril 1816 » ne sont pas applicables. » Quoique ces individus ne fussent ni logeurs, ni aubergistes, le principe reconnu par l'arrêt, que la *déclaration* préalable à la régie, prescrite par l'art. 50 de la loi du 28 avril 1816, est sans application possible dans l'intérieur de Paris, doit être le même pour les logeurs, aubergistes et autres compris dans la catégorie du même art. 50.

§. II.

Responsabilité.

ART. 73.

(Code pénal.)

Les aubergistes et hôteliers convaincus d'avoir logé, plus de vingt-quatre heures, quelqu'un qui, pendant son séjour, aurait commis un crime ou un délit, seront civilement responsables des restitutions, des indemnités et des frais adjugés à ceux à qui ce crime ou ce délit aurait causé quelque dommage, FAUTE PAR EUX D'AVOIR INSCRIT SUR LEUR REGISTRE *le nom, la profession et le domicile du coupable ; sans préjudice de leur responsabilité dans le cas des art.* 1952 *et* 1953 *du code civil.*

OBSERVATIONS.

I. La responsabilité dont parle cet article, ne peut peser contre l'hôtelier, l'aubergiste ou le logeur de profession, qu'autant qu'il aura négligé d'inscrire, *dans les vingt-quatre heures* de l'arrivée de l'étranger, ses nom, prénoms, profession et domicile. Cette interprétation résulte clairement du texte de l'art. 73, qui porte : « Les aubergistes *convaincus d'avoir logé plus de vingt-quatre heures....; faute par eux d'avoir inscrit,* etc. » L'article 475 du même code, impose, à la

15.

vérité, l'obligation aux aubergistes et logeurs d'*inscrire de suite ;* mais, comme le même article 475, quant au cas de responsabilité spécifiée dans l'article 73, renvoie à ce même article, il faut en conclure que l'omission d'*inscrire de suite*, si d'ailleurs l'inscription était faite dans les vingt-quatre heures, n'entraînerait qu'une condamnation aux peines de simple police, prononcées par l'art. 475. C'est donc à tort, ce nous semble, que, contrairement au texte positif de l'art. 73 du code pénal, l'art. 4 de l'ordonnance de police du 10 juin 1820, étend la responsabilité des hôteliers et logeurs au cas où ils n'auraient pas fait *de suite* l'inscription.

II. Si le délinquant n'avait pas logé *plus de vingt-quatre heures dans l'auberge*, le logeur, encore qu'il n'eût fait aucune inscription, ou qu'il n'eût inscrit qu'après les vingt-quatre heures, ne serait passible que de simples peines de police, parce qu'aux termes de la loi, la responsabilité n'existe, à raison de la non-inscription, qu'autant que l'étranger *y a logé plus de vingt-quatre heures.*

III. Si le logeur avait inscrit de *bonne foi* sur ses registres *un faux nom*, *une fausse profession*, *un faux domicile*, sur les déclarations mensongères que lui aurait faites l'étranger, il serait à l'abri de tout reproche, surtout s'il avait pris les précautions commandées en pareil cas ; si, par exemple, il avait exigé la représentation des passeports, certificats ou feuilles de route.

Il en serait autrement, s'il avait agi *sciemment.* Dans ce cas, il serait non-seulement responsable aux termes de l'art. 73, parce qu'il serait vrai de dire qu'en inscrivant sciemment un nom imaginaire, il n'aurait pas *inscrit le nom* du délinquant, mais encore il serait, aux

termes de l'art. 154 du code pénal, puni d'un emprisonnement de six jours à un mois, sans préjudice, selon les circonstances, des poursuites criminelles qui
pourraient être dirigées contre lui, comme complice du
crime ou délit.

IV. L'article 73 ne parlant que des individus qui se
seraient rendus coupables d'un crime ou délit, il faut en
conclure que l'action en responsabilité ne serait pas
fondée, si le voyageur avait commis une simple contravention de police, quelque préjudice qui pût d'ailleurs en résulter, ou s'il avait causé un *préjudice civil*
quelconque, qui ne fût réputé ni crime ni délit.

V. Mais que décider, si le délinquant était lui-même
un individu placé par la loi sous la responsabilité d'un
tiers? (Art. 1382 et suiv. du code.) Si, par exemple,
un prisonnier s'étant évadé, s'était réfugié dans une auberge où on aurait négligé de l'inscrire, et y commet-
tait un vol au préjudice d'un tiers, lequel des deux en
serait responsable, ou du gardien de la prison, qui aurait à se reprocher son manque de vigilance et les conséquences qui en ont été le résultat, ou de l'aubergiste
qui, en s'abstenant de l'inscrire, aurait empêché la
police de suivre sa trace? Faudra-t-il, dans ce cas, consulter l'art. 1384, pour faire peser la responsabilité sur le
gardien, ou faudra-t-il plutôt, aux termes de l'art. 73
du code pénal, mettre cette responsabilité à la charge
de l'aubergiste? Nous pensons qu'en pareil cas la responsabilité ne pouvant être divisée, et la loi ouvrant à
la partie plaignante deux actions en garantie que leur
concours n'a pu paralyser, il y a lieu à les condamner
tous deux *solidairement*, comme civilement responsables.

VI. Un aliéné s'échappe de l'hospice où on le gardait, et se réfugie dans une auberge où on néglige de l'inscrire ; le lendemain, il met le feu à la maison voisine. Quoique l'incendie soit un crime, le directeur de l'hospice sera seul civilement responsable du dommage causé, et cette responsabilité n'atteindra pas l'aubergiste, parce qu'*il n'y a ni crime ni délit*, lorsque l'inculpé était en état de démence au moment où l'action a été commise. (Art. 64 du code pénal.)

VII. La responsabilité *civile* qui, aux termes de l'article 73, a pour objet les intérêts et frais réclamés, ne saurait emporter aucune peine, parce que toute peine est personnelle. Ainsi l'amende, placée au rang des peines par l'art. 6 du code pénal, ne peut, pas plus que l'emprisonnement, tomber à la charge de la partie civilement responsable. La Cour de cassation l'a ainsi jugé dans diverses circonstances, et notamment les 14 juillet 1814, 11 septembre 1818 et 15 février 1820. (V. SIREY, t. 20, 1ʳᵉ. part., p. 216.)

VIII. L'aubergiste civilement responsable serait néanmoins passible de l'amende encourue par le délinquant, si la loi qui frappe le délit l'avait dit en termes exprès ; s'il s'agissait, par exemple, des délits commis dans les bois de l'État. (Cour de cassation, 6 avril 1820, affaire Fabre ; SIREY, t. 20, 1ʳᵉ. part., p. 337.)

ART. 1952.

(Code civil)

Les aubergistes ou hôteliers sont responsables, comme dépositaires, des effets apportés par le voyageur qui loge chez eux ; le dépôt de ces sor-

tes d'effets doit être regardé comme un dépôt né-
cessaire.

OBSERVATIONS.

IX. Quoique l'art. 1952 ne parle point nominativement des logeurs de profession, ils sont néanmoins
compris dans l'énonciation générale d'hôteliers, la
maison garnie devant être assimilée à *une hôtellerie.*
(Ainsi jugé par la Cour de cassation, le 27 juin 1811;
SIREY, t. 11, p. 300. Ainsi décidé par l'avis du Conseil d'état, du 10 octobre 1811; *Bulletin des lois,*
n°. 398.)

X. Le dépôt, dans le cas spécifié par l'art. 1952,
est réputé dépôt nécessaire par la loi. Ainsi, quel que
soit le prix ou le montant des objets ou des sommes
confiés par le voyageur, il serait admis, en cas de dénégation de la part de l'hôtelier, à en produire la preuve
par témoins; car l'art. 1952 admet la preuve par témoins en matière de dépôt nécessaire.

XI. L'hôtelier, si le dépôt était prouvé, pourrait
en outre être *contraint par corps* à le représenter, ou à
en payer la valeur. (Art. 2060, n°. 1er., code civil.)

XII. La loi ne considère comme dépôt nécessaire que
les effets déposés par le voyageur *qui loge* chez l'hôtelier : si, donc, le voyageur *n'y logeait pas;* si, par
exemple, il venait accidentellement ou habituellement
y dîner, on ne pourrait point, aux termes de la loi,
considérer comme dépôt nécessaire les objets qu'il aurait confiés, pendant cet intervalle, à la garde de l'hôtelier. La raison en est qu'il n'est point en quelque sorte
forcé de les lui confier, pouvant aussi bien les aller met-

tre en son logis, que les placer entre les mains de l'aubergiste. Dans ce cas, l'hôtelier en serait sans doute
responsable, mais seulement comme *simple dépositaire;*
conséquemment les règles du *dépôt nécessaire*, qui permettent la preuve testimoniale dans tous les cas, ne seraient plus applicables, et s'il avait négligé d'exiger
un reçu du dépôt, la déclaration négative de l'hôtelier ferait pleine foi, *si la valeur du dépôt dépassait*
150 *francs.*

XIII. Si, par la même raison, un voyageur descendant
d'une diligence pour la dînée, confiait momentanément
sa valise à l'aubergiste, ce dépôt ne serait encore qu'un
dépôt ordinaire, par la raison qu'il pouvait tout aussi
bien la laisser dans la voiture ou l'y replacer, après s'en
être servi. Mais il en serait autrement, si la voiture
ayant versé, ou par tout autre événement, cas fortuit
ou force majeure, le voyageur se trouvait obligé de
confier la valise à l'hôtelier, encore qu'il ne logeât
point chez lui; alors, en effet, l'aubergiste en serait
responsable, non plus aux termes de l'art. 1952, mais
aux termes de l'art. 1949, qui répute dépôt nécessaire
celui qui a été forcé par *un accident* ou *un événement*
imprévu.

XIV. La Cour d'appel de Paris a jugé, le 2 avril
1811, dans l'affaire Hottinbourg contre Vocilferdin,
que l'aubergiste n'était pas responsable de la perte d'effets précieux qui n'avaient été ni montrés ni vérifiés;
alors surtout que le voyageur avait à sa disposition
une armoire fermant à clef, dont il n'avait fait aucun
usage. (SIREY, t. 14, 2ᵉ. part., p. 100.) Dans ce cas,
en effet, l'aubergiste n'avait pu placer les effets en lieu
de sûreté, et, d'un autre côté, le voyageur avait à se

reprocher sa propre négligence, en n'usant pas de l'armoire qui était destinée à les recevoir.

XV. En règle générale, l'hôtelier est tenu du fait des personnes de sa famille et de ses serviteurs, dans les fonctions qui leur sont respectivement commises. Ainsi, quand le voyageur donne aux domestiques qui ont les clefs des chambres, une valise ou d'autres effets, ou qu'il met son cheval à l'écurie, à la garde du palfrenier, l'hôtelier doit en répondre. (§. 1er. du Digeste à la loi *Nautæ, caupones stabularii.*)

XVI. Cependant, si un voyageur, mettant pied à terre, confiait un sac d'argent à un enfant, à un marmiton, hors de la vue du maître ou de la maîtresse, l'hôtelier ne serait pas tenu d'un sac de cette importance, donné de cette manière. (DOMAT, *Lois civiles*, liv. 1er., tit. 16, sect. 1re., n°. 3.)

XVII. L'hôtelier est responsable des effets, encore qu'il les ait placés hors de chez lui; car la loi n'établit aucune distinction pour ce cas, et cette circonstance qui lui est absolument personnelle, ne saurait lui enlever la qualité de dépositaire.

XVIII. L'hôtelier devant répondre des personnes qu'il emploie et qui le représentent en son absence, il serait responsable du dépôt, encore qu'il fût absent de l'hôtellerie, soit au moment de l'arrivée, soit pendant le séjour des voyageurs, soit au moment de la disparition des effets.

XIX. « Il est à remarquer, » dit le savant auteur du *Répertoire de Jurisprudence*, au mot *Hôtelier,* « qu'on ne doit pas appliquer *aux effets qu'on laisse entre les mains de l'aubergiste en partant de chez lui*, la rigueur des règles établies relativement au dépôt nécessaire que font dans sa maison les voyageurs et passans qu'ils reçoivent.»

« A cet égard, » dit Aublet de Maubuy, *Traité des Dépôts*, p. 206, « il ne devient plus que dépositaire volontaire, parce que c'est un acte purement volontaire de la part des parties ; l'hôtelier ne devient dépositaire que parce qu'il le veut ; la confiance qu'on lui donne en ce cas n'est pas une suite de sa profession. Il n'est plus astreint qu'aux obligations du dépositaire volontaire, et, en cas de difficultés sur la remise du dépôt, il n'y a que sa déclaration qui fasse foi. Je l'ai vu juger ainsi, continue Maubuy, en 1745, sur délibéré au rapport de M. Renaud d'Yrval, conseiller au parlement de Paris, quoique l'hôte convînt avoir ouvert de lui-même la valise en l'absence du déposant. La raison était qu'il y avait dans la valise une drogue qui, s'échauffant, infectait la chambre. En vain objectait-on qu'il aurait dû, pour constater le fait, appeler un commissaire ; qu'ayant ouvert la valise, lui ou ceux de la maison, en avaient détourné les effets ; il affirma qu'il n'y avait alors que ce qu'il représentait, et offrait de remettre. Le déposant fut déclaré non-recevable ; il y avait entre le dépôt et la réclamation un laps de trois ans. Celui que je défendais était néanmoins lieutenant-colonel. »

ART. 1953.

Ils sont responsables du vol ou du dommage des effets des voyageurs, soit que le vol ait été fait ou que le dommage ait été causé par les domestiques et préposés de l'hôtellerie, ou par des étrangers allant et venant dans l'hôtellerie.

ART. 1954.

Ils ne sont pas responsables des vols faits avec force armée ou autre force majeure.

OBSERVATIONS.

XX. On voit d'abord que l'hôtelier est responsable, non-seulement du vol, mais encore du dommage causé, soit par ses gens ou sa famille, soit par les étrangers qui vont et viennent dans son hôtellerie.

XXI. L'hôtelier est responsable du vol commis, soit par son domestique, ses préposés ou sa famille, soit par les étrangers qui ont accès chez lui; dans l'un et dans l'autre cas, c'est à lui à les connaître, ou du moins à les surveiller, s'il a des motifs pour s'en défier.

XXII. La loi se servant de ces mots : *Les étrangers allant et venant dans l'hôtellerie,* il faut en conclure que l'hôtelier ne serait pas responsable du vol commis par des malfaiteurs qui s'introduiraient *furtivement chez lui;* car alors leur présence serait un événement totalement indépendant de sa prudence.

XXIII. De cela que la loi rend responsable du *vol* commis, soit par ses domestiques, soit par les étrangers *allant et venant chez lui,* c'est-à-dire qui ont accès dans son hôtellerie, il faut en conclure, ce nous semble, que l'hôtelier est responsable du vol commis par eux, soit à l'aide d'escalade, soit à l'aide de fausses clefs, soit à l'aide d'effraction; car l'escalade, la fausse clef où l'effraction ne sont pas des faits particuliers, mais bien des circonstances accessoires du vol qui l'aggravent plus ou moins; il suffit que le vol ait été commis par l'un des individus spécifiés dans l'art. 1953, pour que l'hôtelier en soit civilement responsable.

XXIV. Quant aux vols commis par des gens du dehors, l'hôtelier ne saurait en être responsable ; car il n'a pas dépendu de lui de les empêcher. Il en serait de même, si un vol était commis avec force armée, ou toute autre force majeure ; alors, en effet, l'impuissance physique dans laquelle l'hôtelier aurait été de repousser la force par la force, devrait le décharger de toute responsabilité.

XXV. L'aubergiste qui reçoit habituellement des rouliers, et qui n'a pas de cour pour remiser leurs voitures, est responsable du vol commis sur une voiture laissée à l'extérieur de sa maison par un roulier logé chez lui. (Cour d'appel de Paris, 13 septembre 1808 , affaire Homo contre Raussin ; SIREY, t. 9, 2ᵉ. partie, p. 20.)

XXVI. Mais dans le cas où l'hôtelier est déchargé par la loi de toute responsabilité, par suite du vol des effets , c'est à l'hôtelier à établir son exception, *reus excipiendo fit actor; actori incumbit probatio*. En effet, en principe, l'hôtelier est responsable du dépôt; pour se dégager de cette responsabilité, il doit donc justifier des faits exceptionnels qui viennent l'en décharger.

§. III.

Obligations des étrangers ou voyageurs envers les hôteliers.

OBSERVATIONS.

I. La principale obligation des voyageurs est indu-

bitablement celle de payer le gîte et la nourriture
qu'ils ont reçus dans l'auberge.

II. Mais un hôtelier ou aubergiste serait-il cru sur
son affirmation pour ce qui peut lui être dû par ceux
qu'il a logés et nourris, *et qui ne sont plus chez lui ?*
Les éditeurs du nouveau Denisart adoptent cette opinion. M. Merlin pense le contraire, se fondant sur le
principe que chacun doit prouver sa demande, *actore
non probante reus absolvitur, etiam si nihil ipse probaverit.*
Cette opinion nous paraît sans réplique ; « car, »
comme le dit le savant auteur du *Répertoire,* « il est
très-rare de trouver crédit dans une auberge, et l'on
n'en sort presque jamais sans avoir payé. La présomption est donc contre l'aubergiste ; il faudrait, pour
écarter cette présomption, qu'il eût retenu en gages
quelques effets de celui qu'il prétend être son débiteur ;
s'il ne l'a point fait, comment l'écouterait-on ? C'est à
lui à s'imputer sa trop grande facilité, *jura vigilantibus
subveniunt.* Autrement, il n'y aurait pas de voyageur
qui ne fût exposé à payer deux fois la même dépense. »

III. Si, au contraire, le voyageur était encore dans
l'auberge, l'aubergiste en serait cru sur son affirmation,
au sujet des fournitures par lui faites et du loyer par lui
fourni, sauf la preuve contraire de la part du voyageur,
et la diminution que pourrait arbitrer le juge, si le prix
demandé lui semblait exorbitant.

IV. Les hôteliers, aubergistes et logeurs ont, en
conséquence, un privilége sur les effets des voyageurs,
et ils peuvent les retenir jusqu'à concurrence de ce qui
leur est dû, à raison de leurs fournitures. (Art. 2102,
§. 5.)

V. Mais il faut remarquer *que les fournitures* de l'aubergiste (ce qui comprend le prix de la nourriture, du logement, et de tout ce qu'il a fourni en qualité d'aubergiste), sont seules privilégiées par la loi. Ainsi l'hôtelier, s'il était d'ailleurs payé des fournitures par lui faites, ne pourrait retenir par privilége les effets du voyageur, *à raison d'une somme d'argent qu'il aurait pu prêter* au voyageur, parce qu'un fait de cette nature, essentiellement indépendant de l'exercice de sa profession, ne saurait être assimilé à *une fourniture.*

VI. Quoiqu'aux termes de l'art. 2102, les effets du voyageur soient affectés par privilége au paiement des fournitures faites par l'aubergiste, ce dernier ne pourrait pas pousser la rigueur de ce droit jusqu'à dépouiller le voyageur des vêtemens dont il est couvert. (Arg. de l'art. 592 du code de procédure civile, n°. 2; Arrêt conforme du parlement de Paris, rendu en 1595.)

VII. Si le voyageur était mort ou disparu, l'hôtelier ne pourrait de son chef s'emparer de ses effets. Il devrait en donner avis au commissaire de police, au maire ou à son adjoint, afin de faire constater par procès-verbal l'énumération des effets, et se faire ultérieurement autoriser par le président du tribunal de première instance à la vente desdits effets, jusqu'à concurrence de ce qui lui serait dû, ainsi que des frais : le reste devrait être provisoirement séquestré.

VIII. Un aubergiste n'aurait point d'action contre un père dont il aurait nourri l'enfant sans son aveu. « Quand ces motifs, » disait au parlement de Normandie, dans l'affaire Aubry, l'avocat-général Le Chevalier, dans une cause où il s'agissait de cette question,

et après avoir développé quelques considérations particulières au procès, « quand ces motifs ne se pré-
» senteraient pas dans la cause , le bien public s'op-
» poserait à l'introduction d'une action semblable de
» la part de l'aubergiste ; ce serait donner ouver-
» ture aux fils de famille de se soustraire à l'obéissance
» et au respect qu'ils doivent à leurs parens ; ce serait
» leur faciliter la voie et leur faire naître le désir de
» quitter la maison paternelle pour se retirer dans une
» auberge, afin d'y mener un genre de vie plus libre
» et plus licencieux, et, pour s'y soutenir, d'avoir re-
» cours à des emprunts usuraires. » Sur ce réquisitoire, arrêt conforme du parlement, le 19 août 1729.
Un arrêt semblable avait été rendu par le même parlement, le 1er. septembre 1514.

IX. L'action des aubergistes, à raison *du logement et
des fournitures*, est prescrite par six mois. (Art. 2271.)
Néanmoins, passé ce délai, les hôteliers et aubergistes
peuvent déférer, à ceux qui leur opposent la prescription, le serment sur la question de savoir si la chose
a été payée. (Art. 2275.)

MOTIFS

DU PROJET DE LOI SUR LE CONTRAT DE LOUAGE,

Exposés par le conseiller d'état Galli.

On vient de vous présenter, pour être converti en loi, le titre 6 *de la Vente.*

Celui *du Louage*, que l'on vous présente aujourd'hui, lui ressemble beaucoup, et la différence qu'il y a entre eux n'empêche pas qu'ils aient aussi de grands rapports.

Le premier contrat que firent les hommes fut celui de l'échange.

Le second fut celui de la vente : *Origo emendi vendendique à permutationibus cœpit*, dit le texte de la loi première, ff. *De contrahend. empt.*

C'est par l'invention de la monnaie que l'usage de la vente s'est introduit. Or, il est probable que le contrat de louage a suivi immédiatement celui de la vente.

Les anciens jurisconcultes *locationem sœpe venditionem appellarunt et conductorem emptorem;* et cela *propter vicinitatem emptionis et locationis* : c'est, entre autres, Cujas qui nous l'observe.

De là il résulte que plusieurs règles sont communes à l'un et à l'autre des deux contrats.

Nous en avons un exemple dans la loi 39, ff. *de Pactis : ibi, veteribus placet pactionem obscuram vel ambiguam venditori, et qui locavit nocere.* En voici la raison : parce qu'il est au pouvoir, soit du vendeur, soit du locateur, *legem apertiùs conscribere.*

Le contrat de louage, n'en déplaise à ceux qui pensent autrement, doit être envisagé comme très-utile à l'agriculture. Tel a une métairie qui, depuis quelque temps, est fort dégradée; tel autre, un héritage qui pourrait être amélioré par des canaux, par des aplanissemens; tel pourrait en augmenter les revenus au moyen de quelques défrichemens ou d'autres variations : mais comment les faire, s'il n'a pas les sommes qu'il lui faut? Un contrat de louage, un fermier, mettent le propriétaire dans le cas de remplir ses vues. D'après ces réflexions, je ne puis comprendre qu'il puisse y avoir une opinion contraire. Un ancien philosophe disait fort bien : *Pauca admodùm sunt sine adversario.*

Mais, quoi qu'il en soit de cette question, approchons-nous de la matière et de la loi dont il s'agit; voyons quels en furent les principes et les bases.

La plus grande partie des choses qu'on dit dans ce titre appartiennent à la substance et à la nature du contrat de louage, et ne sont appuyées que sur les règles générales du droit écrit, du droit commun, enfin sur les principes de cette philosophie qui est exactement l'âme et la source de la jurisprudence.

Ce sera donc mieux de me resserrer dans des bornes plus étroites, n'ayant pour objet que les matières les

16

plus importantes, ou les plus douteuses, et susceptibles de discussion.

Les art. 1705 à 1710 ne consistent que dans la division de plusieurs sortes de louages, dans leur définition et dans d'autres matières de toute évidence.

Le seul consentement sur la chose qui est louée et
sur le prix fait le louage; il peut donc se faire par
écrit ou verbalement, comme il est dit dans l'art. 1711 ;
car les actes qui en sont dressés, soit sous siguature
privée, soit pardevant notaires, ne sont interposés que
pour se voir à la preuve du contrat, ou acquérir des
droits d'hypothèque et d'exécution.

L'article 1712 porte : « Si le bail sans écrit n'a en-
» core reçu aucune exécution, et que l'une des parties
» le nie,

» La preuve ne peut être reçue par témoins,

» Quelque modique qu'en soit le prix, et quoiqu'on
» allègue qu'il y a eu des arrhes données;

» Le serment peut seulement être déféré à celui qui
» nie le bail. »

Cet article, tel qu'il est conçu, évite bien des procès sans que l'intérêt d'aucun y soit lésé, puisque c'est
dans l'hypothèse que le bail n'a pas encore eu la moindre exécution.

L'art. 1714 déclare que « le bailleur a le droit de
» sous-louer et même de céder son bail à un autre, si
» cette faculté ne lui a pas été interdite ».

La loi romaine nous l'avait déjà dit : *Nemo prohibetur
rem quam conduxit, fruendam alii locare, si nihil aliud
convenit.*

L'article 1716 dit que « le bailleur doit faire, pen-
» dant la durée du bail, toutes les réparations qui

» peuvent devenir nécessaires, autres que les *loca-*
» *tives* ».

Notez *autres que les locatives;* car il y a certaines me-
nues réparations qu'on appelle *locatives*, dont l'usage
a,chargé les locataires des maisons.

Dans le cas de réparations urgentes durant le bail,
il est dit, art. 1721, que « si elles durent plus de qua-
» rante jours, le prix du bail sera diminué à concur-
» rence du temps et de la chose louée dont le preneur
» aura été privé ».

La fixation du terme ne permettra plus aux parties
de s'entraîner dans des questions peut-être de peu
d'importance., mais toujours très-dispendieuses.

L'article 1723 dispose que « si le bail a été fait sans
» écrit, l'une des parties ne pourra donner congé à
» l'autre qu'en observant les délais fixés par l'usage
» des lieux ».

On a, dans ce titre, comme dans bien d'autres, res-
pecté les usages des lieux : *Inveterata consuetudo pro lege
custoditur, et hoc est jus quod dicitur moribus constitutum.*
L. 32, §. 1°., ff. *de Legibus.*

Il est même bon de remarquer que la loi romaine
les respectait également en matière de louage. L. 19,
Cod. *Loc.*

L'art. 1737 dispose que « la caution donnée par le
» bail ne s'étend pas aux obligations résultant de la
» prolongation ». Rien de plus juste, parce que l'o-
bligation de la caution est censée fixée au temps du
bail et non à une prolongation à laquelle celui qui
s'est rendu garant n'aurait eu aucune part et n'aurait
point acquiescé.

Cette disposition doit paraître d'autant plus sage

16.

qu'elle est aussi appuyée sur la maxime constatée de tout temps, que *fidejussores in leviorem causam accipi possunt, in duriorem non possunt.*

La maxime du droit romain *emptorem fundi necesse non est stare colono cui prior dominus locavit, nisi eâ lege emit,* L. 3. Cod. *Locati*, serait très-judicieusement rejetée dans l'art. 1740, puisqu'il y est dit : « Si le bail- » leur vend la chose louée, l'acquéreur ne peut expul- » ser le fermier ou le locataire qui a un bail authen- » tique ou dont la date est certaine, à moins que la » réserve n'en ait été faite dans le contrat de bail ».

Cette loi *emptorem fundi* avait bien son motif ; mais il n'était, après tout, qu'une subtilité. L'acquéreur, disait-on, n'étant que successeur à titre singulier, ne doit pas, comme le successeur à titre universel, être tenu des engagemens personnels de son auteur.

Par cet article 1740 du nouveau code, combien de contestations ne va-t-on pas écarter surtout dans les pays où l'on fait à cet égard une foule de distinctions entre les locations verbales et celles faites par instrument, entre l'écriture privée ayant ou non hypothèque et clause de *constituts*, entre l'hypothèque générale et l'hypothèque spéciale, etc.?

En outre, que d'altercations, que de débats n'y a-t-il pas aussi entre le vendeur et le fermier pour le plus ou le moins d'indemnité pui peut être dû à ce dernier?

Les articles 1741 à 1744 : que de différens, que de disputes n'empêcheront-ils pas?

Il y est dit : « S'il a été convenu, lors du bail, » qu'en cas de vente, l'acquéreur pourrait expulser le » fermier ou locataire, et qu'il n'ait été fait aucune » stipulation sur les dommages et intérêts, le bailleur

» est tenu d'indemniser le fermier ou le locataire de
» la manière suivante :

» S'il s'agit d'une maison, appartement ou bou-
» tique, le bailleur paie, à titre de dommages et inté-
» rêts, à l'évincé, une somme égale au prix du loyer
» pendant le temps qui, suivant l'usage des lieux, est
» accordé entre le congé et la sortie.

» S'il s'agit de biens ruraux, l'indemnité que le
» bailleur doit payer au fermier est du tiers du prix du
» bail pour tout le temps qui reste à courir.

» L'indemnité se réglera par experts, s'il s'agit de
» manufactures, usines ou autres établissemens qui
» exigent de grandes avances. »

L'art. 1746 porte que « le fermier ou le locataire
» ne peuvent être expulsés qu'ils ne soient payés par le
» bailleur, ou, à son défaut, par le nouvel acquéreur,
» des dommages et intérêts, et de toutes les autres re-
» prises qu'ils peuvent avoir ».

C'est ici une autre disposition bien équitable; car
l'objet principal de l'indemnité du fermier ou locataire
est précisément celui de ne pas être expulsé qu'il ne
soit payé.

A l'article 1751, il est bien dit que les réparations
locatives sont à la charge du locataire; mais il y est dit
aussi que ces réparations locatives sont celles désignées
comme telles par l'usage des lieux.

A l'article 1752, il est statué que « le curement des
» puits doit être à la charge du bailleur ».

Cela doit être ainsi; car, dans une maison où il y
aurait beaucoup de locataires, cet ouvrage ne se ferait
pas, ou serait mal fait, ou pour le moins retardé, s'il
dépendait du fait de plusieurs locataires que l'humeur,

la fortune et les circonstances empêcheraient de s'accorder entre eux.

Il est statué, par l'art. 1758, que « le bailleur ne » peut résoudre la location, encore qu'il déclare vou- » loir occuper par lui-même la maison louée, s'il n'y » a eu convention contraire ».

Voilà une jurisprudence totalement en opposition avec le texte du droit romain : *AEde quam te conductam habere dicis, si pensionem is solidum solvisti, invitum te expelli non oportet nisi propriis usibus dominus eam necessariam esse probaverit.*

Or, l'on a trouvé qu'il y avait de très-fortes raisons pour abolir une loi qui n'est fondée sur rien de solide.

Effectivement, nous ne la voyons basée que sur le besoin que le propriétaire à de sa maison pour l'occuper par lui-même, et sur ce qu'on doit présumer qu'il n'eût pas voulu la louer, s'il eût prévu ce besoin. D'où l'on tire la conséquence qu'on doit sous-entendre dans le bail à loyer qu'il en a fait une condition par laquelle il s'est tacitement réservé la faculté de résoudre le bail, en indemnisant le locataire, s'il venait à avoir besoin de sa maison pour l'occuper par lui-même.

On a donc observé que la loi *AEde* est une décision qui n'a aucun fondement sur la raison naturelle, et qui est purement arbitraire et contraire aux principes généraux.

Aussi, sous ce prétexte de nécessité, un chétif locateur pourrait voiler sa malignité, sa vengeance, son injustice, aux dépens d'un pauvre locataire. Le serment même du locateur à l'égard de la prétendue nécessité, est-il suffisant pour assurer la sincérité de sa prétention ? Ne peut-il pas être suspect bien des fois, et ne peut-il pas y avoir une espèce de parjure sans qu'il y ait le moyen de le prouver?

Après cela, remarquez, citoyens législateurs, que ce sera en outre un bénéfice pour la société, et un mérite pour le nouveau code, que d'avoir emporté le germe de si fréquens litiges, toujours vifs et toujours coûteux.

L'art. 1760 nous invite à parler du colon partiaire, dont il est aussi question dans la loi 25, §. 6, ff. *loc. ibi. Partiarius colonus quasi societatis jure et damnum et lucrum cum domino partitur.*

Leur bail forme entre eux une espèce de société où le propriétaire donne le fonds, et le colon la semence et la culture, chacun hasardant la portion que cette société lui donnait aux fruits.

Il est donc dit, à l'art. 1760, que celui qui cultive sous la condition d'un partage de fruits avec le bailleur, ne peut ni sous-louer, ni céder, si la faculté ne lui en a été expressément accordée par le bail.

C'est là une disposition dans toutes les règles, puisque, dans ces sortes de contrats, ainsi que disent les praticiens, *electa est industria.*

Or, le colon partiaire étant celui *qui terram colit non pactâ pecuniâ, sed pro ratâ ejus quod in fundo nascetur dimidiâ, tertiâ,* etc.

Il est bien clair que c'est là le cas d'*electa industria ;* c'est-à-dire, pour labourer mes terres, pour les exploiter, j'ai considéré, j'ai apprécié l'adresse, la capacité de telle personne et non de telle autre.

Je vendrais bien à qui que ce fût un héritage, pourvu qu'il me le payât ce que j'en demande ; mais je ne ferais pas un contrat de colonie partiaire avec un homme

inepte, quelque condition onéreuse qu'il fût prêt à subir, et quelques avantages qu'il voulût m'accorder.

Il est établi dans l'art. 1771, que « le bail des terres
» labourables, lorsqu'elles se divisent par soles ou
» saisons, est censé fait pour autant d'année qu'il y a
» de soles ».

Par exemple, si les terres de telle métairie sont partagées en trois soles ou saisons, c'est-à-dire si la
coutume est d'ensemencer une partie en bled, une
autre en petits grains qui se sèment au mois de mars,
et qu'une autre se repose, le bail est présumé fait
pour trois ans, lorsque le temps que doit durer le bail
n'est pas exprimé dans le contrat.

Venons au louage d'ouvrage et d'industrie, qui
commence par l'art. 1776.

Le contrat de louage, ainsi que nous l'avons déjà dit
ailleurs, a beaucoup d'analogie avec le contrat de vente;
et il est bon de remarquer ici qu'à l'égard des doutes
qui peuvent s'élever sur certains contrats, s'ils sont de
vente ou de louage, Justinien, dans ses *Instítutes*, nous
donne des règles pour les distinguer.

A l'art. 1777, il est dit « qu'on ne peut engager ses
» services qu'à temps, ou pour une entreprise déter-
» minée ».

A la vérité, il serait étrange qu'un domestique, un
ouvrier pussent engager leurs services pour toute leur
vie. La condition d'homme libre abhorre toute espèce
d'esclavage.

Passons maintenant aux devis et marchés.

Il est ordonné, art. 1789 : « Si l'édifice donné à prix
» fait, périt en tout ou en partie par le vice de la cons-
» truction, même par le vice du sol, l'architecte et

» l'entrepreneur en sont responsables pendant dix ans» :
Quod imperitiâ peccavit culpam esse, dit le texte *in lege* 9,
§. 5, ff. *loc. Imperitia culpæ adnumeratur*, dit la loi 142,
ff. *de Regulis juris.*

Finalement, quant au bail à cheptel dont il est parlé
à l'article 1797 et suivans, il est à observer que « c'est
» un contrat par lequel l'une des parties donne à l'au-
» tre un fonds de bétail pour le garder, le nourrir et
» le soigner sous les conditions convenues entre elles ».

L'art. 1808 dit formellement « qu'on ne peut stipu-
» ler que le preneur supportera la perte totale du chep-
» tel, quoiqu'arrivée par cas fortuits et sans faute,

» Ou qu'il supportera dans la perte une part plus
» grande que dans le profit,

» Ou que le bailleur prélèvera à la fin du bail quel-
» que chose de plus que le cheptel qu'il a fourni »,

Et que « toute convention semblable est nulle ».

Cette disposition est précisément d'après les principes de la justice, d'après les bonnes mœurs et d'après
cette égalité qui doit triompher dans les contrats.

Et c'est aussi d'après les mêmes règles qu'il est dit
à l'art. 1825, « qu'on ne peut pas stipuler que, dans
» le cheptel donné au colon partiaire, celui-ci sera
» tenu de toute la perte ».

Citoyens législateurs, le titre que nous venons de
parcourir est à la portée de tout le monde, et les matières que l'on y traite intéressent toute classe, tout
ordre de personnes.

Presque toutes les maisons sont louées à baux à
loyer; une grande partie des biens ruraux le sont à
baux à ferme : tous les citoyens de la France ont donc
un égal intérêt pour en être instruits, et par consé-

quent les Piémontais aussi. Mais, pour bien comprendre une loi dans son véritable esprit, dans la justesse du sens, il faut la lire, il faut l'apprendre dans l'original, dans la langue primitive. C'est donc avec beaucoup de raison que le gouvernement, par son arrêté du 24 prairial an II, a pour ainsi dire pressé l'ordre administratif et judiciaire du Piémont à étudier votre langue, à s'y familiariser.

Le délai peut-être a été trop court ; n'importe : les Piémontais tâcheront de se conformer aux vœux du gouvernement. Les Piémontais seront désormais les émules de leurs frères aînés. Certainement ils le seront dans la bravoure, dans les vertus, dans les sciences, dans les arts. Quant à la langue, je l'avoue, ils auront quelque difficulté ; mais il n'est pas dit qu'avec le temps ils ne puissent, par leurs talens, surmonter les obstacles, atteindre le but.

Gilles Ménage, d'Angers, François Régnier, de Paris, ont su écrire, ont pu imprimer en langue italienne, ont pu être inscrits, en Toscane, académiciens de la Crusca ; les Piémontais ne pourront-ils pas un jour se rendre dignes d'être inscrits dans la classe de la langue et de la littérature françaises ?

RAPPORT

Fait au tribunat le 14 ventôse an 12, par le tribun Mouricault, au nom de la section de législation, sur le projet de loi concernant le CONTRAT DE LOUAGE.

Je viens, au nom de votre section de législation, vous rendre compte de l'examen qu'elle a fait du projet de loi relatif au *contrat de louage,* placé sous le titre 8 du troisième livre du code civil.

Ce contrat est d'un usage indispensable et fréquent. C'est par lui que la plupart des hommes acquièrent un asile pour leur famille, un dépôt pour leur fortune mobilière, un domicile fixe pour eux-mêmes ; c'est par lui que s'établissent tant d'ateliers d'agriculture, d'industrie et de commerce ; c'est par lui enfin que la classe laborieuse attire à soi le superflu de la classe opulente, en lui donnant temporairement à loyer son travail, ses services ou ses soins. Il était donc essentiel de réunir dans un même cadre et dans un ordre méthodique, les principes relatifs à ce contrat : c'est encore dans le droit romain qu'ils devaient être et qu'ils ont été puisés ; c'est encore dans Domat et dans Pothier qu'on les trouve recueillis et développés.

Le projet distingue deux espèces principales de contrats de louage, l'un de *choses* et l'autre d'*ouvrage.*

Il définit le *louage des choses* un contrat par lequel l'une des parties s'oblige à faire jouir l'autre d'une chose pendant un certain temps, et moyennant un certain prix.

Il définit le *louage d'ouvrage* un contrat par lequel l'une des parties s'engage à faire quelque chose pour l'autre, moyennant un prix convenu entre elles.

Cette division et ces définitions sont exactes; toutes les espèces de louage qu'on peut imaginer s'y rapportent. Le louage des choses embrasse toute location d'immeubles, de meubles, d'effets et même d'animaux. Le louage d'ouvrage embrasse tous les engagemens portant convention de salaire pour travaux, soins ou service : le mandat et le dépôt eux-mêmes, quand ils ne sont pas gratuits, viennent s'y rattacher.

La plupart des règles relatives au contrat de vente s'appliquent au contrat de louage, et cela devait être, puisque celui-ci ne diffère de celui-là qu'en ce qu'il ne transmet qu'une jouissance ou un usage à temps, au lieu d'une propriété ou d'un usufruit. Les deux contrats se ressemblent en tout le reste.

D'après la division générale indiquée par le projet, il semble qu'on aurait pu ne le partager qu'en deux chapitres; l'un pour le *louage des choses*, et l'autre pour le *louage d'ouvrage*. Mais, parmi les louages des choses, il s'en trouve un particulièrement en usage pour les bestiaux dans plusieurs cantons de la république, lequel, connu sous le titre de *bail à cheptel*, est réglé par des principes qu'il était utile d'exposer séparément, et le projet en fait la matière d'un troisième chapitre.

Parcourons ces trois parties.

I. DU LOUAGE DES CHOSES.

On peut en général louer toutes sortes de biens meubles et immeubles ; il ne faut excepter que les choses qui se consomment par l'usage, comme l'argent comptant, le bled, le vin, etc., parce qu'elles ne peuvent se rendre identiquement au bailleur. Celui qui prend de telles choses, à la charge de les restituer à une époque et avec un bénéfice convenu, souscrit à une espèce de vente, dont la quantité reçue forme la matière, et dont une quantité pareille, réunie au bénéfice stipulé, forme le prix.

Le projet, parmi les louages des choses, distingue surtout celui des *immeubles*, s'en occupe immédiatement, et ne parle plus spécialement des meubles, au louage desquels il est aisé d'appliquer, dans l'usage, :elles des dispositions subséquentes qui leur sont communes.

Le louage d'un bien rural, c'est-à-dire d'un fonds produisant des fruits naturels ou industriels, est appelé *bail à ferme*. Le louage d'une maison ou d'un bâtiment qui ne produit que des fruits civils ou loyers, est appelé *bail à loyer*.

II. Il y a des *règles communes* à ces deux sortes de baux.

Et d'abord ils ne sont assujétis ni l'un ni l'autre à aucune *forme;* on peut louer par écrit ou verbalement : il faut seulement observer que, s'il n'y a point d'écrit, la preuve du contrat ne pourra se faire par témoins, quelque modique que puisse être son objet, et quand même on alléguerait qu'il y a eu des arrhes données. Cette disposition est fondée sur les inconvéniens particuliers de la preuve testimoniale en cette matière où tout est urgent.

Ainsi, quand un bail prétendu fait sans écrit n'aura encore reçu aucune exécution, s'il est désavoué par l'une des parties, et que, sur le serment à elle déféré, elle affirme n'avoir pas contracté, le bail sera regardé comme non avenu. Si le bail n'était pas désavoué, mais qu'il y eût contestation sur le prix, il faudrait s'en rapporter à cet égard au serment du bailleur, dont le preneur aurait suivi la foi en entrant en possession de la chose louée, sans avoir réglé par écrit les conditions du bail. Le preneur peut cependant, s'il le préfère, demander une estimation par experts; mais alors les frais de l'expertise seront à sa charge, si l'estimation excède le prix articulé par le bailleur.

Ici le projet reconnaît le droit incontestable du preneur de *sous-louer* la chose par lui prise à bail, et même de céder le bail, si cette faculté ne lui a pas été expressément interdite par la convention. Telle était déjà la jurisprudence; mais, dans une partie des tribunaux, on ne respectait pas assez cette interdiction. Le projet de loi, pour réformer cet abus, pour ramener les parties à la stricte exécution de leurs engagemens, pour garantir notamment aux propriétaires de maisons ou de biens ruraux le droit qu'ils ont de ne laisser introduire chez eux que des locataires ou des fermiers qui leur conviennent, déclare que la clause qui interdit de sous-louer pour le tout ou partie est de rigueur.

Quelle *durée* peut avoir un bail de maison ou de bien rural?

L'art. 1757 du titre du *Contrat de mariage* porte que « les baux que le mari seul a faits des biens de sa

» femme pour un temps qui excède neuf ans, ne sont,
» en cas de dissolution de la communauté, obligatoires,
» vis-à-vis de la femme ou de ses héritiers, que pour
» le temps qui reste à courir, soit de la première pé-
» riode de neuf ans, si les parties s'y trouvent, soit de
» la seconde, et ainsi de suite; de manière que le
» fermier n'ait que le droit d'achever la jouissance de
» la période de neuf ans où il se trouve ».

L'art. 1758 ajoute que « les baux de neuf ans même,
» et au-dessous, que le mari seul a passés ou renou-
» velés des biens de sa femme, plus de trois ans avant
» l'expiration du bail courant, s'il s'agit de biens ru-
» raux, et plus de deux ans avant la même époque,
» s'il s'agit de maisons, sont sans effet, à moins que
» leur exécution n'ait commencé avant la dissolution
» de la communauté ».

Dans le titre de *la Tutelle*, il n'avait été rien réglé
sur le pouvoir des tuteurs, relativement à la durée des
baux des biens de leurs pupilles. Le projet y supplée,
en appliquant à ces baux les dispositions que je viens
de citer.

A l'égard de tous autres baux, leur durée est purement arbitraire, et ne dépend que de la convention.

Si le bail à rente doit être regardé comme une vente
de propriété, si le bail à vie est une vente d'usufruit, le
bail à terme, quelque prolongé qu'il soit, ne transmet
qu'une jouissance temporaire, et par conséquent ne
sera toujours qu'un bail pur et simple.

Après avoir déclaré ce qui peut faire la matière d'un
bail, comment il peut être constaté, et combien il peut
durer, il fallait déterminer les *obligations respectives* du
bailleur et du preneur.

Celle du *bailleur* est de *faire jouir le preneur.*

De là trois conséquences directes : 1°. il doit lui délivrer la chose louée; 2°. il doit entretenir cette chose en bon état; 3°. il doit garantir le preneur du trouble et des évictions.

Le bailleur doit livrer la chose louée. Voici les conséquences ultérieures qui dérivent de ce prenier devoir : 1°. si le bailleur se trouve hors d'état de faire cette délivrance, il est sujet aux dommages et intérêts du preneur, à moins que la chose n'ait péri par un accident de force majeure ; 2°. si la délivrance est possible, elle doit se faire aux frais du bailleur, qui ne peut laisser à la charge du preneur que les frais d'entrée en jouissance ; 3°. si le bailleur, pouvant délivrer la chose, s'y refuse, ou seulement diffère, le preneur peut se faire autoriser par justice et s'en mettre en possession, et même obtenir des dommages et intérêts; 4°. la chose doit être livrée avec tous ses accessoires, sans quoi la délivrance ne serait pas complète; 5°. la chose doit être livrée en bon état, sans quoi la délivrance serait illusoire, puisque le preneur ne pourrait en tirer le service sur lequel il a droit de compter; 6°. le bailleur est garant envers le preneur de tous les vices ou défauts de la chose louée qui peuvent nuire à son usage, quand même le bailleur n'aurait pas connu ces vices lors du bail ; 7°. enfin, si la chose, par ses défauts, se trouve hors d'état de servir à l'usage pour lequel elle était louée, le droit du preneur va jusqu'à pouvoir demander la résolution du bail.

Le bailleur doit entretenir en bon état la chose louée. Il en faut conclure qu'il ne peut, dans le cours du bail, apporter à l'état de cette chose aucun changement qui puisse nuire à la jouissance sur laquelle le preneur a droit de compter. Le bailleur ne pourrait, par exemple, soit dans la maison par lui donnée à bail, soit dans une maison voisine dont il se trouverait également propriétaire, élever des constructions capables de priver son locataire des jours qu'il avait, et qui lui étaient nécessaires pour l'exercice de sa profession.

Le bailleur ne doit pas seulement laisser les lieux dans l'état où ils ont été acceptés par le preneur ; il doit encore les y maintenir, et par conséquent y faire au besoin les réparations convenables : mais aussi, pour le mettre en état d'accomplir cette obligation, le preneur est lui-même tenu de subir les réparations si, durant le cours du bail, il en survient à faire, si elles sont essentielles, et si elles ne peuvent se différer jusqu'à sa fin. Le preneur doit les souffrir, quelque incommodité qu'elles lui causent, et quoique, pendant qu'elles se font, il soit privé d'une partie de la chose louée, pourvu qu'elles ne durent pas plus de quarante jours. Cette règle, établie par la jurisprudence, est avec raison adoptée par le projet, parce que le locataire, en acceptant le bail, a dû prévoir qu'il pourrait survenir des dégradations à la chose louée, qu'elles pourraient lui occasioner de l'embarras ; que cependant il serait nécessaire d'y pourvoir ; qu'il serait même intéressant pour lui qu'on ne les négligeât pas, parce qu'il a dû déterminer d'après ces considérations le prix qu'il lui convenait de donner.

Si les réparations durent plus de quarante jours, alors la loi ne présumant plus que le locataire ait entendu subir une plus longue privation, et ne trouvant pas juste de l'y assujétir sans dédommagement, l'auto-

17

rise à réclamer une diminution de loyer proportionnelle à la privation et à sa durée, et même à demander la résolution de son bail, mais sans dommages-intérêts, si les réparations à faire sont telles qu'elles rendent inhabitables ce qui est nécessaire au logement du preneur et à sa famille.

Par la même raison, si, pendant la durée du bail, la chose est entièrement détruite par un événement fortuit, le bail est de plein droit anéanti; si la chose n'est détruite qu'en partie, le preneur peut, selon les circonstances, demander, ou une diminution du loyer, ou la résiliation absolue du bail; mais, dans l'un et l'autre cas, il n'y aura lieu à aucun dédommagement.

Le bailleur enfin *est tenu de garantir le preneur de l'éviction et du trouble;* mais il faut distinguer :

Si le trouble est du fait direct ou indirect du bailleur, son obligation d'en garantir n'est pas douteuse; c'est même à lui seul à faire cesser le trouble. Le preneur, en effet, par la tradition qui lui est faite de la chose, n'a reçu que la faculté d'en jouir ou d'en user; c'est le bailleur qui possède par lui : c'est donc contre le bailleur que doivent se diriger les actions de ceux qui prétendent, soit à la propriété, soit à la possession. Si donc ceux qui ont commis des voies de fait s'attribuent quelque droit sur la chose, ou si le preneur est lui-même judiciairement cité en délaissement de tout ou de partie, il doit appeler immédiatement le bailleur en garantie; il doit même être mis hors d'instance, s'il l'exige, en indiquant seulement aux auteurs du trouble celui pour qui il possède.

Mais le bailleur n'est pas tenu de garantir le preneur du trouble que des tiers apportent à sa jouissance par de simples voies de fait, sans prétendre d'ailleurs aucun droit sur la chose : le preneur doit alors se défendre en son nom : c'est lui seul qu'ils attaquent, c'est à sa jouissance personnelle qu'ils attentent, c'est à lui seul à les faire réprimer.

Quant aux *obligations du preneur,* la première est celle de *payer le prix de la location* aux termes expressément ou tacitement convenus : j'appelle ici termes tacitement convenus, ceux sur la fixation desquels les parties s'en sont rapportées à l'usage, en ne stipulant rien de contraire.

Une seconde obligation du preneur est d'*user de la chose louée suivant la destination* qui lui a été donnée par bail, ou suivant celle présumée d'après les circonstances, à défaut de convention. Ainsi le locataire d'une maison ne pourrait y établir une forge, s'il n'y en avait pas eu auparavant, à moins que la profession de ce locataire, connue au temps du bail, ne dût faire présumer que la maison lui a été louée pour être employée à cet usage. Si le preneur faisait servir la chose louée à un autre usage que celui auquel elle était destinée, et s'il en pouvait résulter un dommage pour le bailleur, celui-ci pourrait, selon les circonstances, obtenir la résiliation du bail.

Une troisième obligation du preneur est d'*user de la chose louée en bon père de famille.* Ainsi le fermier d'une métairie doit bien façonner les terres et en saison convenable, et ne rien détourner des fumiers et des pailles qui sont destinés à l'engrais.

Une quatrième obligation du preneur est de *rendre les lieux en l'état* où il les a pris. S'il a eu la précaution de faire contradictoirement un état ou description de

lieux, c'est cette description qui règle son obligation :
s'il n'y a pas eu de description, il est présumé avoir
reçu les lieux en bon état, sauf la preuve contraire.

De toutes les dégradations survenues pendant sa
jouissance, il n'y a que celles qu'il peut prouver l'être
sans sa faute, par vétusté, cas fortuit ou force majeure,
qu'il ne soit pas tenu de garantir.

Il n'est pas tenu seulement des dégradations qui arrivent par son fait, il l'est encore de celles arrivées par le
fait des personnes de sa maison ou de ses locataires. Il
répond spécialement de l'incendie, s'il ne prouve pas
qu'il soit arrivé par cas fortuit ou force majeure, ou
par vice de construction, ou que le feu ait été communiqué par une maison voisine.

Ici le projet décide une question fort importante qui
partageait les jurisconsultes. Il s'agissait de savoir qui
doit répondre de l'incendie qui se déclare dans une
maison où il y a plusieurs locataires indépendans les
uns des autres, ou principaux chacun en ce qui les concerne; d'un incendie qui n'est arrivé, ni par cas fortuit ou force majeure, ni par vice de construction, ni
par communication d'une maison voisine; d'un incendie manifesté dans la maison même, mais dont on
ignore l'auteur. Beaucoup de jurisconsultes, et Pothier
parmi eux, prétendent qu'alors aucun des locataires
n'est tenu de dédommager le propriétaire; qu'au moyen
de l'incertitude, la présomption de faute, qui doit servir de base à la garantie, ne s'élève contre personne.
D'autres pensent que tous les locataires, en ce cas,
sont solidairement garans. C'est cette dernière opinion
que le projet consacre, et votre section a pensé que
c'était avec raison.

Dans ce cas, en effet, il y a un point certain; c'est que le propriétaire qui éprouve le dommage a droit à une indemnité : et à côté de ce droit est le fait également certain que l'incendie, ayant commencé dans la maison, est le produit de la faute des locataires, quels qu'ils soient. C'est donc sur ces locataires que doit porter l'action de garantie ; et, quand le coupable n'est pas connu, il faut bien que ce soit sur tous. C'est à eux à se surveiller mutuellement, surtout, désormais, au moyen de l'avertissement que la loi leur donne ici. Il en résultera, non-seulement que le propriétaire lésé ne restera pas sans indemnité, mais encore qu'une surveillance plus active préviendra, sinon toujours l'incendie, du moins souvent ses progrès ; et, sous ce point de vue, la disposition du projet a le double mérite d'être juste et salutaire. Au reste, elle contient les modifications que pouvaient désirer les locataires eux-mêmes pour la rendre presque toujours sans inconvénient : car elle ajoute, non-seulement que s'ils prouvent que l'incendie a commencé dans l'habitation de l'un d'eux, celui-là seul sera tenu de la garantie, mais encore qu'en tous cas ceux-là n'en seront pas tenus qui prouveront du moins que l'incendie n'a pu commencer chez eux.

Il restait à parler de la *cessation du bail*, et, à cette occasion, de la *tacite reconduction :* c'est l'objet du reste des dispositions de cette section.

Si le bail a été fait sans écrit, sans terme fixe, ce bail cesse dès qu'il plaît à l'une des partie. Mais alors il faut que cette partie en prévienne l'autre à l'avance par un congé, qu'elle ne peut lui donner qu'avec les délais d'usage dans le lieu.

Il aurait été à désirer qu'il fût possible de déterminer ces délais et de les rendre uniformes pour toute la république. Mais les usages sont à cet égard si variés ; on est en général si attaché à ces usages , dont la différence des localités peut au surplus justifier la diversité ; on est tellement accoutumé à faire ses spéculations et ses dispositions d'après ces usages ; enfin il y a si peu d'inconvéniens à s'y référer sur ce point , comme on y est obligé sur beaucoup d'autres, que votre commission n'a pas cru devoir insister sur une détermination uniforme des délais pour les congés.

Lorsqu'il y a un terme fixé par écrit , le bail cesse de plein droit à ce terme , sans qu'il soit nécessaire de donner congé ; il suffit que le preneur quitte à cette époque. S'il arrivait que le preneur ne sortît pas , et que le bailleur négligeât de l'expulser , alors on supposerait à tous deux l'intention de continuer la location ; et il s'opérerait de droit entre eux un nouvel engagement entièrement conforme au premier quant aux conditions , mais sans terme comme sans écrit , et sans que les hypothèques et l'engagement des cautions, s'il y en a , continuent. Cette tacite reconduction n'aurait pas lieu, quoique le preneur eût joui quelque temps au-delà du terme de son bail , si le bailleur, par un congé ou par une sommation de sortie signifiés à ce terme, avait déclaré sa volonté.

Le contrat de louage ne cesse pas seulement par l'expiration du temps fixé pour sa durée ; il cesse encore par la perte de la chose louée ; il cesse encore par la résiliation que l'une ou l'autre des parties peut en demander , à défaut d'exécution des engagemens contractés.

Mais (et c'est encore une innovation utile) le bail ne sera plus résolu par la seule volonté de l'acquérenr de la chose louée ; ce ne sera plus du moins une faculté attribuée de droit au nouvel acquéreur ; il faudra, pour qu'elle lui ait été transmise, qu'elle ait été expressément réservée par le bail.

Cette faculté prenait sa source dans les lois romaines ; mais elles ne l'attribuaient qu'à celui qui, par le titre de son acquisition, n'avait pas été chargé de l'entretien du bail. Chez nous, cette stipulation-là même ne le privait pas de la faculté ; elle ne le soumettait à autre chose qu'à indemniser le locataire, en l'expulsant ; elle n'avait pas plus d'effet que la stipulation directe qui l'aurait chargé de payer l'indemnité en l'acquit du vendeur. A l'appui de cette jurisprudence, on disait que le droit du locataire n'est qu'un droit de créance personnelle ; que la tradition qu'il reçoit ne lui transfère aucun droit dans la chose, pas même celui de possession, puisque le bailleur reste propriétaire et même possède par son locataire ; que l'acquéreur, au contraire, reçoit une pleine transmission de propriété.

Mais qu'importent ces considérations? N'est-il donc pas de principe qu'on ne peut transmettre à autrui plus de droit qu'on n'en a soi-même? Le vendeur qui, par un bail constaté, s'est dessaisi pour un temps convenu de la jouissance de sa chose, qui a promis de garantir cette jouissance au preneur, et dont l'obligation principale, en effet, est de faire jouir le preneur, peut-il donc vendre ou léguer à un tiers sa propriété dégagée de cette obligation ? On croyait, en attribuant au nouvel acquéreur le droit d'expulsion, favoriser les ventes ; et l'on décourageait les établissemens d'agriculture, d'usines et de manufactures, en violant les principes. Il vaut mieux y revenir, et conserver à chacun ce qui lui appartient, ce que la convention·lui promet et doit lui assurer.

Il fallait seulement mettre les acquéreurs à l'abri des baux supposés; et c'est ce que fait le projet, en statuant que le locataire ne pourra se maintenir qu'en produisant un bail authentique ou dont la date soit certaine, et que tout autre bail ne pourra ni le garantir de l'expulsion, ni l'autoriser à exiger aucune indemnité.

Après avoir posé le principe, le projet prévoit le cas (désormais bien rare sans doute) où le bail contiendrait la réserve du droit d'expulsion en faveur de celui qui pourrait acquérir subséquemment la propriété, et il assure alors au locataire, 1°. un délai pour sortir des lieux; 2°. une indemnité qui lui sera due par le bailleur ou par le nouveau propriétaire en son acquit, s'il est ainsi stipulé par le titre de transmission de propriété. La manière de fixer cette indemnité, s'il n'y a pas été pourvu par le bail même, est déterminée par le projet, qui autorise d'ailleurs le locataire ou fermier à rester en possession jusqu'à ce qu'on l'ait entièrement désintéressé. Enfin, lorsque la vente est à faculté de rachat, le projet interdit à l'acquéreur l'exercice de celle d'expulser, jusqu'à ce que, par l'expiration du délai fixé par le réméré, il soit devenu propriétaire incommutable.

Après ces règles communes aux baux de maisons et de biens ruraux, le projet passe aux *dispositions particulières aux baux de maisons ou à loyer.*

II. Ces dispositions sont détachées les unes des autres, parce qu'elles ne forment, pour les baux à loyer, que le complément des règles générales comprises sous la première section.

On s'occupe d'abord des *sûretés à donner au propriétaire.*

Le locataire d'une maison doit la *garnir de meubles suffisans* pour répondre du loyer ; s'il ne le fait pas, il peut être expulsé, à moins qu'il ne donne d'autres sûretés.

Le rapport ne détermine pas la proportion qui doit exister entre la valeur de ces meubles et les loyers tant échus qu'à échoir ; les usages varient à cet égard comme sur beaucoup d'autres points relatifs au contrat de louage : c'est à ces usages qu'il faut renvoyer.

Quand le locataire sous-loue, il faut que ce soit sans porter atteinte aux sûretés comme aux droits du propriétaire. Celui-ci doit donc trouver dans les sous-locataires une garantie équivalente à celle que lui présenterait l'occupation personnelle du locataire direct : ce sont les loyers à payer par les sous-locataires, et leurs meubles, qui doivent lui fournir cette garantie. Mais le sous-locataire ne doit être tenu envers le propriétaire que jusqu'à concurrence du prix de sa sous-location, et seulement pour ce qu'il en peut devoir à l'instant de la saisie faite entre ses mains ; il est juste même de le tenir quitte relativement aux loyers qu'il peut avoir payés d'avance au principal locataire, pourvu qu'ils ne l'aient été que conformément à l'usage des lieux, et en vertu d'une stipulation suffisamment attestée par le bail.

C'est encore des intérêts du propriétaire que le projet s'occupe, quand il indique les réparations qui sont ordinairement à la charge du locataire, et quand il les

distingue de celles dont le propriétaire demeure chargé.
Ces *réparations locatives* sont censées occasionées par
l'usage même de la chose, ou par son abus trop fréquent, par le défaut de soin de la part du locataire ou
des personnes dont il est responsable.

A l'égard de la *tacite reconduction* qui peut avoir lieu
à l'expiration d'un bail de maison à terme fixe, les dispositions particulières de cette section ne sont que l'application de celles générales que vous avez vues dans
la précédente.

Les règles générales relative à la *durée* présumée d'un
bail sans écrit ou sans terme, s'appliquent également
au bail d'une maison ou d'un appartement.

Le *bail des meubles* fournis au locataire pour garnir
les lieux qu'il veut occuper est censé fait pour le même
temps que celui de ces lieux.

La *location d'un appartement meublé* est censée faite à
l'année quand elle est faite à tant par an, au mois
quand elle est faite à tant par mois, au jour si elle a
été faite à tant par jour ; et si rien ne constate que la
location ait été faite à tant par an, par mois ou par
jour, elle est censée faite suivant l'usage local.

S'il y a lieu à la *résiliation* du bail, sur la demande
du propriétaire, pour le fait du locataire, dans l'une
des circonstances indiquées par la loi, le locataire, indépendamment des dommages et intérêts à sa charge,
sera tenu du loyer pendant le temps ordinairement laissé
au propriétaire pour s'assurer d'un nouveau locataire.

Cette section est terminée par une innovation aussi
importante que les précédentes. Vous savez que tout
propriétaire avait la faculté, s'il n'y avait pas formellement renoncé par le bail, d'expulser ses locataires

quand il voulait occuper sa maison en personne. Cette faculté prenait sa source, comme celle du nouvel acquéreur, dans la disposition des lois romaines, qui cependant exigeaient que le propriétaire prouvât préalablement qu'il avait un besoin essentiel de sa maison. L'usage avait prévalu parmi nous d'admettre indistinctement tout propriétaire qui voulait personnellement occuper sa maison, soit en tout, soit en partie, à donner congé à son locataire : on s'était borné, pour prévenir la fraude d'un propriétaire qui n'aurait d'autre vue que de se procurer une location plus avantageuse, à exiger qu'il affirmât en justice vouloir réellement occuper, et qu'effectivement il occupât. Cette faculté du propriétaire rendait souvent illusoire un contrat qui ne doit pas plus que tout autre dépendre de la volonté d'une seule des parties; cette faculté pouvait mettre obstacle ou nuire à des établissemens utiles, qui, pour se former et s'étendre avec confiance, ont besoin d'être assurés d'une jouissance fixe et durable. La conservation de cette faculté n'avait au reste aucun pretexte aujourd'hui que les habitations sont assez multipliées pour qu'un propriétaire qui a donné la sienne à loyer en trouve une autre sans avoir besoin de rompre ses engagemens. C'est donc une disposition sage que celle qui supprime désormais cette faculté, ou plutôt qui ne permet plus au propriétaire de l'exercer que quand, par le bail, il l'aura expressément réservée. Tout locataire qui n'aura pas souscrit à des réserves, sera donc à l'avenir assuré de jouir paisiblement jusqu'au terme, sans redouter d'expulsion arbitraire, ni de la part de son propriétaire, ni de celle d'un acquéreur.

Je passe aux *règles particulières aux baux* de biens

ruraux ou *à ferme;* c'est la matière de la troisième et dernière'section du chapitre premier.

III. Ces règles, qui sont encore, à l'égard des baux à ferme, le complément de celles générales de la première section, ne pouvaient également présenter que des dispositions détachées.

D'abord le droit de *sous-location* ou de cession de bail est limité quant au colon qui cultive sous la condition d'un partage de fruits avec le bailleur. Ce droit ne lui est attribué qu'autant qu'il lui a été expressément réservé ; à la différence du locataire ou du fermier, qui ne peuvent en être privés que par une clause formelle. Si le colon contrevient à cette prohibition, le bail peut être résilié avec dommages et intérêts. La raison de cette différence de droits résulte de ce que le colon partiaire est une sorte d'associé, et qu'il est de principe, en matière de société, que personne n'y peut être introduit sans le consentement de tous les associés.

Le projet, prévoyant ensuite les *indemnités* que le propriétaire ou le fermier pourrait prétendre *pour excès* ou *déficit* dans la mesure déclarée par le bail aux fonds affermés, renvoie à cet égard à ce qui est établi entre le vendeur et l'acquéreur dans le titre du *Contrat de vente.* Ainsi, il ne peut y avoir lieu à aucun supplément de prix en faveur du bailleur pour excédant de mesure, ni à aucune diminution de prix en faveur du preneur pour déficit de mesure, qu'autant que la différence de la mesure réelle à celle exprimée au bail se trouvera d'un vingtième en plus ou en moins, s'il n'y a stipulation contraire. Cette disposition est propre à prévenir beaucoup de contestations.

Une disposition subséquente pourvoit aux moyens

de garantir au propriétaire une *culture convenable*. Il est statué, dans cette vue, que si le preneur d'un héritage rural ne le garnit pas des bestiaux et ustensiles nécessaires à son exploitation, s'il abandonne la culture, s'il ne cultive pas en bon père de famille, s'il emploie la chose louée à un autre usage que celui auquel elle a été destinée, ou, en général, s'il n'exécute pas les clauses du bail, et qu'il en résulte un dommage pour le bailleur, celui-ci peut, selon les circonstances, faire résilier le bail avec dommages et intérêts.

Quant aux *sûretés du propriétaire* pour la perception de ses fermages ou de sa part dans les produits de la métairie, elles sont principalement dans les fruits mêmes. C'est pour lui conserver ce gage, c'est pour le mettre à portée d'en prévenir la soustraction, qu'il est statué que tout preneur de bien rural doit engranger dans les lieux qui y sont destinés.

Enfin, comme le preneur, placé sur les lieux, est à portée de veiller pour le bailleur; comme celui-ci possède par le preneur, s'en rapporte à sa surveillance, et doit y compter, puisqu'elle profite à tous deux, il est enjoint expressément au preneur, sous peine de dommages et intérêts, d'avertir le bailleur, dans le délai réglé pour les assignations, des usurpations qui pourraient être commises sur les fonds. Ce devoir est une conséquence de l'obligation *d'user de la chose en bon père de famille.*

Vient ensuite le réglement des *indemnités* que le fermier d'un bien rural peut avoir à prétendre *pour perte de récolte par cas fortuit.* Cette matière avait ses difficultés. Le projet de loi les prévient pour l'avenir par des dispositions claires. Deux principes ont servi de guides:

le premier, que le contrat de louage s'analyse en une
espèce de contrat de vente de fruits futurs, laquelle ne
se réalise qu'autant que des fruits viennent à naître, et
à former la matière du contrat ; le second, que cette
vente n'est pas celle particulière des fruits de chaque
année du bail, mais celle de la masse des fruits de
toutes les années qu'il embrasse.

On admet que le fermier peut être chargé des cas
fortuits par une stipulation expresse. Mais d'abord il
est déclaré qu'une telle stipulation ne s'entend que des
cas fortuits ordinaires, tels que la grêle, le feu du ciel,
la gelée et la coulure, à moins que le fermier n'ait été
expressément chargé de tous les cas fortuits prévus ou
imprévus ; ensuite on reconnaît que s'il n'a pas été
chargé des cas fortuits, il en doit être indemnisé ;

Mais, à cet égard, on distingue :

Si le bail est fait pour plusieurs années, et que,
pendant la durée du bail, la totalité ou la moitié au
moins d'une récolte se trouve perdue pour le fermier,
il peut demander une remise proportionnelle du prix
de sa location, à moins qu'il ne soit indemnisé par le
bénéfice des récoltes précédentes ; il faut même subsidiairement faire entrer en considération le bénéfice des
récoltes subséquentes. Si donc le fermier n'est pas indemnisé par celles précédentes, la remise ne peut avoir
lieu qu'à la fin du bail : c'est alors qu'il se fait une
juste compensation de toutes les années de jouissance.
Mais, comme en attendant il faut venir au secours du
fermier, les juges peuvent provisoirement le dispenser
de payer une partie de son prix.

Si le bail n'est que d'une année, le fermier sera déchargé d'une partie proportionnelle du prix de sa loca-

tion, mais toujours pourvu que la perte soit au moins de la moitié des fruits.

Au reste, il ne peut, en aucun cas, obtenir de remise que quand la perte des fruits arrive avant qu'ils soient séparés de la terre, parce que c'est jusque-là seulement qu'ils font partie du sol, et restent avec lui aux risques du propriétaire. Il est cependant un cas où la perte des fruits peut tomber, proportionnellement du moins, sur le bailleur même, après qu'ils sont séparés du fonds : c'est lorsque le bail donne au propriétaire une quotité de la récolte en nature, et c'est le cas où se trouve toujours le propriétaire vis-à-vis du colon partiaire.

Enfin le fermier ne peut demander de remise lorsque la cause du dommage était existante et connue au moment où le bail a été passé.

Sur l'époque de l'*expiration des baux à ferme*, dont la durée n'a pas été fixée par la convention, le projet se détermine par les présomptions qui sortent de la nature des biens ruraux. En général, le bail est censé fait pour le temps qui est nécessaire au preneur pour recueillir les fruits de l'héritage affermé, et le bail finit de droit, sans qu'il soit besoin de congé, à cette époque présumée, comme à celle qui aurait été stipulée par écrit ; et si, par une possession continuée au-delà du terme présumé, il s'opère une *tacite reconduction*, c'est un nouveau bail, en tout conforme au premier pour les conditions, le prix et la durée.

Enfin, comme il est de l'intérêt du propriétaire, et même de l'intérêt public, que la culture des terres ne soit pas un seul instant entravée, deux obligations sont imposées au fermier dont le bail cesse et qui sort. La première est de laisser au fermier qui lui succède les facilités et les logemens nécessaires pour les travaux de l'année suivante, selon l'usage des lieux ; mais, réciproquement, le fermier entrant doit procurer à celui qui sort les facilités et les logemens nécessaires pour la consommation des fourrages et pour les récoltes restant à faire. La seconde obligation du fermier sortant est de laisser les pailles et engrais de l'année, s'il les a reçus à son entrée en jouissance, et même, quand il ne les aurait pas reçus, le propriétaire est autorisé à les retenir au prix de l'estimation.

Ici se termine ce qui concerne le *louage des choses*, et c'est la partie la plus étendue du projet.

II. DU LOUAGE D'OUVRAGE.

Les soins, les services, le travail et l'industrie forment la matière du contrat de *louage d'ouvrage*; voilà ce qu'on y donne à loyer, voilà ce qu'on y paie. C'est donc le gardien, le serviteur, l'artisan, l'ouvrier ou l'entrepreneur, qui est véritablement le locateur; celui qui les paie est le véritable locataire ou conducteur, et c'est mal à propos que, dans les lois et les ouvrages des jurisconsultes, ces qualités ont été interverties.

Le projet, dans ce chapitre, ramène les diverses locations d'ouvrage ou d'industrie à trois principales : celle des gens de travail qui s'engagent au service de quelqu'un ; celle des voituriers tant par terre que par eau, qui se chargent du transport des personnes ou des marchandises, et celle des entrepreneurs d'ouvrages avec devis ou marchés. Elles forment la matière d'autant de sections.

I. **A** l'occasion du *louage des domestiques et ouvriers*, il était convenable de consacrer de nouveau le principe de la liberté individuelle; c'est ce que fait le projet en statuant qu'on ne peut engager ses services qu'à temps, ou pour une entreprise déterminée. Il résulte encore du principe cette conséquence, que l'engagement, s'il n'est pas exécuté, se résout en dommages et intérêts.

Si la convention s'exécute et qu'il y ait contestation sur le salaire ou sur son paiement, le maître dont on a suivi la foi est alors cru sur son affirmation, pour la quotité des gages, pour le paiement du salaire de l'année échue et pour les à-comptes donnés sur l'année courante.

Le projet s'en tient à ces dispositions sur ce genre de louage, et elles suffisent. On peut suppléer les développemens par l'application de celles des règles générales énoncées dans le précédent chapitre, qui sont de nature à régir également ce contrat.

II. Le projet est, par la même considération, presque aussi laconique sur le *louage des voituriers par terre et par mer*. C'était principalement sur leur *responsabilité* qu'il fallait établir quelques règles, et les voici :

D'abord, en général, les voituriers par terre et par eau sont assujétis, pour la garde et la conservation des choses qui leur sont confiées, aux mêmes obligations que les aubergistes, parce que c'est à leur égard un dépôt tout aussi nécessaire et aussi peu gratuit. Cette responsabilité embrasse, non-seulement ce que les voituriers ont déjà reçu dans leur bâtiment ou voiture, mais encore ce qui leur a été remis sur le port ou dans l'entrepôt pour être placé dans leur bâtiment ou voiture, parce que c'est dès ce moment qu'ils sont devenus dépositaires. Enfin, cette responsabilité ne cesse que lors-

18

qu'ils sont en état de prouver que les choses qui leur ont été confiées ne sont perdues ou avariées que par l'effet d'un cas fortuit.

Pour ajouter aux sûretés des voyageurs, il est enjoint aux entrepreneurs des voitures publiques par terre et par eau, et à ceux des roulages publics, de tenir registres de l'argent et des effets dont ils se chargent.

III. Sur le louage des entrepreneurs d'ouvrage par devis et marchés, le projet devait être et est en effet plus étendu. Il s'applique surtout à régler les intérêts de l'ouvrier et du propriétaire, relativement à la *perte* et aux *défauts de l'ouvrage*.

Il commence par distinguer le cas où l'ouvrier ne doit fournir que son travail, de celui où il s'est engagé à fournir aussi la matière.

Lorsque l'ouvrier fournit la matière, le contrat se rapproche de la vente, puisque c'est la chose entière, matière et travail réunis, que l'ouvrier s'est engagé à fournir au prix convenu; il demeure donc propriétaire jusqu'à la confection de l'ouvrage, jusqu'au moment où il est en état et offre d'en faire la livraison. La chose reste donc à ses risques jusque-là.

Si, au contraire, l'ouvrier n'a promis que son travail ou même des matériaux; si la chose principale est fournie par le maître, comme lorsqu'un entrepreneur s'est engagé à bâtir une maison sur le terrain du maître, c'est un véritable bail d'ouvrage. Mais alors même il faut distinguer:

Ou la chose vient à périr par cas fortuit, sans qu'il y ait de la faute, ni du maître, ni de l'entrepreneur, avant que l'ouvrage ait été reçu, et avant que le maître ait été mis en demeure de le vérifier et de le recevoir:

alors la perte se partage ; elle est à la charge du maître pour la chose, et de l'ouvrier pour le travail, parce qu'ils sont demeurés propriétaires à part, l'un du travail, et l'autre de la chose ;

Ou bien l'ouvrage était fait et reçu (et quand il s'agit d'un ouvrage à plusieurs pièces ou à la mesure, la vérification peut s'en faire par parties, et est censée faite pour toutes les parties payées), ou le maître était en demeure de le vérifier et de le recevoir : alors toute la perte est pour le maître, et l'ouvrier doit être par lui payé de son salaire ;

Ou bien encore l'ouvrage n'était pas reçu, et le maître n'était pas en demeure de le recevoir ; mais le tout a péri par le vice intrinsèque de la chose : alors encore la perte est à la charge du maître ;

Ou bien enfin tout a péri par la faute de l'ouvrier : c'est alors sur lui seul que doit tomber toute la perte ; il faut qu'il indemnise le propriétaire.

Mais il est une disposition particulière à noter ici. S'il s'agit de la construction d'un édifice, et qu'il vienne à périr, soit par le vice de la construction, soit même par le vice du sol, l'entrepreneur en est responsable : c'était à lui à savoir sa profession, et par conséquent, non-seulement à faire une bonne et solide construction, mais encore à savoir si le sol qu'on lui donnait pour y bâtir était propre à recevoir l'édifice et à résister. Au surplus, cette responsabilité de l'entrepreneur ne dure que dix ans après le travail fait, vérifié et payé.

Enfin l'entrepreneur répond, non-seulement de ses faits personnels, mais aussi des faits des ouvriers qu'il emploie.

18.

Ce n'était pas assez de déterminer sur qui, selon les circonstances, devait tomber la perte, tant de l'ouvrage que de la chose; il fallait encore prévenir un abus trop commun en matière de construction. C'est celui qui résulte des changemens que les entrepreneurs, après avoir fait leurs plans, devis et marchés, se permettent souvent; des changemens dont ils se font un prétexte pour sortir des limites tracées par la convention, et qui entraînent aisément la ruine des propriétaires ainsi dérangés dans leurs spéculations. Le projet, pour y pourvoir, statue, d'une part, que lorsqu'un architecte ou entrepreneur se sera chargé de la construction à forfait d'un bâtiment, d'après un plan arrêté et convenu avec le propriétaire du sol, il ne pourra demander aucune augmentation de prix, ni sous le prétexte d'augmentation de la main-d'œuvre ou des matériaux, ni sous celui de changemens ou d'augmentations faits sur ce plan, si ces changemens ou augmentations n'ont pas été autorisés par écrit, et le prix convenu avec le propriétaire.

Le projet, d'autre part, confirme au maître le droit de résilier par sa seule volonté le marché à forfait, quoique l'ouvrage soit déjà commencé; il oblige seulement de dédommager en ce cas l'architecte ou l'entrepreneur de toutes ses dépenses, de tous ses travaux et de tout ce qu'il aurait pu gagner dans l'entreprise.

Hors ce cas, *le contrat de louage* d'ouvrage n'est *dissous* que par la mort de l'ouvrier, de l'architecte ou de l'entrepreneur. On distinguait entre le louage d'ouvrage où le talent de l'artiste avait été spécialement considéré, et le louage d'ouvrage pour lequel l'entrepreneur pouvait aisément se faire remplacer. Mais il est mieux de ne faire aucune distinction, parce que la confiance aux talens, aux soins et à la probité du locateur, entre toujours plus ou moins en considération dans le louage d'ouvrage, et que c'est toujours en définitif d'obligation d'un fait personnel que le locateur y contracte. Mais il est juste aussi que, même en ce cas, le propriétaire ne profite pas gratuitement de ce qui peut être fait de l'ouvrage : il est donc tenu de payer à la succession de l'entrepreneur, en proportion du prix porté par la convention, la valeur des ouvrages faits et celle des matériaux préparés, lorsque ces ouvrages et ces matériaux peuvent lui être utiles.

Quand c'est un entrepreneur qui a été chargé de l'ouvrage, les maçons, charpentiers et autres ouvriers qui peuvent avoir été employés à cet ouvrage, n'ont d'action contre celui pour qui il a été fait que jusqu'à concurrence de ce dont il se trouve débiteur envers l'entrepreneur au moment où leur action est intentée.

Lorsqu'il n'y a pas d'entrepreneur en chef, les maçons, charpentiers et autres ouvriers qui font directement des marchés à forfait, sont soumis aux dispositions que je viens d'analyser ; chacun d'eux est considéré comme entrepreneur particulier dans la partie qu'il traite.

Je n'ai plus à vous entretenir que du troisième et dernier chapitre, qui traite du *bail de cheptel*.

III. DU BAIL DE CHEPTEL.

C'est un contrat par lequel l'une des parties donne à l'autre des animaux de quelque espèce que ce soit, susceptibles de croît ou de profit pour l'agriculture ou le commerce, à l'effet de les garder, nourrir et soigner, sous les conditions convenues.

C'est un bail de choses, qui participe du bail à ferme, en ce que ces choses produisent des fruits naturels ; il participe aussi du bail d'ouvrage, en ce qu'il a pour objet en partie les soins réels que le preneur est tenu de donner à la chose : enfin on verra qu'il devient un vrai contrat de société, quand le troupeau est fourni moitié par le bailleur et moitié par le preneur. C'est par ces motifs qu'il a fallu faire du bail de cheptel l'objet d'un chapitre à part.

S'il n'y a pas de conditions convenues, elles seront suppléées par les dispositions de ce chapitre.

Il y a trois espèces principales de cheptels ; savoir : le cheptel simple ou ordinaire, le cheptel à moitié et le cheptel donné au fermier ou au colon partiaire.

I. Le bail *à cheptel simple* est un contrat par lequel un propriétaire de bestiaux les donne, soit à son fermier, soit à celui d'un autre, soit à un propriétaire, pour les garder, soigner et nourrir. Le prix de ce bail est immédiatement formé par le profit entier des laitages, du fumier et du travail des animaux. Mais pour intéresser davantage le preneur à la surveillance, on lui donne en outre une part dans la laine, le croît et l'augmentation de valeur du troupeau, à la charge de supporter proportionnellement la perte, s'il en survient. Cette part, tant active que passive, est ordinairement de moitié.

Sous ce point de vue, il se forme entre le bailleur et le preneur une espèce de société : aussi quelques auteurs considèrent-ils ce contrat comme un contrat de société. Mais il est évident que l'association n'est ici qu'un contrat secondaire; que le contrat principal est un bail, celui par lequel le preneur promet et se fait payer ses soins; que le troupeau n'entre point dans la société; que le bailleur en reste propriétaire; qu'enfin l'association au profit et à la perte n'est qu'un supplément au prix du bail.

C'est aussi sous ce point de vue que les coutumes de Berri, de Bourbonnais, de Nivernais et de Bergerac, ont considéré ce contrat. Ce sont les seules qui eussent des dispositions relatives; mais l'usage des baux à cheptel s'était introduit dans d'autres provinces où les coutumes n'en parlaient pas.

C'est dans les dispositions de ces quatre coutumes qu'ont été puisées celles du projet.

Aucune *forme* déterminée n'est requise pour la validité de ce contrat; mais il faut du moins qu'au moment de la délivrance du cheptel, il en soit fait une *estimation*, pour qu'on puisse, à l'expiration du bail, savoir s'il y a de l'augmentation ou du déchet dans la valeur. Cette estimation n'a pas d'autre objet, puisque le bailleur conserve la propriété du troupeau.

D'après ce premier aperçu, il est aisé de pressentir sur qui, selon les circonstances, doit tomber *la perte partielle ou totale*.

Il faut d'abord décider avec le projet que le preneur ne peut être tenu que des pertes qui surviendraient par sa faute. Ce sont celles-là seulement qu'il doit réparer par un remplacement en nature ou en valeur.

S'il prouve que la perte est arrivée par cas fortuit, et si l'on n'établit pas qu'il ait été précédé de quelque faute du preneur, sans laquelle la perte ne serait pas arrivée, il faut distinguer. La perte est-elle seulement

partielle, elle tombe à la charge commune, proportionnellement à la part assignée à chacun dans la perte et
dans le gain : le preneur est seulement tenu de rendre
compte des peaux des bêtes péries. La perte est-elle totale : comme la chose appartient au bailleur seul,
comme elle fait la matière du contrat, et comme l'extinction de la chose par cas fortuit ou par force majeure résout la convention, cette perte est à la charge
du propriétaire seul. Non-seulement cela est conforme
aux principes, mais cela est de toute justice, puisque
l'extinction absolue ôte au preneur tout espoir de réparer la perte, espoir qui lui reste, et qui souvent est
rempli, quand l'extinction n'est que partielle, au moyen
des laines, du croît et de l'augmentation de valeur de
ce qui n'a pas péri. Toute convention contraire à cette
disposition serait regardée comme léonine, et déclarée
nulle.

Voyons maintenant quelles sont les *obligations respectives* du bailleur et du preneur.

Celle du bailleur est de délivrer le cheptel donné à
bail et d'en faire jouir le preneur, et il en résulte qu'il
ne peut, sans le consentement du preneur, disposer
d'aucune des bêtes du troupeau.

Quant au preneur, l'obligation qui lui est imposée,
de veiller en bon père de famille à la conservation du
cheptel, entraîne avec elle une égale prohibition de
disposer d'aucune des bêtes qui le composent, soit du
fonds, soit du croît, sans le consentement du propriétaire. S'il se le permettait, le propriétaire pourrait re-
vendiquer les bêtes vendues en justifiant de sa propriété.

Il est une autre obligation imposée au preneur, c'est

celle de ne pas tondre sans avoir prévenu le bailleur, qui partage avec lui ce genre de produit.

A défaut par le preneur de remplir ses obligations, le bailleur peut demander la résiliation du bail.

Si le bail est fait au fermier d'un autre propriétaire, le bailleur du cheptel doit, pour empêcher qu'il ne se confonde avec les gages de cet autre propriétaire, lui notifier son bail.

S'il n'y a pas de convention sur la *durée* de ce bail, il est censé fait pour trois ans.

Lorsque le bail est fini, pour pouvoir procéder au *partage*, lors duquel le bailleur doit avant tout prélever la valeur qu'avait le troupeau à l'ouverture du bail, il faut faire une nouvelle estimation du cheptel. Le bailleur ensuite peut prélever des bêtes de chaque espèce, jusqu'à concurrence de la première estimation, et l'excédant se partage. S'il n'existe pas assez de bêtes pour remplir cette première estimation, le bailleur prend ce qui reste, et les parties se font raison de la perte.

Voilà tout ce qui concerne le bail à cheptel simple. On peut y rapporter la convention par laquelle une ou plusieurs vaches sont quelquefois données pour les loger et nourrir, le bailleur conservant la propriété, et le preneur profitant des veaux comme du laitage et du fumier.

II. Quant au *bail de cheptel à moitié*, c'est un contrat par lequel chacun des contractans fournit la moitié du cheptel. Ce n'est, à proprement parler, qu'une société; mais il en fallait traiter ici, puisque c'est une modification du contrat de bail à cheptel, et puisque les mêmes règles le gouvernent, à une seule exception près, que voici. Lorsque le bailleur est propriétaire de la métairie dont le preneur est colon partiaire ou fermier, le bailleur peut, par la convention, s'attribuer dans le profit des laines et du croît une part plus forte que celle du preneur; il peut même s'attribuer une portion dans les autres profits ordinairement appartenant au preneur seul, parce qu'en ce cas le bailleur se trouve fournir le logement et la nourriture à la partie du troupeau qui appartient au preneur.

III. Je n'ai plus à vous parler que du *cheptel donné par le propriétaire à son fermier ou à son colon partiaire*, et d'abord de celui donné au fermier.

Ce cheptel (aussi appelé *cheptel de fer*, parce qu'il est comme enchaîné à la ferme) est celui que le propriétaire d'une métairie, en l'affermant, donne à son fermier, à la charge qu'à l'expiration du bail celui-ci laissera sur la ferme des bestiaux d'une valeur égale au prix de l'estimation de ce cheptel.

Ici, comme dans le bail de cheptel simple, le troupeau entier est fourni par le bailleur; ici, comme dans le bail de cheptel simple, l'estimation du troupeau n'en transfère pas la propriété au preneur. Cependant cette estimation le met tout-à-fait à ses risques; en conséquence, la perte, même totale et par cas fortuit, est en entier à la charge du fermier, s'il n'y a convention contraire; mais aussi tous les profits quelconques du troupeau appartiennent au fermier, à moins qu'il n'en ait été autrement convenu. Ces conventions différentes sont licites, parce qu'elles sont censées faire partie du prix de la ferme du fonds.

Il n'y a que les fumiers qui n'entrent pas dans les profits du fermier; ils appartiennent à la métairie à laquelle tient le troupeau, et ils doivent être uniquement employés à l'exploitation de cette métairie.

Au reste , comme c'est un troupeau que le propriétaire a donné avec la ferme, c'est un troupeau de même
valeur que le fermier doit rendre avec cette ferme à la
fin du bail , et il ne peut retenir le cheptel en payant
l'estimation originaire. C'est du déficit , s'il y en a ,
qu'il doit payer la valeur au propriétaire; l'excédant
seulement. quand il s'en trouve, appartient au fermier.

A l'égard du cheptel remis par le propriétaire à son
colon partiaire , le bailleur, non-seulement en restant
propriétaire, mais encore étant co-partageant avec le
colon dans les produits de la métairie à laquelle ce
cheptel est attaché, la perte totale de ce cheptel tombe
sur le bailleur, si elle arrive sans la faute du colon , et
l'on ne peut pas stipuler le contraire.

Mais on peut convenir que le colon délaissera au
bailleur, qui fournit le logement et la nourriture, sa part
de la toison à un prix inférieur à la valeur ordinaire ;
qu'il aura même une plus grande part dans le profit , et
même encore qu'il aura la moitié des laitages.

Ce bail de cheptel , qui finit avec le bail de la métairie, est d'ailleurs soumis à toutes les règles du bail de
cheptel simple , ou plutôt ce n'est qu'un véritable bail
de cheptel simple , donné par le propriétaire du cheptel
à son colon partiaire , et qui, par cette raison et en
considération de ce que le bailleur fournit le logement
et la nourriture , est susceptible des clauses interdites
aux baux de ce genre qui sont donnés à d'autres.

Ici se termine , citoyens tribuns , l'analyse du projet.
J'en ai parcouru toutes les dispositions ; je vous les ai
présentées dans l'ordre qui m'a paru le plus naturel, et
je vous ai exposé les motifs des principales. Votre section les croit justifiées et suffisantes, et ce titre lui a

paru digne de figurer parmi ceux qui font partie du code civil. Il n'en reste à discuter qu'un petit nombre, et leurs dispositions seront moins étendues. Avec quelle satisfaction ne voyons-nous pas ce grand ouvrage approcher de son terme, et la nation prête à en recueillir les fruits ! C'est dans cette loi commune que tous les habitans de ce vaste empire vont incessamment puiser un esprit, des usages et des mœurs uniformes ; c'est de ce code unique que va sortir le ciment qui doit unir toutes les parties de l'édifice politique, et en former une masse homogène et solide ; c'est quand il gouvernera seul tous les Français, que, devenus parfaitement égaux dans tous leurs rapports civils, c'est-à-dire dans tous leurs rapports journaliers, ils seront véritablement des concitoyens et des frères.

Hâtons-nous donc, citoyens tribuns, d'arriver à cette époque désirée. Secondons à cet égard, comme à tant d'autres, les grandes vues du génie qui s'est dévoué à la restauration complète de la France, qui veut que la république lui doive son bonheur, comme elle lui doit déjà sa gloire, qui marche rapidement à son but, qui voit tous les moyens, donne l'action à tous et n'est arrêté ni ralenti par aucun obstacle.

Votre section vous propose de voter l'adoption du projet intitulé : *Du contrat de louage.*

DISCOURS

Prononcé au corps législatif, le 7 ventôse an 12, par
M. Jaubert (de la Gironde), orateur du tribunat,
sur le projet de loi relatif au CONTRAT DE LOUAGE.

Le contrat de louage est né du besoin que la propriété foncière et l'industrie ont de se prêter mutuellement secours. Ce contrat est d'un usage fréquent, dans un pays surtout où les sciences, les arts, le commerce et la navigation ne laissent à un grand nombre de propriétaires ni le temps ni les moyens nécessaires pour l'exploitation, dans un pays où tous les habitans ne sont pas propriétaires fonciers, et où le mouvement du commerce exige que de grands capitaux soient réservés pour la circulation.

La matière du louage a donc les plus grands rapports avec les deux objets qui intéressent le plus essentiellement l'ordre public, la propriété et l'industrie.

Ainsi il faut que les réglemens sur le louage tendent à la conservation des propriétés.

Il faut qu'ils tendent au perfectionnement de l'agriculture.

Il faut aussi ne pas perdre de vue que la classe très-nombreuse qui n'a d'autre propriété que ses bras, n'a aussi d'autre ressource pour son habitation et pour sa subsistance que dans le louage de la chose d'autrui.

Les réglemens sur le louage doivent donc être simples, clairs et précis.

Cette matière, comme celle des autres transactions, rentre dans la grande théorie des obligations conventionnelles.

C'est dans l'importante loi sur les contrats qu'il faut chercher la règle générale sur l'objet, sur la cause de la convention, sur la capacité et sur le consentement des contractans, etc.

Le louage a aussi une grande affinité avec la vente, par exemple, en ce qui concerne la chose, le prix, la garantie.

Le législateur n'a donc dû s'occuper au titre du louage que des règles qui sont particulières à cette espèce de contrat.

Parmi ces règles, il y en a de communes aux baux des maisons et aux baux des biens ruraux.

Elles portent sur la délivrance que le bailleur doit faire de la chose, sur la jouissance paisible qu'il doit procurer au preneur, sur les obligations du preneur qui doit jouir en bon père de famille, payer le prix du bail aux termes convenus, et faire les réparations locatives.

Toujours on a reconnu que le louage étant un contrat consensuel, on pouvait louer verbalement comme par écrit.

Le projet ne pouvait sans doute changer ces idées, qui sont déduites de la nature des choses, l'obligatio existant dans la conscience des contractans dès le moment où le consentement réciproque est formé.

Mais si le bail n'est que verbal, qu'il n'ait encore

reçu aucune exécution, et que l'une des parties nie l'existence de la convention, l'autre partie pourra-t-elle être admise à la preuve par témoins? Ne devrait-on pas du moins distinguer : si le montant entier de la location n'excède pas 150 fr., ne faudra-t-il pas, d'après les règles générales sur les contrats, accueillir la preuve testimoniale?

Notre projet le défend; et cette innovation nous a paru extrêmement sage, surtout elle sera utile pour cette classe nombreuse qui ne peut louer que des objets d'une valeur modique : un procès est leur ruine; il faut tarir la source de ces procès, en proscrivant dans cette matière la preuve testimoniale. Le serment peut seulement être déféré à celui qui nie le bail.

Une grande question s'élevait souvent devant les tribunaux; un incendie a consumé la chose louée : le bailleur doit-il supporter l'événement, ou du moins ne peut-il recourir contre le preneur que dans le cas où il pourrait prouver que l'accident provient de la faute ou de la négligence, ou du preneur ou de ceux que le preneur a placés dans la maison? ou bien est-ce au preneur à prouver les cas fortuits?

Ce point était controversé; il avait donné lieu à une foule de distinctions et de décisions contradictoires.

Le projet a tranché toutes les difficultés.

Le preneur répondra de l'incendie, à moins qu'il ne prouve qu'il est arrivé par cas fortuit ou force majeure, ou par vice de construction, ou qu'il a été communiqué par une maison voisine.

Ces règles sont sages, conservatrices de la propriété à laquelle le bailleur n'a aucun moyen de veiller; ces règles sont le gage le plus assuré de l'exactitude du preneur, du soin qu'il doit apporter dans l'usage de son droit, de la surveillance qu'il doit exercer sur sa famille et sur ses serviteurs.

Au reste, la loi n'établit qu'une présomption ; cette présomption peut être détruite par une preuve contraire ; mais la présomption devait être établie contre le preneur, parce que, d'une part, le bailleur n'avait aucun moyen de prévenir ni d'éviter l'accident, et que, de l'autre, les incendies arrivent ordinairement par la faute de ceux qui habitent dans la maison.

Il était également digne du législateur de faire cesser la diversité de jurisprudence sur la matière de la tacite reconduction.

Lorsque le bail était expiré, et que le preneur continuait de jouir sans contradiction, on décidait qu'il y avait tacite reconduction. Quel était l'effet, quelle était la durée de cette tacite reconduction? Sur cela diversité.

A l'avenir, de deux choses l'une ; ou c'est un bail verbal, ou c'est un bail écrit.

Si le bail est verbal, l'une des parties ne peut donner congé à l'autre qu'en observant les délais fixés par l'usage des lieux. Si le bail était écrit, le nouveau bail tacite ne produira d'autre effet que celui qui résulte d'un bail verbal ; ainsi, dans ce cas, l'une des parties ne pourra non plus donner congé à l'autre qu'en observant les délais fixés par l'usage des lieux.

Le bail pourra-t-il être rompu par la vente? L'acquéreur pourra-t-il expulser le fermier ou le locataire? Le droit romain n'avait vu que le droit de propriété.

Une loi de l'assemblée constituante avait admis une exception en faveur des baux des biens ruraux. Si les baux n'excédaient pas six années, le nouvel acquéreur

ne pouvait troubler le fermier; si les baux excédaient six
années, l'acquéreur était autorisé à faire cesser le bail,
toutefois avec des tempéramens, et après avoir payé
une préalable indemnité.

Il fallait compléter la réforme.

Le principe ancien était que l'acquéreur pouvait déposséder le fermier ou le locataire, sauf, dans certains
cas, des dommages et intérêts pour le preneur.

Le projet veut que l'acquéreur ne puisse déposséder
le fermier ou le locataire avant l'expiration du bail, à
moins que le preneur ne s'y soit soumis.

Pourquoi l'intérêt des tiers serait-il lésé par une
vente qui leur est étrangère? pourquoi un titre nouveau
détruirait-il un titre préexistant?

C'est surtout à l'égard des baux des biens ruraux
que l'innovation était appelée par l'intérêt public. Elle
favorise les baux à longues années.

Les baux à longues années sont les plus utiles pour
les progrès de l'agriculture. Ce sont ces baux qui invi-
tent le plus les fermiers à faire à la terre des avances,
dont ils seront certains d'être remboursés.

Qu'est-ce qui importe le plus à l'État? sont-ce les
mutations parmi les propriétaires? Non, sans doute;
la bonne culture, les grandes entreprises, l'entretien
des canaux, le perfectionnement des dessèchemens, la
création des prairies artificielles, l'augmentation des
troupeaux; voilà, voilà les objets qui peuvent faire
fleurir nos campagnes, et rien de cela ne peut se retrouver là où les mutations de jouissances sont trop fréquentes.

A Dieu ne plaise aussi que je ne rende justice à la
classe laborieuse, mais peu aisée, qui arrose de ses

sueurs le champ qui fait toute sa fortune ; celle-là aussi rend de grands services à l'État.

Mais notre système politique a pour base première la propriété foncière. Il est donc convevable que toutes nos combinaisons législatives tendent à favoriser autant que possible la durée des masses et leur amélioration.

Et c'est sous ce nouveau rapport qu'il était essentiel, dans le cas du nouvel acquéreur, de préférer l'intérêt de l'agriculture à toute autre considération.

Passons aux règles particulières des baux à loyer.

Il est un point important dans lequel la législation actuelle se trouvera absolument changée.

Nous avions emprunté des Romains une loi qui permettait aux propriétaire d'expulser le locataire même avant l'expiration du bail, s'il avait besoin de sa maison pour l'habiter lui-même.

Mais d'abord cette prérogative attribuée au propriétaire, exposait le locataire aux plus grands embarras.

Puis elle ne devenait que trop souvent l'occasion de procès difficiles à juger. Le propriétaire voulait-il réellement rentrer dans sa maison, ou ne cherchait-il qu'un prétexte de renvoyer un locataire pour en prendre un autre ?

La loi aura tari aussi cette source de contestations ; cela seul serait un grand bienfait ; mais de plus l'innovation se rattachera aux grands principes sur la stabilité des transactions. C'est au propriétaire à savoir ce qu'il fait. Le locataire doit toujours trouver sa sûreté dans son contrat.

Quant aux règles particulières des baux des biens ruraux, vous avez dû aussi remarquer, citoyens législateurs, quelques dispositions qui améliorent notre ancien droit.

Par exemple, c'est une grande idée d'ordre public et de morale que d'assujétir le fermier d'un bien rural à avertir le propriétaire des usurpations qui peuvent être commises sur les fonds, sous peine de tous dépens, dommages et intérêts.

La matière du cas fortuit est aussi traitée avec autant de précision que de sagesse.

Le bail à ferme est un contrat commutatif. La chose pour le prix. Les fruits doivent donc être l'équivalent du prix de ferme.

Ainsi, il est dans l'essence de ce contrat que le fermier soit dispensé de payer le prix, si un cas fortuit le prive de toute la récolte, ou de la majeure partie.

C'est aussi l'intérêt de l'agriculture.

Mais serait-il juste que le propriétaire supportât l'événement d'un cas fortuit arrivé pendant une seule année, lorsque déjà le fermier a été récompensé par les récoltes précédentes? Non, sans doute. D'un autre côté, si le fermier ne se trouve pas déjà récompensé, on attend la fin du bail pour faire la compensation de toutes les années, et cependant le juge pourra provisoirement dispenser le fermier de payer une partie du prix correspondant à la perte qu'il a subie.

Le propriétaire serait à l'abri de toutes demandes en indemnité, si le fermier s'était chargé des cas fortuits; mais dans le cas particulier du bail à ferme, l'équité naturelle commandait des distinctions.

Un fermier assure sur lui les cas fortuits; il n'a véritablement entendu parler que des cas fortuits ordinaires, tels que grêle, feu du ciel, gelée ou coulure.

19.

Certes il ne serait pas juste d'étendre son obligation aux cas fortuits extraordinaires, qui n'ont pas dû entrer dans sa pensée, tels que les ravages de la guerre, ou une inondation, auxquels le pays n'est pas ordinairement sujet. Si le fermier s'était chargé de tous les cas fortuits prévus ou imprévus, alors plus de distinction.

Nous venons de parler du louage des choses; il y a aussi le louage d'ouvrages.

Ce louage a trois objets principaux :

1°. Celui des gens de travail qui se louent au service de quelqu'un ;

2°. Celui des voituriers, tant par terre que par eau;

3°. Les devis ou marchés d'ouvrages.

A l'égard des gens de travail, le projet rappelle des principes qui concilient le respect aux conventions et à la liberté individuelle.

Les voituriers par terre et par eau sont assujétis aux obligations qui résultent du contrat de louage; mais dans plusieurs points, ils sont aussi assimilés aux dépositaires nécessaires.

L'article relatif aux devis et marchés est également traité avec le plus grand soin. On y retrouve toutes les règles consacrées par l'usage sur la garantie due par les architectes ou entrepreneurs, soit en ce qui concerne le fait des personnes qu'ils emploient, soit en ce qui concerne la solidité des ouvrages.

Le projet distingue le cas où l'entrepreneur fournit seulement son travail, et celui où il fournit aussi la matière.

Il était impossible, dans le classement de cette partie de la législation, de ne pas s'occuper de la réforme d'un abus dont nous ne voyons que trop d'exemples.

Un architecte ou un entrepreneur se charge de la construction à forfait d'un bâtiment, d'après un plan arrêté et convenu avec le propriétaire du sol. Le propriétaire avait calculé la dépense qu'il voulait faire et qu'il pouvait faire : cependant l'architecte vient parler d'augmentation de prix. Il ne manque pas de prétextes. Ici, c'est l'augmentation de la main-d'œuvre ; là, c'est l'augmentation des matériaux. Quelquefois aussi l'architecte a fait quelque changement sur le plan, il a fait des augmentations qu'il prétend être nécessaires ou utiles, ou du moins agréables, et sur cela de longues et coûteuses contestations. L'architecte invoque la règle que nul ne peut s'enrichir aux dépens d'autrui. Il prétend que le propriétaire a été instruit des augmentations ; qu'il les a tacitement approuvées ; que du moins il ne les a pas contredites ; qu'on ne fera aucun tort au propriétaire en l'obligeant à payer à dire d'experts. De son côté, le propriétaire dit qu'il a traité à forfait ; que si les matériaux avait baissé de prix, il n'aurait point été autorisé à demander un rabais ; qu'il n'a point consenti aux changemens ; que ces changemens n'augmentent pas intrinsèquement la valeur de la chose ; que sa position personnelle ne lui permet pas de plus grands déboursés.

Notre loi a sagement décidé que, lorsqu'un architecte ou un entrepreneur s'est chargé de la construction à forfait d'un bâtiment, d'après un plan arrêté avec le propriétaire du sol, il ne peut demander aucune augmentation de prix, ni sous le prétexte d'augmentation de la main-d'œuvre ou des matériaux, ni sous celui de changemens ou d'augmentations faits sur ce plan, *si ces changemens ou augmentations n'ont été autorisés par écrit, et si le prix n'a été convenu avec le propriétaire.*

Enfin, sous la dénomination du louage, nous comprenons aussi le bail à cheptel, matière digne de tout l'intérêt du législateur.

La multiplication des bestiaux, leur conservation, l'amélioration des races, l'augmentation des engrais, les produits des laines, du laitage, quels trésors pour l'agriculture, quelles ressources pour les manufactures, pour le commerce, pour l'industrie, pour les grands propriétaires, pour la classe peu fortunée!

Le bail à cheptel se diversifie en plusieurs espèces : le cheptel simple, pour lequel l'on donne à l'autre des bestiaux à garder, nourrir et soigner, à condition que celui-ci profitera de la moitié du croît, et qu'il supportera aussi la moitié de la perte ;

Le cheptel à moitié, dans lequel chacun des contractans fournit la moitié des bestiaux qui demeurent communs pour le profit ou pour la perte ;

Le cheptel donné au fermier ;

Le cheptel donné au colon partiaire.

Il y a des règles générales pour toutes les espèces de cheptels ; il y en a de particulières, surtout en ce qui regarde la perte des bestiaux, pour en fixer les conséquences entre le bailleur et le preneur.

Il est conforme à la nature des choses que la perte soit pour le fermier, s'il n'y a convention contraire, et que le colon partiaire ne subisse pas l'événement, s'il n'y a pas non plus de stipulation contraire.

Le fermier traite par spéculation, au lieu que le colon partiaire n'engage ses soins que pour se procurer sa subsistance.

Le projet ne néglige aucun détail. Citoyens législateurs, protéger la propriété et favoriser les développemens de l'industrie, tel est le but que le législateur doit atteindre dans la matière du louage. Le tribunat a pensé que ce but serait rempli par le projet offert à votre sanction ; il a pensé que, par ses rapports avec la morale, par son influence sur les besoins sans cesse renaissans de la société, le titre du code civil serait aussi digne du peuple français.

Au nom du tribunat, nous vous en proposons l'adoption.

APPENDICE.

—◦—

DE LA CHASSE.

EXTRAIT du Décret de l'Assemblée nationale, qui abolit la féodalité et le droit exclusif de chasse.

(4 Août 1789.)

ART. Ier.

L'Assemblée nationale détruit entièrement le régime féodal, et décrète que les droits, tant féodaux que censuels, ceux qui tiennent à la main morte réelle ou personnelle et ceux qui les représentent, sont abolis sans indemnité, et tous les autres déclarés rachetables; le prix et le mode de rachat seront fixés par l'Assemblée nationale. Ceux desdits droits qui ne sont point supprimés par ce décret, continueront néanmoins à être perçus jusqu'au remboursement.

. . . .

ART. 3.

Le droit exclusif de la chasse et des garennes

DE LA CHASSE.

ouvertes est pareillement aboli, et tout propriétaire a le droit de détruire et faire détruire, seulement sur ses possessions, toute espèce de gibier, sauf à se conformer aux lois de police qui pourront être faites relativement à la sûreté publique. Toutes les capitaineries, même royales, et toutes réserves de chasse, sous quelque dénomination que ce soit, sont pareillement abolies, et il sera pourvu par des moyens compatibles avec le respect des propriétés, à la conservation des plaisirs personnels du roi....

OBSERVATIONS.

Voyez l'article 1er. de la loi de 1790, qui permet *à toutes personnes de chasser sur les possessions d'autrui avec l'autorisation du propriétaire.* En effet, ce serait restreindre le droit de propriété, qui consiste à user de sa chose, à la céder, à la transmettre, que d'interdire au propriétaire du droit de chasse, la faculté d'en partager l'exercice avec qui bon lui semble.

Loi *du 22 avril* 1790, *sanctionnée le* 30 *du même mois.*

ART. 1er.

Il est défendu à toute personne de chasser, en quelque temps et de quelque manière que ce soit, sur le terrain d'autrui, sans son consentement, à peine de 20 *livres d'amende envers la commune du lieu, et d'une indemnité de* 10 *livres envers le propriétaire des fruits, sans préjudice de plus grands dommages-intérêts, s'il y échet.*

Défenses sont pareillement faites, sous ladite peine de 20 livres d'amende, aux propriétaires ou possesseurs, de chasser dans leurs terres non closes, même en jachère, à compter du jour de la publication des présentes, jusqu'au 1er. septembre prochain, pour les terres qui seront alors dépouillées, et pour les autres terres, jusqu'après la dépouille entière des fruits, sauf à chaque département à fixer pour l'avenir, le temps dans lequel la chasse sera libre dans son arrondissement, aux propriétaires sur leurs terres non closes.

OBSERVATIONS.

I. Voyez la note placée à l'article 1er. de la loi du 14 août 1789.

Nous avons dit, dans cette note, que l'art. 1er. de la loi actuelle accordait à tout particulier le droit d'autoriser les tiers à chasser sur ses propriétés ; a-t-il également le droit de louer le droit de chasse ? Sous l'empire de la féodalité, différentes lois purent défendre d'affermer le droit de chasse, qui était un privilége honorifique, uniquement attaché à la personne. Aujourd'hui que le droit de chasse est un droit réel, on peut, non-seulement l'affermer, mais encore le vendre.

II. Mais ce droit n'appartient au fermier que tout autant que son bail le lui a spécialement conféré. Ainsi jugé dans l'affaire Bonneval contre Aulet, par arrêt de la Cour royale de Paris, du 19 mars 1812, rapporté par Dalloz, tome 2, page 432. « Attendu, » porte le considérant de cet arrêt, « que le gibier qui se repeuple dans les terres ou dans les bois ne peut être assimilé aux fruits produits par les terres ou les bois, et que le droit de chasse, qui est une dépendance du droit de propriété, ne peut appartenir au fermier qu'autant qu'il lui a été expressément conféré par le propriétaire. »

III. Un seul coup de fusil, encore qu'il fût tiré sur un oiseau de proie, par le fils du fermier, constitue le délit de chasse, s'il n'a pas eu la permission du propriétaire. Ainsi décidé le 13 novembre 1818, dans l'affaire Selves, par la Cour de cassation, qui a cassé un arrêt de la Cour royale de Paris, qui avait jugé la négative.

IV. Le délit de chasse est un délit personnel et non réel. En conséquence, lorsque plusieurs individus chassent en commun, il y a autant de délits qu'il y a de délinquans, et, par suite, l'indemnité et l'amende doivent être prononcées contre chacun d'eux personnellement et individuellement. La Cour de cassation l'a ainsi décidé, le 17 juillet 1823, dans l'affaire de l'administration des eaux et forêts contre Philippe Gérard et Jean-Pierre Perrey, en cassant, sur les conclusions de M. Fréteau de Pény, un arrêt de la Cour royale de Besançon, du 10 mars 1823. « Attendu, » portent les considérans de cet arrêt, « que le délit de chasse est un » délit personnel et non réel, qu'il est une infraction » à une loi de police prohibitive ;

» Attendu que chacun des individus qui le commet » est individuellement passible de l'amende et dé l'in-» demnité fixées par la loi répressive, et qu'on ne » peut, par la raison que plusieurs individus auraient

» chassé en réunion, considérer le délit comme uni-
» que, puisqu'il y a autant d'infractions à la loi et de
» délits commis qu'il y a de délinquans, et qu'en con-
» séquence l'amende et l'indemnité doivent être pro-
» noncées contre chacun d'eux personnellement;

  » Attendu que le mode de recouvrement de ces
» amendes et indemnités, par une suite de la solida-
» rité, s'il y a lieu de la prononcer, est extrinsèque au
» délit même, et ne produit aucune augmentation dans
» la quotité de la condamnation personnelle à chacun
» des délinquans; la Cour, etc....

  » Casse. »

V. Chacun peut chasser en toute saison dans ses
propriétés, quand elles sont closes, mais il faut qu'elles
soient closes de haies vives ou de murs. (Art. 13 de la
présente loi.)

ART. 2.

*L'amende et l'indemnité ci-dessus prononcées
contre celui qui aura chassé sur le* TERRAIN D'AU-
TRUI, *seront portées respectivement à* 30 *livres,
et à* 15 *livres, quand le terrain sera clos de murs et
de haies, et à* 40 *livres et* 20 *livres, dans le cas où
le terrain clos tiendrait immédiatement à une habitation, sans entendre rien innover aux dispositions des autres lois qui protégent la sûreté des
citoyens et de leurs propriétés, et qui défendent
de violer les clôtures, et notamment celles des
lieux qui ferment les domiciles ou qui y sont at-
tachées.*

OBSERVATIONS.

I. Celui qui a fait lever du gibier sur son terrain n'a pas le droit de le suivre sur le terrain d'autrui. MM. Toullier et Merlin professent la même opinion.

II. Les juges, en déclarant constant le fait d'avoir chassé sur le terrain d'autrui sans l'autorisation du propriétaire, ne peuvent dispenser le délinquant de l'amende. Ainsi résolu par la Cour de cassation, le 13 octobre 1808, dans l'espèce suivante :

Par jugement du tribunal de police correctionnelle de Caen, rendu sur la plainte du sieur Hue de Bougy, le tribunal avait condamné le sieur de Veaucouleurs à 15 fr. d'indemnité envers le sieur de Bougy, et à 15 fr. d'amende et aux dépens pour avoir, sans autorisation, chassé sur la propriété dudit sieur de Bougy. Sur l'appel interjeté par le condamné, arrêt, le 12 mai 1818, de la Cour de justice criminelle du Calvados, qui confirme le jugement quant à l'indemnité et aux dépens, mais qui décharge le sieur de Veaucouleurs de l'amende.

Pourvoi en cassation de la part de Veaucouleurs, et intervention devant la même Cour du sieur de Bougy, qui ne prend aucune conclusion au sujet de la disposition qui avait déchargé le délinquant de l'amende.

La Cour, tout en rejetant le pourvoi de Veaucouleurs, a néanmoins cassé l'arrêt d'office, par les motifs suivans :

« La Cour, sur les conclusions de M. Lecoutour,
» avocat-général; vu l'art. 1er. de la loi du 22 avril 1790;
» attendu, qu'en réformant le jugement du tribunal
» de police correctionnelle de Caen, du 30 janvier
» 1808, au chef qui condamne le sieur de Veaucou-

» leurs à une amende, et en ne prononçant pas contre
» lui l'amende prescrite par les art. 1er. et 2 de la loi
» du 22 avril 1790, la Cour de justice criminelle du
» département du Calvados a violé cette loi et commis
» un excès de pouvoir; CASSE et annule d'office et dans
» l'intérêt de la loi seulement, l'arrêt de ladite Cour. »

ART. 3.

*Chacune de ces différentes peines sera doublée
en cas de récidive; elle sera triplée, s'il survient
une troisième condamnation; et la même pro-
gression sera suivie pour les contraventions ultérieures; le tout dans le courant de la même année
seulement.*

OBSERVATIONS.

I. On voit, d'après l'économie de cet article, que
la récidive n'est punissable en matière de délit de
chasse que tout autant que le second ou le troisième
délit aurait été commis dans le courant de la même
année. Cette dérogation aux règles générales qui gouvernent les cas de récidive, mérite d'être remarquée.

II. Il n'y aurait pas lieu à appliquer les peines de
récidive, si le second délit avait été commis dans l'année depuis la dernière condamnation, *s'il s'était écoulé
plus d'un an depuis le délit de chasse qui l'aurait motivée.*
Ainsi, le premier délit aurait été commis le 1er. janvier
1826, et puni d'une amende par jugement rendu le
1er. février suivant; le 4 janvier 1827, le condamné
commet un nouveau délit de chasse; ce délit ayant été
commis dans l'année de la condamnation du précédent,

mais non dans l'année du fait qui l'aura déterminée, il n'y aura pas lieu à appliquer les peines de récidive.

III. Si, faute de poursuivre dans le mois du délit, la prescription en était acquise aux termes de l'art. 12, on ne pourrait prononcer les peines de récidive contre un second délit de même nature commis dans la même année, parce que la récidive suppose toujours une *condamnation antérieure*. Ainsi l'a implicitement décidé un arrêt de la Cour de cassation, du 27 février 1818, rendu dans l'affaire Senges. (Voyez SIREY, t. 18, 1re. part., p. 185.)

IV. Comme toutes les peines correctionnelles, les peines *prononcées* pour délit de chasse sont prescrites par cinq ans.

ART. 4.

Le contrevenant qui n'aura pas, huitaine après la signification du jugement, satisfait à l'amende prononcée contre lui, sera contraint par corps, et détenu en prison, pendant vingt-quatre heures pour la première fois; pour la seconde, pendant huit jours; et pour la troisième ou ultérieure contravention, pendant trois mois.

ART. 5.

Dans tous les cas, les armes avec lesquelles la contravention aura été commise, seront confisquées, SANS NÉANMOINS QUE LES GARDES PUISSENT DÉSARMER LES CHASSEURS.

OBSERVATIONS.

I. La confiscation de l'arme avec laquelle un individu a été trouvé chassant *en temps prohibé*, doit être prononcée, même quand le délinquant aurait obtenu un permis du port d'armes, et encore que l'arme n'eût point été déclarée saisie au moment du délit. Ainsi jugé le 10 février 1809, par un arrêt fort remarquable de la Cour de cassation, rendu sur le réquisitoire du célèbre Merlin.

Le 22 août 1808, le tribunal de police correctionnelle de Châlons-sur-Saône avait condamné, seulement à 20 fr. d'amende et aux dépens, le sieur Peillon, coupable du délit de chasse en temps prohibé. Sur l'appel interjeté par le ministère public, arrêt confirmatif de la Cour criminelle de Saône-et-Loire, en date du 12 septembre 1808: « Considérant qu'il résulte des débats que le sieur Peillon avait impétré de la préfecture une permission de porter des armes à feu, en date du 12 août 1807, pour un an; qu'il en a obtenu une nouvelle, en date du 12 avril 1808; considérant que c'est à la date du 9 avril 1808, que le garde champêtre de la commune de Châtenay-l'Impérial a constaté que ledit sieur Peillon chassait avec un chien couchant sur les fonds de divers propriétaires de ladite commune ; que ce garde champêtre n'a même point déclaré la saisie du fusil dont le prévenu était porteur ; considérant que les premiers juges, prononçant sur la contravention aux lois et réglemens, ont condamné le sieur Peillon à l'amende et aux dépens; qu'à l'égard de la confiscation du fusil, elle n'a point été prononcée, attendu qu'il n'y avait aucune poursuite à raison du port d'armes, pour infraction aux arrêtés du préfet de ce département sur cette matière ; — Considérant que le moyen d'appel du procureur du roi est tiré de la violation de

20

l'art. 5 de la loi du 22 avril 1790, mais que cette disposition n'est applicable aujourd'hui *qu'au cas où il
n'existe point de permis de porter des fusils ;* — Considérant que l'arrêté du 27 vendémiaire an 13, pris par
M. le préfet de ce département, porte réglement sur le
port d'armes et la chasse; que l'art. 2 veut que le permis de porter les armes à feu soit accordé par le préfet;
que l'art. 5 inflige la peine de confiscation, quand le
porteur n'est pas muni d'une licence ; — Considérant,
enfin, que le sieur Peillon a toujours été muni de licence de port d'armes, et que dès lors il n'était passible
que de l'amende de 20 fr., à laquelle il a été condamné
par le jugement dont il s'agit. »

Le ministère public se pourvoit en cassation, et la
Cour régulatrice, sur les conclusions conformes de
M. le procureur général Merlin : « Vu l'article 5 de la
» loi du 22 avril 1790; attendu que la confiscation
» des armes avec lesquelles on a chassé en temps
» prohibé, est une conséquence nécessaire de ce droit;
» que la loi du 22 avril 1790 n'a point limité la con-
» fiscation, au seul cas du port d'armes sans permis-
» sion, puisque, d'une part, à l'époque où cette loi a
» été rendue, le port d'armes était permis à tous les
» citoyens, et que, d'autre part, l'art. 5 dispose pré-
» cisément sur le délit de chasse en temps prohibé, et
» veut que les peines de l'amende et de la confisca-
» tion soient, pour ce cas, cumulativement pronon-
» cées avec les dommages et intérêts dus à la partie
» lésée; que cette disposition législative n'a pas été et
» n'aurait pu être modifiée par l'arrêté du préfet du
» département de Saône-et-Loire, auquel on a donné,
» dans l'arrêt dénoncé, une fausse interprétation;

» Qu'il ne peut résulter aucun argument utile de ce
» que, dans l'espèce, le garde champêtre n'a point
» saisi le fusil dont le sieur Peillon était porteur, puis-
» que la loi défend aux gardes de désarmer les chas-
» seurs, et qu'elle ne subordonne point la confiscation
» des armes à leur saisie effective, au moment de la re-
» connaissance du délit;

» Que, dès lors, la Cour de justice criminelle du
» département de Saône-et-Loire a évidemment violé
» la loi, en n'ordonnant pas la confiscation du fusil,
» conformément à l'art 5 de la loi précitée, et en se
» bornant à prononcer l'une des peines encourues par
» le délinquant; par ces motifs, casse. »

II. Mais aux termes du même article, le chasseur ne
peut être désarmé au moment du délit, car le garde ne
peut que dresser procès-verbal du délit, et le chasseur
doit rester en possession de son arme jusqu'au moment
de sa condamnation. La raison en est que jusqu'au
moment de sa condamnation, l'inculpé est réputé inno-
cent.

ART. 6.

*Les pères et mères répondront des délits de leurs
enfans mineurs de vingt ans, non mariés et domiciliés avec eux, sans pouvoir néanmoins être
contraints par corps.*

OBSERVATIONS.

Ainsi les pères et mères sont passibles des peines pécuniaires, mais non des peines corporelles; conséquemment, s'ils refusaient de payer, ils ne pourraient y être
contraints par corps.

Art. 7.

Si les délinquans sont déguisés ou masqués , ou s'ils n'ont aucun domicile connu dans le royaume, ils seront arrêtés sur-le-champ à la réquisition de la municipalité.

Art. 8.

Les peines et contraintes ci-dessus seront prononcées sommairement et à l'audience par la municipalité du lieu du délit[1], d'après les rapports des gardes forestiers ou gardes champêtres, sauf l'appel, ainsi qu'il a été réglé par le décret du 23 mai dernier. Elles ne pourront l'être que, soit sur la plainte du propriétaire ou autre partie intéressée, soit même dans le cas où l'on aurait chassé en temps prohibé, sur la seule poursuite du receveur de la commune[2].

OBSERVATIONS.

I. De cet article résulte la conséquence que le ministère public ne peut poursuivre d'office la répression d'un délit de chasse *commis en temps non prohibé* sur le territoire d'un particulier, ni même d'une commune qui n'a point porté plainte à raison de ce délit. (Cassation, 10 juillet 1807; DALLOZ, t. 2, p. 438, n°. 6.)

En effet, le ministère public ne peut poursuivre *d'office* que dans deux cas ; ou bien le délit de chasse a été commis en temps prohibé, ou bien on a chassé sans

---

[1] Aujourd'hui, devant le tribunal de police correctionnelle.
[2] Aujourd'hui le procureur du roi.

permis de port d'armes dans un lieu quelconque, autre que l'enceinte d'une maison habitée; alors, en effet, il poursuit au nom de la société dont il défend les intérêts. Mais si l'on a chassé avec permis de port d'armes et en temps non prohibé sur les propriétés d'un particulier, ce particulier est alors seul blessé dans ses intérêts; c'est donc à lui seul aussi que doit appartenir le droit de se plaindre.

Ainsi, le fait de la chasse avec des chiens lévriers sur le terrain d'autrui, ne comporte pas des poursuites correctionnelles, si la chasse a eu lieu en *temps non prohibé*, et si le propriétaire du terrain ne s'est pas constitué partie civile. Ainsi jugé dans l'affaire Donge, le 22 juin 1815, par arrêt de rejet de la Cour de cassation. (Voyez SIRÉY, t. 15, 1re. partie, p. 197.)

II. De là encore cette conséquence, que les gendarmes ne peuvent demander au particulier chassant en temps licite, *le permis de chasse,* sur les terres des particuliers, car cette demande n'appartient qu'au garde champêtre ou forestier chargé de cette mission par le particulier sur les terres duquel le chasseur est rencontré. Les gendarmes exerçant leurs fonctions au nom du ministère public, doivent se borner à demander le *permis de port d'armes* et à constater la contravention, s'il y a délit de chasse en temps prohibé.

III. Mais le particulier, pour saisir le ministère public de la poursuite, doit-il se porter partie civile, et sa plainte ne suffirait-elle pas? La Cour de cassation, par deux arrêts, l'un du 3 avril 1823, l'autre du 24 juillet de la même année, rapportés par Dalloz, t. 2, p. 440, a jugé que la plainte suffisait pour autoriser les poursuites du ministère public. En effet, la loi se sert du mot plainte, et elle ne dit pas qu'il faille en outre se constituer partie civile.

IV. La loi se servant de ces mots : *Par le propriétaire* ou autre *partie intéressée*, le fermier, encore qu'il n'ait point stipulé en sa faveur le droit de chasse, est néanmoins considéré comme partie intéressée, et, en cette qualité, il peut rendre plainte contre les délinquans. Un arrêt de la Cour de cassation de Bruxelles, rapporté par Dalloz, au mot *Chasse*, a décidé la question dans ce sens. L'usufruitier a le même droit.

V. Lorsqu'un individu poursuivi devant le tribunal de police correctionnelle, pour chasse en temps permis sur le terrain d'autrui, prouve qu'il avait l'autorisation du propriétaire, le tribunal, encore que le plaignant soutienne qu'il y a eu des dégâts commis sur sa propriété, n'est pas compétent pour en connaître; il faut alors renvoyer les parties à se pourvoir *à fins civiles*. Ainsi jugé dans l'affaire Bagneux contre Bejarry, par la Cour de cassation, le 13 juillet 1810.

En fait, le sieur Bejarry avait porté plainte en police correctionnelle contre le sieur Bagneux, qu'il accusait d'avoir, sans sa permission, chassé sur ses terres avec un train considérable de chiens, de chevaux et de chasseurs. Le 22 janvier 1810, jugement du tribunal correctionnel de Fontenay, qui condamne Bagneux à une amende de 30 fr. et à une *indemnité* de 40 fr. envers Bejarry. Sur l'appel, arrêt de la Cour de justice criminelle de la Vendée, qui confirme le jugement, en ce qui touche les 40 francs d'indemnité alloués à Bejarry, mais qui réforme le jugement en ce qui touche l'amende, dont il décharge Bagneux, attendu qu'il résultait d'une lettre par lui produite, et à lui écrite par Bejarry, qu'il avait pu se croire autorisé par ce dernier à chasser sur ses terres.

Sur le pourvoi en cassation formé par le sieur Bagneux, arrêt de la Cour suprême, ainsi conçu : « La Cour, sur les conclusions conformes de M. Lecontour, avocat général, vu les art. 180, 456 et 601 du code du 3 brumaire an 4; et considérant que la Cour de justice criminelle du département de la Vendée a reconnu que le sieur Protté de Bagneux avait été fondé, d'après la lettre qui lui avait été écrite par le sieur Bejarry, le 4 octobre 1809, à se croire autorisé à chasser sur le domaine de Frontin, appartenant au sieur Bejarry; que, néanmoins, cette Cour, qui reconnaissait cette autorisation, au lieu de renvoyer les parties à fins civiles, relativement aux dommages causés sur ce domaine, a elle-même prononcé sur ces dommages; qu'en effet, cette Cour n'a réformé le jugement de première instance que sous le rapport de l'amende, et a ordonné pour le surplus, l'exécution de ce jugement; considérant que les tribunaux correctionnels ne sont compétens pour prononcer accessoirement sur les dommages et intérêts, que lorsqu'ils ont statué sur un délit dont ils ont été légalement saisis; que par conséquent, dès que ladite Cour reconnaissait que le sieur de Bagneux avait chassé sur le domaine appartenant au sieur Bejarry, en vertu de l'autorisation que ledit sieur Bejarry lui avait donnée par écrit, il n'y avait plus de délit; que dès lors ladite Cour était incompétente pour prononcer sur des dommages qui ne se rattachaient à aucun délit; qu'il y avait lieu, dans ces circonstances, à renvoyer les parties à fins civiles; que la Cour, dont l'arrêt est attaqué, en reconnaissant qu'il n'y avait pas de délit, a violé les règles de compétence établies par la loi, et commis un excès de pouvoir; casse et annule. »

ART. 9.

A cet effet, le conseil général de chaque com-
mune est autorisé à établir un ou plusieurs gardes
messiers, baugards ou gardes champêtres, qui
seront reçus et assermentés par la municipalité,
sans préjudice de la garde des bois et forêts, qui
le sera, comme par le passé, jusqu'à ce qu'il en
ait été autrement ordonné.

ART. 10.

Lesdits rapports seront dressés par écrit ou
faits de vive voix au greffe de la municipalité où
il en sera tenu registre. Dans l'un ou dans l'autre
cas, ils SERONT AFFIRMÉS *entre les mains d'un*
officier municipal, dans les vingt-quatre heures
du délit qui en sera l'objet, et ils feront foi de leur
contenu jusqu'à la preuve contraire, qui pourra
être admise sans l'inscription de faux.

OBSERVATIONS.

I. Tout propriétaire a le droit pour la conservation et la surveillance de ses propriétés, d'avoir un garde champêtre ou forestier. Il est tenu de le faire agréer par l'administation municipale. (Code du 3 brumaire an 4, art. 40.)

II. Les gardes champêtres ou gardes des bois des particuliers, sont tenus d'affirmer leurs procès-verbaux dans *les vingt-quatre heures*. Cette affirmation est de ri-

gueur. Cette formalité accomplie, leurs procès-verbaux
font foi jusqu'à *la preuve contraire*. L'inscription de faux
n'est pas nécessaire pour les attaquer; mais il faut pour
la validité de l'affirmation, et par suite du procès-
verbal, 1°. que les gardes champêtres ou forestiers des
particuliers aient vingt-cinq ans accomplis; 2°. qu'ils
aient prêté serment devant le tribunal civil, avant d'entrer en fonctions.

III. Quant aux procès-verbaux des gardes forestiers
du gouvernement, ils font foi pleine et entière *jusqu'à
inscription de faux*. Ces agens doivent aussi, en entrant
en fonctions, avoir prêté serment devant le tribunal ;
et comme les précédens, ils doivent affirmer la véracité
des procès-verbaux qu'ils ont dressés. (Loi du 20 septembre 1791, tit. 9, art. 13 et 14.) Ainsi, en présence d'un pareil procès-verbal non argué de faux, les
juges ne peuvent s'abstenir de condamner. (Cassation,
17 juillet 1823; DALLOZ, t. 2, p. 437.)

IV. Par l'absence de l'une des formalités ou des circonstances ci-dessus énoncées, le procès-verbal qui
constate le délit étant irrégulier ou insuffisant, le fait
de chasse pourrait être *prouvé par témoins*, comme tout
autre délit correctionnel, et le tribunal ne pourrait se
dispenser de statuer sur l'offre que ferait le ministère
public d'administrer cette preuve pour suppléer à l'ir-
régularité du procès-verbal. Ainsi jugé par un arrêt de
la Cour de cassation du 26 janvier 1816, rapporté par
DALLOZ, t. 2, p. 437.

Mais, aux termes de la loi précitée, le procès-verbal
de l'agent forestier du gouvernement ne fait foi jusqu'à inscription de faux, que tout autant qu'il s'agit
d'une *valeur moindre de* 100 *francs*. Passé cette somme,

la preuve contraire est admise ; et pour déterminer cette valeur, l'arme confisquée ne doit pas entrer en ligne de compte avec l'amende et l'indemnité auxquelles pourrait être condamné le délinquant, en supposant le délit constant. (Cassation 26 janvier 1816; DALLOZ, t. 2, p. 437.)

V. La circonstance que les délinquans sont solidairement condamnés, et que pour cette raison la somme des amendes réunies s'élèverait à plus de 100 fr., n'empêche pas le procès-verbal du garde forestier de faire foi jusqu'à inscription de faux, parce qu'alors il existe en réalité autant de délits que de délinquans. (Cassation, 17 juillet 1823; DALLOZ, t. 2, p. 437.)

VI. Une gratification de 5 fr. est accordée à tout gendarme, garde champêtre ou forestier qui constate des contraventions aux lois et réglemens sur la chasse. (Ordonnance royale du 17 juillet 1816, art. 2.)

ART. 11.

Il pourra être suppléé auxdits rapports par la déposition de deux témoins.

OBSERVATIONS.

Deux témoins pourraient suppléer le procès-verbal, s'il n'avait point été dressé; *à fortiori,* s'il n'était qu'irrégulier; par exemple, s'il n'avait point été affirmé, ou s'il ne l'avait été que passé les vingt-quatre heures prescrites par la loi.

ART. 12.

TOUTE ACTION *pour délit de chasse sera pres-*

crite par le laps d'un mois, à compter du jour
où le délit aura été commis.

OBSERVATIONS.

I. La prescription d'un mois, dont parle cet article,
est-elle applicable aux délits de chasse commis dans les
bois communaux? Le 26 décembre 1817, un sieur
Tourrière avait commis le délit de chasse dans un bois
appartenant à la commune d'Assas. Assigné, le 14 février 1818, devant le tribunal de police correctionnelle
de Montpellier, Tourrière fut renvoyé, attendu qu'il
s'était écoulé plus d'un mois entre le procès-verbal et
l'assignation, et qu'ainsi l'action était prescrite. Le 6
avril suivant, arrêt confirmatif de la Cour royale de la
même ville. Le procureur général s'étant pourvu en
cassation, la Cour suprême, le 28 août 1818, a rejeté
le pourvoi, « attendu qu'en jugeant que l'arrêté du 19
» ventôse an 10, en attribuant l'administration des bois
» communaux et la poursuite des délits commis dans
» lesdits bois, aux agens forestiers, n'a point abrogé
» les dispositions de la loi du 3o avril 1790, répres-
» sive des délits de chasse commis dans les bois des
» communes et dans ceux des particuliers; et que, dès
» lors, la prescription d'un mois, fixée par l'art 12 de
» cette dernière loi, étant applicable dans l'espèce, la
» Cour royale de Montpellier n'a point violé la loi de
» la matière. »

II. La même prescription d'un mois est également
applicable aux délits de chasse commis *dans les bois de*
l'État et des particuliers. Les seuls délits de chasse qui
soient soumis à la prescription de trois mois, spécifiée

dans l'ordonnance de 1669, sont ceux qui auraient été commis dans les bois *dépendans des domaines de la couronne*. (Cassation, 30 mai 1822; DALLOZ, t. 2, p. 445.) La même Cour de cassation avait jugé, le 27 juin 1817, en sens inverse, que les délits commis dans les forêts de l'État étaient prescrits par trois mois et non par un mois; mais, comme on voit, la Cour suprême est revenue à une opinion qu'elle a d'ailleurs sanctionnée par plusieurs autres arrêts qui établissent jurisprudence à cet égard. (Voyez DALLOZ, *Loco citato.*)

ART. 13.

Il est libre à tout propriétaire ou possesseur de chasser ou faire chasser en tout temps, et nonobstant l'art. 1er. du présent décret, dans ses lacs et étangs, et dans celles de ses possessions qui sont séparées par des murs ou des haies vives d'avec les héritages d'autrui.

OBSERVATIONS.

I. La nécessité du permis de port d'armes, ainsi qu'on le verra plus haut, existe toutes les fois qu'un particulier est *trouvé* CHASSANT *avec un fusil*. Or, la jurisprudence ne considère pas comme fait de chasse la présence d'un particulier avec un fusil *dans ses terres closes, dépendantes d'une maison habitée;* car il est alors dans son domicile, et nul n'a le droit de l'y troubler.

Il en doit être autrement lorsque le chasseur est rencontré dans des terres ou bois à lui appartenans, et encore qu'ils soient entourés de fossés, s'ils ne forment point un enclos lié à une maison habitée. Alors le chasseur doit être nanti du permis de port d'armes.

Ainsi jugé le 21 mars 1823, par arrêt ainsi conçu de la Cour de cassation, dans l'affaire Papon père et fils. « La Cour, sur les conclusions de M. de Mar-
» changy, avocat général; statuant sur le pourvoi du
» ministère public envers le jugement du tribunal cor-
» rectionnel de Chartres, du 4 février dernier; vu l'ar-
» ticle 1ᵉʳ. du décret du 4 mai 1812; attendu que,
» d'après le texte de cet article, la peine qu'il prononce
» est applicable toutes les fois qu'au fait de port d'ar-
» mes de chasse sans permis, se réunit un fait de chasse
» quelconque, qu'il soit licite ou non; que si l'on ex-
» cepte de cette règle le cas où le fait de port et d'u-
» sage d'armes de chasse a eu lieu dans un enclos fermé
» au public, lié à une maison d'habitation, et ne for-
» mant avec elle qu'un corps de propriété, dont les
» deux parties se communiquent sans intermédiaire, et
» dont celle qui est en enclos est la dépendance et l'ac-
» cessoire de l'habitation, c'est que cet enclos doit alors
» être considéré comme l'habitation elle-même, et que
» le port et l'usage d'armes dans une habitation ne peut
» être considéré comme un fait de chasse;

» Et attendu que, dans l'espèce, Papon père et fils
» ont été trouvés chassant avec port d'armes sans per-
» mis, dans le bois de Goury; qu'il n'est pas déclaré
» que ce bois forme un enclos qui soit lié à une mai-
» son d'habitation, et en avoir ainsi le caractère et les
» droits; que, dès lors, peu importait qu'il fût, d'ail-
» leurs, en partie environné de fossés, en certains
» points en mauvais état; qu'il ne restait pas moins
» dans la catégorie des bois ordinaires, dans lesquels
» la chasse avec port d'armes sans permis constitue
» toujours une contravention à l'art. 1ᵉʳ. du décret du

» 4 mai 1812 ; que, néanmoins, le jugement attaqué
» a renvoyé des poursuites Papon père et fils, qui
» étaient reconnus avoir chassés dans ledit bois sans
» permis de port d'armes ; en quoi, ce jugement a violé
» le susdit décret du 4 mai 1812 ; d'après ces motifs,
» casse. »

Il en serait de même s'il s'agissait de repousser des
bêtes fauves (art. 15 de la présente loi) ; car la défense est de droit naturel, et sans arme à feu, la défense en pareil cas se trouverait impraticable.

Art. 14.

*Pourra également tout propriétaire ou posses-
seur autre qu'un simple usager, dans les temps
prohibés par l'art. 1er., chasser et faire chasser
sans chiens courans, dans ses bois et forêts.*

OBSERVATIONS.

Voyez la note placée sous l'art. 1er. de la présente
loi, dans laquelle on voit que le fermier n'a rigoureusement le droit de chasse que tout autant que le
bailleur le lui a expressément conféré.

Art 15.

*Il est pareillement libre EN TOUT TEMPS aux
propriétaires ou possesseurs, ou même aux fermiers, de détruire le gibier dans leurs récoltes
non closes, en se servant de filets et autres
engins qui ne puissent pas nuire aux fruits de
la terre ; comme aussi de repousser avec des
armes à feu les bêtes fauves qui se répandraient
dans lesdites récoltes.*

OBSERVATIONS.

Quant à l'exercice du droit de défense, qui est de droit naturel, et dont les différens cas sont spécifiés dans le présent article, il est clair qu'il est indépendant de la chasse proprement dite, et qu'il appartient, soit au propriétaire, soit au fermier, soit même au simple usager, dans quelque saison que ce soit.

Ainsi, les anciennes dispositions de l'ordonnance de 1669, qui défendaient au fermier l'usage des filets et autres engins, ne sont plus applicables.

Ainsi, il est libre au fermier de repousser les bêtes fauves avec des armes à feu, sans que pour cela il lui faille l'obtention préalable d'un permis de port d'armes.

ART. 16.

Il sera pourvu par une loi particulière à la conservation des plaisirs personnels du Roi, et, par provision, en attendant que Sa Majesté ait fait connaître les cantons qu'elle veut réserver exclusivement à sa chasse, défenses sont faites à toutes personnes de chasser ou de détruire aucune espèce de gibier dans les fonds à elle appartenant, dans les parcs attenant aux maisons royales de Versailles, Marly, Rambouillet, Saint-Cloud, Saint-Germain, Fontainebleau, Compiègne, Meudon, Bois-de-Boulogne, Vincennes et Villeneuve-le-Roy.

OBSERVATIONS.

La chasse est interdite en conséquence aux propriétaires dont les fonds sont enclavés dans les bois de la

liste civile, et ce genre de délit, à la différence des
autres délits de chasse, qui sont prescrits par un mois,
n'est prescriptible que par trois mois. (Cour de cassation, rejet, 2 juin 1814; DALLOZ, t. 2, p. 434.)

ARRÊTÉ *du Directoire exécutif, qui interdit la chasse
dans les forêts nationales.*

28 Vendémiaire an 5 (19 octobre 1796).

« *Le directoire exécutif,* sur le rapport du ministre
» des finances ; considérant que le port d'armes et la
» chasse sont prohibés dans les forêts nationales et des
» particuliers par l'ordonnance de 1669 et par la loi
» du 30 avril 1790 ;

» Que l'art. 4, tit. 30, de l'ordonnance de 1669,
» fait défenses à toutes personnes de chasser dans *les
» bois des particuliers* avec arme à feu, à peine de
» 100 fr. d'amende et de punition corporelle, s'il y
» échoit; que les art. 8 et 12 de ce même titre défen-
» dent d'y prendre aucune aire d'oiseaux et d'y dé-
» truire aucune espèce de gibier avec engins, tels que
» tirasses, traîneaux, tonnelles, bricoles de cordes et
» fils d'archal, pièces et pans de rets, colliers de fil ou
» de soie, sous les mêmes peines ;

» Que l'article 1er. de la loi du 30 avril 1790, dé-
» fend à toutes personnes de chasser, en quelque temps
» et de quelque manière que ce soit, sur le terrain
» d'autrui, sans son consentement, à peine de 20 fr.

» d'amende envers la commune du lieu, et de 10 fr.
» d'indemnité envers le propriétaire des fruits, sans pré-
» judice de plus grands dommages-intérêts, s'il y échoit,
» Arrête ce qui suit : .... »

OBSERVATIONS.

I. L'article 3 du décret de l'assemblée nationale, du 4 août 1789, ayant permis à tout particulier *de détruire* ou *faire détruire* le gibier sur ses propriétés, et d'ailleurs l'article 1er. de la loi du 22 avril 1790, ayant permis au propriétaire ou possesseur de chasser en tout temps dans ses bois et forêts, il semble incontestable que le droit de chasser, même dans *les bois des particuliers*, soit par eux-mêmes, soit avec leur autorisation, est un droit existant, et qu'il peut s'exercer même de nuit et avec des armes à feu; car, sans ce moyen, on concevrait difficilement comment les particuliers pourraient détruire les bêtes fauves ou sauvages qui s'y seraient retirées.

II. Il y a, en outre, erreur évidente dans l'arrêté du directoire exécutif, quant à la peine dont il parle; car la peine portée par l'art. 12, en ce qui touche la chasse à l'aide des engins, tirasses, traîneaux, tonnelles, etc., est celle de 30 livres, et non de 100 livres, comme le dit l'arrêté, en assimilant cette peine à celle prononcée, soit contre ceux qui chasseraient avec armes à feu dans les forêts nationales, ou qui s'y introduiraient de nuit avec de telles armes, soit contre ceux qui y auraient déniché des oiseaux.

III. Au surplus, quant à la disposition de l'ordonnance de 1669, relative à l'interdiction de tendre rets ou autres piéges pour prendre le gibier, elle ne s'applique qu'aux forêts du domaine. Quant aux bois des particuliers et quant aux autres propriétés (car l'art. 8 de l'ordonnance étend les prohibitions de prendre les œufs de caille, perdrix et faisans à toutes les propriétés), cette interdiction, disons-nous, n'existe plus contre les propriétaires, possesseurs ou fermiers qui, par cela même qu'ils ont droit de chasse, doivent avoir le droit de l'exercer dans toute sa plénitude. (Art. 15, loi du 22 avril 1790.)

ART. 1er.

La chasse dans les forêts nationales est interdite à tous particuliers sans distinction.

OBSERVATIONS.

I. Sauf toutefois, bien entendu, les particuliers à qui le gouvernement en accorderait l'autorisation spéciale.

II. Cet arrêté est aussi applicable aux bois des communes. Par jugement du 9 octobre 1807, confirmé sur appel, le tribunal de Moutiers avait jugé que cette prohibition n'était point applicable à ces sortes de bois. L'administration forestière qui poursuivait, s'étant pourvue en cassation, la Cour suprême, par arrêt du 28 janvier 1808, a cassé cette décision: « Attendu que
» l'art. 1er. de l'arrêté du gouvernement du 19 ven-
» tôse an 10, assimile, sans aucune distinction et sous
» tous les rapports, l'administration des bois com-
» munaux à l'administration des bois nationaux; que,
» de cette assimilation absolue, il s'ensuit que la chasse
» étant légalement interdite dans les bois communaux,
» et que dès lors l'arrêt attaqué, en autorisant la

» chasse dans un bois communal, a contrevenu à l'ar-
» ticle ci-dessus cité. » Un précédent arrêt de la Cour
de cassation, en date du 2₁ prairial an 11, avait jugé la
question dans le même sens.

ART. 2.

*Les gardes seront tenus de dresser contre les
contrevenans, les procès-verbaux dans la forme
prescrite pour les autres délits forestiers.*

OBSERVATIONS.

Voyez les notes de l'art. 3 du décret du 4 mars 1812.

ART. 3.

*Les prévenus seront poursuivis en conformité
de la loi du 3 brumaire an 4, et condamnés aux*
PEINES PÉCUNIAIRES *prononcées par la loi ci-dessus relatée.*

OBSERVATIONS.

La loi se sert seulement de ces mots : *Aux peines pécuniaires.* En effet, l'ordonnance de 1669 prononçait
en outre des *peines corporelles arbitraires.* Ce genre de
peines ne pouvant plus être prononcé aujourd'hui par
les tribunaux, ce sont les peines pécuniaires seules qui
peuvent être appliquées.

PORT D'ARMES DE CHASSE.

I. Diverses dispositions, et notamment les décrets impériaux des 11 juillet 1810, 22 mars 1811, 4 mai 1812 et 12 mars 1813; les ordonnances royales du 9 septembre 1814 et 17 juillet 1816, l'art. 77 de la loi du 28 avril 1816, ont successivement réglé, soit le prix du port d'armes, soit le mode à suivre pour en obtenir la délivrance. Nous allons faire connaître la législation actuelle sur cette matière.

II. Sous l'empire, et par le décret du 11 juillet 1810, le prix du port d'armes de chasse avait été fixé à 30 fr. Ce prix a été réduit à 15 fr. par l'art. 77 de la loi sur les finances, du 28 avril 1816.

III. Les décrets du 22 mars 1811, 12 mars 1813, et l'ordonnance royale du 9 septembre 1814, avaient accordé aux personnes décorées, la faculté d'obtenir le permis du port d'armes en payant seulement 1 fr. de rétribution. Ce privilége a été supprimé par l'art. 1er. de l'ordonnance du roi, du 17 juillet 1816. « Considérant, » porte l'ordonnance, « que cette exemption est en opposition avec le texte et l'esprit de notre charte, qui n'admet aucun privilége en matière de contribution. »

IV. La feuille du port d'armes est délivrée par le préfet du département, et à Paris, par le préfet de police. Le prix doit en être payé au receveur de l'enregistrement. (Décret du 11 juillet 1810, art. 11.)

V. Le permis de port d'armes est valable pour un an, à dater du jour de sa délivrance. (Même décret, art. 12.)

VI. Tout citoyen français, si la loi ne lui a pas interdit cette faculté, a le droit d'obtenir le port d'armes. Sont déclarés privés de cette faculté les gens sans aveu et les vagabonds. (Décret du 20 avril 1789.)

VII. Sont déchus de cette faculté les individus condamnés à la peine des travaux forcés à temps, du bannissement, de la réclusion ou du carcan. (Code pénal, art. 28.) Mais si le condamné était gracié, il rentrerait dans l'exercice de cette faculté; car l'interdiction est elle-même un accessoire de la peine principale. (M. Carnot émet la même opinion dans son Commentaire du code pénal, art. 28.).

VIII. Peuvent être déchus pendant cinq ans au moins, et dix ans au plus, *par une disposition expresse du jugement,* les individus condamnés, soit pour escroquerie ou tentative d'escroquerie (Code pén., art. 405), soit pour vol, larcins, filouteries ou tentative de ces mêmes délits (art. 401, même code), soit enfin les individus déclarés coupables d'avoir tenu une maison de jeu de hasard, et d'y avoir admis le public, soit librement, soit sur la présentation des intéressés ou affiliés; les banquiers de cette maison, tous ceux qui auront admis ou tenu des loteries non autorisées par la loi, tous administrateurs préposés ou agens de ces établissemens condamnés en cette qualité (art. 410, code pén.).

Décret impérial relatif au port d'armes de chasse.

(4 Mai 1812.)

ART. 1er.

Quiconque sera trouvé chassant et ne justifiant pas d'un permis de port d'armes de chasse, conformément à notre décret du 11 juillet 1810, sera traduit devant le tribunal de police correctionnelle, et puni d'une amende qui ne pourra être moindre de 30 fr., ni excéder 60 fr.

OBSERVATIONS.

I. Pour qu'il y ait lieu à l'application de la peine, il faut qu'il y ait le concours de deux faits : 1°. que l'individu *soit porteur d'une arme de chasse sans permis légal;* 2°. qu'il soit rencontré *chassant.* De là cette conséquence que le port d'armes est permis à tous les citoyens français, excepté aux gens sans aveu et aux vagabonds (Décret du 20 août 1789), et à tous ceux à qui la loi n'a pas enlevé expressément cette faculté ; mais que, pour se livrer à l'exercice de la chasse, il faut préalablement avoir pris un permis de port d'armes de chasse.

II. De là cette autre conséquence, qu'il n'y a nul délit dans le fait d'un fermier qui, chargé par le propriétaire de détruire les animaux qui pourraient commettre des dégâts, a été trouvé armé à cet effet dans un jardin clos et renfermé dans l'enceinte d'une habitation (Arrêt de cassation du 22 février 1812 ; DALLOZ,

t. 2, p. 450); car, d'une part, le fait d'un homme qui repousse avec une arme les animaux sauvages, n'est point un fait de chasse, c'est l'exercice du droit de libre défense, et de l'autre, celui qui tire des coups de feu dans l'enceinte de son domicile, ne saurait être trouvé chassant; car la maison d'un citoyen doit être un asile inviolable et inaccessible à toute investigation du dehors.

III. Mais ce permis est nécessaire pour se livrer à la chasse dans toute autre circonstance, de telle sorte que le propriétaire lui-même, chassant en temps licite sur ses propriétés, est tenu de le représenter, et cette nécessité est tellement absolue, que la consignation des droits dus pour l'obtention du permis ne l'autoriserait pas à chasser avant que le permis soit délivré. La Cour de cassation l'a ainsi jugé, par arrêt du 7 mars 1823, sur le pourvoi du ministère public contre le sieur Castellan. « Attendu, » porte cet arrêt, « que » l'article 1er. du décret du 4 mai 1812, prononce la » peine de l'amende contre tous ceux qui seront trou- » vés chassant et ne justifiant pas d'un permis de port » d'armes; que, par conséquent, c'est lorsque l'indi- » vidu est trouvé chassant, qu'il doit avoir obtenu ce » permis; que dès lors le fait de s'être pourvu pour » l'obtenir, ou celui d'avoir consigné la somme requise » à cet effet, est insuffisant, et ne saurait être d'au- » cune considération; que la demande d'un permis » pouvant être refusée, elle ne peut représenter le per- » mis et y suppléer; que, néanmoins, l'arrêt attaqué » a encore donné pour motif de la confirmation du » hors de Cour prononcé en faveur du prévenu, qu'il » s'était pourvu pour obtenir un port d'armes, et qu'à

» cet effet il avait consigné la somme exigée; que, sous
» ce second rapport, comme sous le premier, la dis-
» position de l'art. 1ᵉʳ. du décret du 4 mai 1812, a
» été également violée; casse. »

IV. Encore que le procès-verbal du garde champêtre constate qu'il a trouvé des individus chassant,
qui n'auraient pas voulu s'arrêter pour l'entendre, si le
procès-verbal ne constate pas en même temps qu'il a
interpelé les prétendus délinquans de *représenter le port
d'armes, et qu'ils ont refusé cette exhibition*, il n'y a pas
dans ce procès-verbal défaut de port d'armes légalement constaté. Il n'est pas nécessaire que l'individu,
poursuivi par suite d'un tel procès-verbal, représente
aux juges son port d'armes, et bien qu'il n'argue pas
de cette nullité, les juges peuvent la prononcer d'office,
parce qu'elle est substantielle. (Cour royale de Rouen,
18 novembre 1824.)

V. On voit que le délit de chasse sans permis de
port d'armes, est un délit distinct et indépendant du
délit de chasse, soit en temps prohibé, soit sans permis
de chasse de la part du propriétaire. Aussi la Cour de
cassation a-t-elle jugé, le 4 décembre 1812, que le
fait de chasse sans autorisation du propriétaire, et sans
permis de port d'armes, constituait deux délits distincts, passibles cumulativement, et de l'amende prononcée par la loi de 1790, et de l'amende prononcée
par le décret de 1812. Cet arrêt établit une dérogation
au principe qui veut qu'en cas de condamnation pour
plusieurs délits, la peine la plus forte soit seule appliquée
(art. 365 du code d'instruction criminelle). La raison
donnée de cette dérogation est que la destination de ces
deux amendes est différente, et que d'ailleurs l'art. 4

du décret que nous rapportons, décide que les dispositions de la loi de 1790, seront *au surplus* exécutées.
Quelque respectable que soit à nos yeux l'autorité de
la Cour suprême, nous ne saurions partager cette opinion. En effet, la destination des deux peines est différente, sans doute; mais nous ne voyons pas que le
principe général, tracé dans l'art. 365 du code d'instruction criminelle, et reproduit dans plusieurs autres
dispositions du même code, renferme aucune exception
pour le cas où les diverses peines à prononcer, à raison
de différens délits, reçoivent une destination différente;
car il est peu de cas où ces peines ne reçoivent pas une
destination différente. Si, d'ailleurs, en matière de
concours du délit de chasse et du délit de port d'armes
illicite, on devait prononcer les deux peines applicables
aux deux délits, comme dans l'un et dans l'autre cas,
la loi prononce la confiscation de l'arme, il faudrait la
confisquer deux fois, ce qui serait inexécutable, à moins
de confisquer d'abord l'arme pour le premier délit, et
d'en exiger le prix pour le second, ce qui serait évidemment contraire au texte de la loi, puisque le prix
ne doit en être payé par le délinquant *que lorsqu'il refuse de livrer l'arme.*

Quant au second motif, pris dans la lettre de l'article 4 du décret qui maintient *au surplus* l'exécution
des dispositions de la loi de 1790, l'esprit de ce décret qui, postérieur au code d'instruction criminelle,
n'avait pas apparemment pour but, en s'occupant
d'une matière aussi minime, de déroger tacitement et
par avance, aux principes sacramentellement tracés dans
le code, l'esprit, disons-nous, de ce droit, semble indiquer suffisamment qu'il faut entendre d'abord que le

législateur, ou du moins celui qui, à cette époque, s'en attribuait le titre, a voulu dire que le présent décret laissait subsister les lois antérieures sur la chasse, *sauf à les appliquer selon le droit commun*, et qu'on doit, en cas de concours des deux délits, prononcer la peine portée dans les premières pour un simple délit de chasse, si cette peine est la principale : si, par exemple, le délinquant se trouvait dans les cas de récidive et double récidive, qui peuvent élever l'amende jusqu'à 90 et 120 fr., mais alors encore on rendrait hommage au principe en ne prononçant que cette seule peine, sauf l'indemnité en faveur du propriétaire plaignant, laquelle, étant considérée comme réparation civile, n'est pas considérée comme une peine, et doit toujours être prononcée en sa faveur, quelle que soit la quotité de l'amende.

VI. Il n'est pas nécessaire que celui qui a obtenu le permis de port d'armes, soit nanti de ce permis au moment où il est rencontré chassant. (Cassation, 19 février 1813, t. 1er., p. 158.)

VII. Quoique le permis de port d'armes semble indiquer, par le style administratif dans lequel ces sortes d'actes sont rédigés, qu'on ne pourrait s'en servir que dans l'étendue du département où il a été délivré, il est néanmoins de toute évidence que ce permis une fois délivré, emporte la faculté d'en faire usage dans toute l'étendue du territoire français. En effet, la loi impose la nécessité de prendre le port d'armes à tout citoyen qui veut se livrer à l'exercice de la chasse ; mais elle n'impose pas l'obligation d'en prendre un qui soit spécial à chaque département. S'il en était ainsi, l'égalité des citoyens devant la loi, et l'égale distribution des impôts, garanties par la charte constitutionnelle, ne se-

raient plus qu'une illusion, si tel citoyen devait acquitter vingt fois le prix de port d'armes, tandis que tel
autre ne l'acquitterait qu'une seule fois. D'un autre
côté, comme on peut, abstraction faite de toute idée
fiscale, considérer le port d'armes comme une mesure
de sûreté publique, on ne voit pas trop pourquoi tel
citoyen, qui réunirait les qualités requises dans un département pour jouir de ce droit, ne les posséderait
plus à une demi-lieue, à dix lieues, à cent lieues de ce
même département.

VIII. L'action pour répression du délit de port
d'armes sans permis, se prescrit par trois mois. (Arrêts
de la Cour de Metz et de la Cour de cassation, rapportés par Denevers, Supplément de 1825; Arrêts de
la même Cour, des 1er. et 15 octobre 1813.) C'est la
disposition expresse de l'art. 12 de la loi du 22 avril
1790, sanctionnée le 30. (Voyez cet article.) Le 12 février 1809, la Cour de cassation avait décidé le contraire sur les conclusions de M. Merlin.

Art. 2.

*En cas de récidive, l'amende sera de 60 fr. au
moins, et de 200 fr. au plus. Le tribunal pourra
en outre prononcer un emprisonnement de six
jours à un mois.*

Art. 3.

*Dans tous les cas, il y aura lieu à la confis-
cation des armes; et si elles n'ont pas été saisies,
le délinquant sera condamné à les rapporter au
greffe ou à en payer la valeur, suivant la fixation
qui en sera faite par le jugement, sans que cette
fixation puisse être au-dessous de 50 fr.*

OBSERVATIONS.

Le garde n'a pas le droit de désarmer le délinquant ; l'art. 5 de la loi du 22 avril 1790 a proclamé ce principe. Il y a même raison de décider pour le délit de port d'armes illicite.

Art. 4.

Seront au surplus exécutées les dispositions de la loi du 22 avril 1790, concernant la chasse, laquelle sera publiée dans les départemens où elle ne l'a pas encore été.

OBSERVATIONS.

Voyez la note placée sous l'art. 1er.

DE LA PÊCHE.

ARRÊTÉ *du pouvoir exécutif, concernant la police du droit de pêche, du 28 messidor an 6 de la république française.*

Le directoire exécutif, sur le compte qu'il lui a été rendu par le ministre de la justice, que dans quelques-uns des départemens réunis aucun réglement de police n'est observé relativement au droit de pêche;

Que la faculté qu'ont tous les citoyens de pêcher dans les rivières NAVIGABLES ou FLOTTABLES, sert même de prétexte pour occasioner des dégâts dans les propriétés d'autrui, et pour commettre toutes sortes de délits, et que certains tribunaux correctionnels de ces départemens se croient sans moyen de répression contre de pareils désordres, faute de loi à ce sujet....

OBSERVATIONS.

I. Les lois subséquentes et actuellement en vigueur n'ont pas laissé subsister la faculté alors accordée *à tous les citoyens* de pêcher dans les *rivières navigables* ou *flottables.* Aujourd'hui, ces rivières sont considérées par l'art 538 du code civil, comme dépendances du domaine public; et, en cette qualité, il a fallu affermer le droit de pêche à l'administration du domaine. Ainsi les *fermiers-pêcheurs*, ou les pêcheurs pourvus d'une licence à cet effet, ont seuls le droit de pêcher dans ces sortes de rivières. Tous citoyens, néanmoins, ont le droit d'y pêcher avec une ligne flottante tenue à la main.

II. Quant aux autres rivières qui ne sont *ni navigables, ni flottables*, c'est-à-dire, qui ne portent ni embarcations, ni radeaux, il est libre à tous les citoyens dont elles bordent la propriété, d'y exercer le droit de pêche dans toute sa plénitude, sauf à se conformer toutefois aux dispositions de l'ordonnance de 1669, que nous rapporterons ci-après. (Voir la note placée sous l'art. 10 du tit. 31 de cette ordonnance, et la loi du 14 floréal an 10, que nous rapporterons également.)

« *Vu* 1°. *les art.* 5, 6, 7, 8, 9, 10, 11, 12, 14, 17 *et* 18, *tit.* 31 *de l'ordonnance des eaux et forêts de* 1669, *qui contiennent diverses dispositions propres à régler l'exercice du droit de pêche, de manière à ce qu'il ne dégénère pas en abus nuisibles;*

2°. *L'art.* 609 *du code des délits et des peines, qui veut qu'en attendant que les dispositions de l'ordonnance de* 1669 *aient pu être révisées, les tribunaux correctionnels appliquent aux délits qui sont de leur compétence les peines qu'elles prononcent;*

3°. *Et l'art.* 11 *de la loi du* 12 *vendémiaire an* 4, *portant, que le directoire exécutif et chaque administration départementale ou municipale, ou de bureau central, pourront, par délibération spéciale, ordonner la réimpression, l'affiche et la publication des lois anciennes ou récentes;*

Considérant que la suppression du droit exclusif de la pêche, en donnant à chacun la liberté de pêcher dans les rivières NAVIGABLES *et* FLOTTABLES, *n'entraîne point l'abrogation des règles établies pour la conservation des différentes sortes de poissons; qu'ainsi, les articles ci-dessus cités du tit. 31 de l'ordonnance de 1669, doivent continuer d'avoir leur exécution;*

Considérant que le défaut de promulgation de ces articles dans les départemens réunis, ne peut dispenser les tribunaux de ces départemens d'appliquer les peines qu'ils prononcent, puisque la promulgation du code des délits et des peines, dont l'art. 609 impose aux tribunaux l'obligation d'appliquer les peines qui sont établies par l'ordonnance de 1669, suffit pour rendre les dispositions pénales de cette ordonnance obligatoires dans les pays même où elle n'a pas été spécialement publiée, ainsi que le tribunal de cassation l'a jugé plusieurs fois, notamment le 7 vendémiaire dernier, en cassant un jugement rendu par le tribunal criminel du département des Vosges, le 20 prairial précédent, qui avait admis le principe contraire; qu'en conséquence, le code des délits et des peines ayant été publié dans les départemens réunis, les tribunaux de ces départemens ne doivent pas hésiter à appliquer, lorsqu'il y a lieu, les peines que prononcent les articles ci-dessus cités du tit. 31 de l'ordonnance de 1669;

Considérant, néanmoins, qu'il est utile de publier ces articles dans les départemens réunis,
Arrête ce qui suit....

Art. 1ᵉʳ.

Les articles 5 *jusqu'à ces mots :* POURVU QUE CE NE SOIT UN JOUR DE DIMANCHE OU DE FÊTE, *etc. ;* 6 *jusqu'à ces mots :* ET DU CARCAN, *etc.;* 7, 8, 9, 10, 11, 12, 14, 17 *et* 18 *du titre* 31 *de l'ordonnance de* 1669, *relatifs à la police de la pêche, continueront d'être exécutés ; en conséquence, et conformément à l'art.* 609 *du code des délits et des peines, les tribunaux correctionnels appliqueront à ceux qui contreviendront aux dispositions de cet article, les peines qu'ils prononcent, jusqu'à ce qu'il en soit autrement ordonné par le corps législatif.*

Art. 2.

Les articles ci-dessus cités du titre 31 *de l'ordonnance de* 1669, *seront réimprimés, affichés et publiés dans toute l'étendue des neuf départemens réunis.*

Art. 3.

Le ministre de la police est chargé de l'exécution du présent arrêté, qui sera inséré au Bulletin des lois, ainsi que les articles précités.

SUIVENT LES ARTICLES EN QUESTION DE L'ORDONNANCE DE 1669, *lesquels sont ainsi conçus :*

Art. 5 (de l'ordonnance de 1669).

Leur défendons pareillement (à tous pêcheurs) de pêcher, en quelques jours et saisons que ce puisse être, à autre heure que depuis le lever du soleil jusqu'à son coucher, sinon aux arches des ponts, aux moulins et aux gords où se tendent des dideaux, auxquels lieux ils pourront pêcher tant de nuit que de jour....

OBSERVATIONS.

Sous peine de quarante livres d'amende, car cette peine est spécifiée dans l'art. 4 de la même ordonnance, contre les individus qui se livreraient à la pêche un jour de fête ou de dimanche. Cette dernière prohibition est, à la vérité, abrogée, ainsi qu'il résulte de l'art. 1er. du présent arrêté, comme le remarque Merlin, au mot *Pêche;* mais le mot *pareillement* dont se sert l'art. 5, indique que la pénalité en cas d'infraction aux dispositions de l'art. 5, est la pénalité établie dans ce même art. 4, laquelle est une amende de 40 livres.

En effet, cet article est ainsi conçu : « Défendons à » tous pêcheurs de pêcher aux jours de dimanches et » fêtes, *sous peine de 40 livres d'amende;* et pour cet » effet leur enjoignons expressément d'apporter tous » les samedis et veilles de fêtes, incontinent après le » soleil couché, au logis du maître de communauté, » tous leurs engins et harnais, lesquels ne leur seront » rendus que le lendemain du dimanche ou fête après » soleil levé, à peine de 50 liv. d'amende et d'inter- » diction de la pêche pendant un an. »

ART. 6.

Le pêcheurs ne pourront pêcher durant le temps DU FRAI; *savoir : aux rivières où la truite abonde sur tous les autres poissons, depuis le*

22

1er. *février jusqu'à la mi-mars; et aux autres de-*
puis le 1er. avril jusqu'au 1er. de juin; à peine,
pour la première fois, de 20 livres d'amende, et
d'un mois de prison, et du double de l'amende
et de deux mois de prison, pour la seconde....

Art. 7.

Exceptons toutefois de la prohibition contenue
en l'article ¹, la pêche au saumon, aloze et lam-
proie, qui sera continuée en la manière accou-
tumée.

Art. 8.

Ne pourront aussi mettre bires ou nasses d'o-
sier à bout des dideaux pendant le temps DE FRAI,
à peine de 20 livres d'amende et de confiscation
du 'harnais pour la première fois, et d'être privé
de la pêche pendant un an pour la seconde.

OBSERVATIONS.

La charte constitutionnelle, art. 66, a aboli la confiscation *générale* des biens; mais par cela même on en
conclut qu'elle a laissé subsister la *confiscation partielle.*

Art. 9.

Leur permettons néanmoins d'y mettre des
chausses ou sacs, du moule de dix-huit lignes en
carré (quatre centimètres environ), et non au-

---

¹ *Précédent,* sans doute. C'est un vice de rédaction de l'ordonnance.

trement , sur les mêmes peines ; mais après le temps de FRAI *passé , ils y pourront mettre des bires ou nasses d'osier à jour, dont les verges seront éloignées les unes des autres de douze lignes (vingt-sept millimètres) au moins.*

ART. 10.

Faisons très-expresses défenses aux maîtres pécheurs de se servir d'aucuns engins et harnais prohibés par les anciennes ordonnances sur le fait de la pêche, et en outre de ceux appelés giles, tramail, furet, épervier, chaslons et sabres, dont elles ne font pas de mention , et de tous les autres qui pourraient être inventés au dépeuplement des rivières , comme aussi d'aller au barandage et mettre des bacs en rivière, à peine de 100 *fr. d'amende pour la première fois,* ET DE PUNITION CORPORELLE POUR LA SECONDE.

OBSERVATIONS.

I. On voit par le texte de l'art. 10, que cette prohibition ne s'applique qu'aux maîtres pêcheurs; car l'usage de ces instrumens et filets entre les mains de simples particuliers ne pourrait point inspirer la crainte de voir dépeupler les rivières.

II. On avait soutenu, en argumentant de l'art. 1er. de l'ordonnance de 1669, qui défendait seulement de pêcher *dans les fleuves et rivières navigables*, que c'était à ces rivières seulement que s'appliquaient les autres prohibitions de l'ordonnance que nous rapportons, telles que de pêcher avec engins défendus , etc., et non aux rivières non navigables ni flottables ; mais la jurispru-

22.

dence de la Cour de cassation résultant notamment, et d'un arrêt du 12 février 1808, et d'un autre arrêt de la même Cour, du 27 décembre 1810, rendus sur les réquisitoires de Merlin, a repoussé cette opinion.

III. La pêche faite *avec engins défendus*, est un délit d'ordre public, dont la répression peut être poursuivie par la partie publique, sans qu'il soit nécessaire de l'intervention de la partie privée. (Arrêts du 17 brumaire an 14 et 21 février 1811.)

IV. Il en serait autrement s'il s'agissait du délit de pêche dans une rivière *non navigable, sans autorisation du propriétaire*, mais avec les filets autorisés par l'ordonnance; alors ce serait au propriétaire riverain seul à poursuivre. Ainsi jugé dans l'espèce suivante :

En 1806, un garde champêtre constate, par un procès-verbal, qu'il a rencontré Pierre Finfe et Henri Virkai fils, pêchant avec des filets appelés verveux, dans la partie du ruisseau de Lisoche, qui arrose, sur ses deux rives, des prairies appartenant à M. Villensegne de Sorine, et dont par conséquent la pêche lui appartient aussi.

Finfe et Virkai sont cités par le procureur impérial du tribunal de première instance de Dinant, à l'audience correctionnelle de ce tribunal.

Le 12 décembre 1806, jugement qui acquitte les inculpés. « Considérant, porte le jugement, que les pois-
» sons qui se trouvent dans les eaux courantes, ne
» sont la propriété de personne en particulier; qu'il
» n'y a par conséquent pas de délit en cas présent, ni
» contre les propriétés, ni contre les personnes; qu'il
» n'y aurait de délit que par rapport à la défense de
» de pêcher au préjudice de la faculté attribuée aux

» propriétaires riverains, et que ceux-ci ne se plai-
» gnent pas. »

Sur l'appel interjeté par le procureur impérial, le procureur général de la Cour de justice criminelle du département de Sambre-et-Meuse, invoque, à l'appui de l'appel, l'art. 18 du titre 5, l'art. 1er. du titre 3o de l'ordonnance de 1669, et l'art. 15 de la loi du 14 floréal an 10.

Par arrêt du 18 décembre 1806, la Cour de justice criminelle, « Considérant que les lois citées dans les » conclusions du procureur général ne concernent que » la pêche dans les eaux appartenant au domaine et » aux communes, et qu'il n'existe point de lois pé- » nales applicables au cas dont s'agit, déclare, sans » adopter les motifs du jugement dont est appel, qu'il » a été bien jugé. »

Pourvoi en cassation de la part du procureur géné- ral près la Cour de justice criminelle, et le 5 février 1807, au rapport de M. Seignette, arrêt de la Cour suprême ainsi conçu : « Attendu qu'aucune loi ne » classe au nombre des *délits publics* l'action de pêcher » dans un ruisseau qui est la propriété d'autrui, comme » étant *non navigable,* et ses deux rives appartenant à » ce propriétaire; que Villensegne de Sorine, pro- » priétaire à ce titre, selon qu'il est dit au procès- » verbal du garde champêtre, de la portion du ruis- » seau de Lizoche, dans lequel Finfe et Wirkai ont été » trouvés, ne se plaint pas; la Cour *rejette* le pourvoi. »

V. Les peines corporelles sont des peines arbi- traires; il n'est plus permis aux tribunaux d'en pro- noncer, toute peine devant être aujourd'hui littérale- ment spécifiée dans la loi.

Art. 11.

Leur défendons, en outre, de bouiller avec bouilles ou rabots, tant sur les chevrins, racines, saules, osiers, terriers et arches, qu'en autres lieux, ou de mettre lignes avec échets et amorces vives; ensemble de porter chaînes et clairons en leurs batelets, et d'aller à la fare ou de pêcher dans les noues avec filets, et d'y bouiller pour prendre le poisson et le frai qui a pu y être porté par le débordement des rivières, sous quelque prétexte, en quelque temps et de quelque manière que ce soit, à peine de 50 livres d'amende contre les contrevenans et d'être bannis des rivières pour trois ans, et de 300 livres contre les maîtres particuliers ou leurs lieutenans qui en auront donné la permission.

Art. 12.

Les pêcheurs rejetteront en rivière les truites, carpes, barbeaux, brêmes et meuniers qu'ils auront pris ayant moins de six pouces entre l'œil et la queue, et les tanches, perches et gardons qui en auront moins de cinq, à peine de 100 livres d'amende, et confiscation contre les pêcheurs et marchands qui en auront vendu ou acheté.

. . . .

Art. 14.

DÉFENDONS A TOUTES PERSONNES *de jeter dans les rivières aucune chaux, noix vomique, coque*

du Levant, mommie, et autres drogues ou appâts,
à peine de punition corporelle.

OBSERVATIONS.

Cette prohibition est générale ; elle frappe les simples particuliers comme les pêcheurs de profession.

. . . .
. . . .

ART. 17.

Défendons de prendre et enlever les épaves, sans la permission des officiers de santé de nos maîtrises, après la reconnaissance qui en aura été faite, et qu'elles aient été adjugées à celui qui les réclame.

OBSERVATIONS.

Cette dernière locution, fort peu correcte, veut probablement signifier que celui qui réclame les divers objets que l'eau rejette de son sein et dépose sur ses rives, ne peut les enlever que lorsqu'il en a obtenu la permission de l'autorité.

ART. 18.

Faisons défenses à toutes personnes d'aller sur les mares, étangs et fossés, lorsqu'ils seront glacés, pour en rompre la glace et y faire des trous, ni d'y porter flambeaux, brandons et autres feux, à peine d'être punis comme de vol.

EXTRAIT *de là* LOI *du* 14 *floréal an* 10 (4 *mai* 1802),
relative aux contributions indirectes de l'an 11.

. . . .

ART. 12.

A compter du 1er. *vendémiaire prochain, nul*
ne pourra pêcher dans les fleuves et rivières NA-
VIGABLES , *s'il n'est muni d'une licence, ou s'il n'est*
adjudicataire de la ferme de la pêche, conformé-
ment aux articles suivans.

OBSERVATIONS.

I. Cet article, comme on voit, ne frappe de prohibition
que les *rivières navigables.* Cependant, il y a même
raison de décider, quant aux rivières seulement *flotta-*
bles ; car, aux termes de l'art. 538 du code civil, ces
rivières sont, ainsi que les premières, rangées au nombre des dépendances du domaine public. On ne pourrait donc, ainsi que pour les *rivières navigables,* s'y
livrer à la pêche sans une adjudication ou licence préalable. Néanmoins, malgré l'analogie qui existe, s'il
s'agissait de prononcer contre les contrevenans là
peine spécifiée dans les articles suivans, comme il est
de principe qu'une peine ne saurait être suppléée d'office par le juge, quelque puissante que soit l'analogie,
nous pensons, disons-nous, qu'on ne pourrait étendre
au fait de la pêche dans les rivières *flottables,* une
peine que la loi n'a prononcée que quand il s'agit d'une
rivière navigable.

II. Quant à *la nécessité de prendre une licence* (nécessité absolue , s'il s'agit d'une rivière navigable), il faut en outre faire une distinction , s'il s'agit d'une rivière flottable. Les rivières flottables sont de deux sortes. Dans les unes , le flottage s'exécute à radeaux ou à trains ; dans les autres , moins considérables , le flottage s'opère à bûches perdues. Dans la première , la licence est nécessaire , la pêche étant considérée comme domaniale ; dans la seconde , la licence n'est pas nécessaire , la pêche appartenant aux riverains.

Cette distinction a été proclamée par un avis du Conseil d'état , en date du 23 août 1823. Cet avis est ainsi conçu :

« Considérant que les rivières navigables *sur trains*
» *ou radeaux ,* sont de leur nature navigables pour
» toute embarcation du même tirant d'eau que le train
» ou radeau flottant ;

» Que les rivières flottables de cette espèce ont été
» considérées comme rivières navigables , soit par l'or-
» donnance de 1669, soit par les premières instruc-
» tions données pour l'exécution de la loi du 14 floréal
» an 10 ;

» Que, dès lors , les rivières navigables sur trains
» ou radeaux, dont l'entretien est à la charge de l'É-
» tat , se trouvent comprises parmi les rivières navi-
» gables dont la pêche peut , aux termes de ladite loi ,
» être affermée au profit de l'État ;

» Qu'il est impossible, au contraire, d'appliquer
» les dispositions de ladite loi aux cours d'eau qui ne
» sont flottables *qu'à bûches perdues ,* et qui ne peu-
» vent, sous aucun rapport , être considérés comme
» rivières navigables ;

» Est d'avis,

» 1°. Que l'État a droit d'affermer, en vertu de la loi
» du 14 floréal an 10, la pêche des rivières qui sont
» navigables sur bateaux, trains ou radeaux, et dont
» l'entretien n'est pas à la charge des propriétaires ri-
» verains;

» 2°. Que ce droit ne peut s'étendre en aucun cas
» aux rivières ou ruisseaux qui ne sont flottables qu'à
» bûches perdues. »

La Cour de cassation a consacré cette distinction
en rejetant le pourvoi formé contre un jugement du
tribunal de Troyes, qui avait jugé dans le sens de l'avis
ci-dessus. « Attendu, » porte l'arrêt, « qu'en jugeant
» que l'article 538 du code civil ne s'applique pas aux
» rivières et ruisseaux simplement flottables à bûches
» perdues, le tribunal de Troyes n'a pas violé cet ar-
» ticle. »

Art. 13.

*Le gouvernement déterminera les parties de
fleuves ou rivières où il jugera la pêche susceptible d'être mise en ferme, et il réglera pour les
autres les conditions auxquelles seront assujétis
les citoyens qui voudront y pêcher, moyennant
une licence.*

Art. 14.

*Tout individu qui, n'étant ni fermier de la
pêche, ni pourvu de licence, pêchera dans les
fleuves et rivières navigables autrement qu'à la*
LIGNE FLOTTANTE ET A LA MAIN, *sera condamné,*
1°. *à une amende qui ne pourra être moindre de*

5o *fr.*, *ni excéder* 200 *fr.*; 2°. *à la confiscation des filets et engins de pêche;* 3°. *à des dommages-intérêts envers le fermier de la pêche, d'une somme pareille à l'amende. L'amende sera double, en cas de récidive.*

OBSERVATIONS.

I. On voit que l'exception apportée à la prohibition générale, s'applique au cas seulement où l'on aurait pêché avec une ligne flottante. L'arrêté du gouvernement, du 17 nivôse an 12, après avoir ordonné que l'art. 14 de la loi du 14 floréal an 10, serait exécutée selon sa forme et teneur, ajoute ces mots : « En consé-
» quence, tout individu autre que le fermier de la
» pêche, ou les pourvus de licence, ne pourra pêcher
» sur fleuves et rivières navigables qu'avec une ligne
» flottante tenue à la main ». Il faut donc en conclure que c'est uniquement ce mode de pêcher, *et non tout autre à peu près analogue*, qui se trouve autorisé par la loi. Aussi la Cour de cassation, par un arrêt du 10 décembre 1810, a-t-elle cassé un arrêt de la Cour de justice criminelle du département de la Méditerranée, qui avait assimilé à la pêche à la ligne flottante l'action de pêcher avec un instrument dont l'extrémité était fixée au fond de l'eau par le moyen d'un plomb, lequel instrument s'appelle *mazzachera*.

II. Nous avons dit, à la note de l'art. 12 ci-dessus, que la peine ne pourrait être prononcée contre ceux qui pêcheraient dans les rivières *seulement flottables*, quoique de droit la prohibition s'étende également à la pêche sur ces sortes de rivières. C'est une lacune qu'il serait facile au législateur de faire disparaître. Quant aux peines portées contre les pêcheurs *braconniers*, si je puis m'exprimer ainsi, dont parle l'article dont nous nous occupons, il ne faut pas les confondre avec les peines portées dans l'ordonnance de 1669, contre les individus qui, même pourvus de licence, ou pêchant dans les rivières dont ils sont riverains, auraient contrevenu aux dispositions de cette ordonnance, qui, comme je l'ai dit plus haut, ont principalement pour objet de prévenir le dépeuplement des rivières.

ART. 15.

Les délits seront poursuivis et punis de la même manière que les délits forestiers.

OBSERVATIONS.

La poursuite doit être exercée devant les tribunaux correctionnels. On voit en outre que ces délits étant d'ordre public, ils peuvent être poursuivis à la requête du ministère public.

ART. 16.

Les gards ou autres établissemens fixes de pêche, construits ou à construire, seront pareillement affermés, après qu'il aura été reconnu qu'ils ne nuisent point à la navigation et qu'ils ne peuvent produire aucun attérissement dangereux, et que les propriétés riveraines ne peuvent souffrir de dommage.

ART. 17.

La police, la surveillance et la conservation

de la pêche, seront exercées par les agens et préposés de l'administration forestière, en se conformant aux dispositions prescrites pour constater les délits forestiers.

Voyez à cet égard les observations relatives aux articles 10 et 11 de la loi sur LA CHASSE, du 2 avril 1790.

ART. 18.

Les fermiers de la pêche pourront établir des gardes pêche à la charge d'obtenir l'approbation du conservateur des forêts, et de les faire recevoir comme les gardes forestiers.

———

Avis *du Conseil d'état, du 27 pluviôse an 13, approuvé le 50 par l'empereur, sur la question de savoir à qui des riverains ou des communes appartient le droit de pêche sur les* RIVIÈRES NON NAVIGABLES.

« Le Conseil d'état, qui a entendu le rapport de la
» section de l'intérieur, sur celui du ministre de ce
» département, relatif à la question de savoir à qui des
» propriétaires riverains ou des communes appartient
» la pêche des *rivieres non navigables;*
» Considérant, 1°. que la pêche des rivières non
» navigables faisait partie des droits féodaux, puis-
» qu'elle était réservée en France, soit au seigneur haut
» justicier, soit au seigneur du fief;
» 2°. Que l'abolition de la féodalité a été faite, non

» au profit des communes, mais au profit des vassaux
» qui sont devenus libres dans leurs personnes et dans
» leurs propriétés ;

» 3°. Que les propriétaires riverains sont exposés à
» tous les inconvéniens attachés au voisinage des ri-
» vières non navigables (dont les lois, d'ailleurs,
» n'ont pas réservé les avant-bords destinés aux usages
» publics); que les lois et arrêtés du gouvernement les
» assujétissent à la dépense du curage et à l'entretien
» de ces rivières, et que, dans les principes de l'équité
» naturelle, celui qui supporte les charges doit aussi
» jouir des bénéfices ;

» 4°. Enfin que le droit de pêche dans les rivières
» non navigables, accordé aux communes, serait une
» servitude pour les propriétés des particuliers, et que
» cette servitude n'existe point aux termes du code
» civil;

» EST D'AVIS

» Que la pêche des *rivières non navigables* ne peut,
» dans aucun cas, appartenir aux communes; que les
» propriétaires riverains doivent en jouir, sans pou-
» voir cependant exercer ce droit qu'en se conformant
» aux lois générales ou réglemens locaux concernant la
» pêche, ni les conserver lorsque, par la suite, une
» rivière aujourd'hui réputée non navigable, devien-
» drait navigable ; et qu'en conséquence tous les actes
» de l'autorité administrative, qui auraient mis des
» communes en possession de ce droit, doivent être
» déclarés nuls. »

MODÈLES D'ACTES

SOUS SEING PRIVÉ.

———— ◦ ————

MODÈLE D'UN BAIL

D'UNE MAISON ENTIÈRE.

————

Entre nous soussignés.... (*noms, prénoms, profession et demeure du bailleur*), d'une part ; et.... (*noms, prénoms, etc., du preneur*), d'autre part,

A été convenu ce qui suit :

Moi.... (*le bailleur*), (*énoncer si c'est en qualité de propriétaire ou de principal locataire, ou de fondé de pouvoir de l'un d'eux ; si c'est comme mari, tuteur ou subrogé tuteur, héritier bénéficiaire ou pur et simple, curateur à l'interdiction d'un majeur ou à l'émancipation d'un mineur, conseil judiciaire ou usufruitier, etc.*), donne par ces présentes à bail (*indiquer le temps pour lequel on loue*),

A M...., preneur, ce acceptant (*mettre la clause*

de solidarité, s'ils sont deux ou plusieurs, ou mari et femme),

Une maison sise à...., rue...., n....

(*Détailler et désigner la maison par étages, corps de logis, et généralement toutes ses circonstances et dépendances, telles qu'elles se poursuivent et comportent; laquelle maison le preneur déclare l'avoir bien examinée et parfaitement connaître.*)

Si on stipule qu'il sera fait un état des lieux, ne mettre aucune désignation et dire):

Une maison sise à...., rue...., n°...., telle qu'elle se poursuit et comporte, ainsi qu'il sera plus au long détaillé dans un état de lieux qui sera dressé entre les parties dans le délai de.... (*Indiquer à la charge de quelle partie devra être dressé l'état des lieux*),

Pour, par ledit preneur, en jouir à titre de locataire pendant la durée du présent bail, qui est fait aux clauses et conditions suivantes :

Moi.... (le bailleur), m'engage à faire jouir le preneur de ladite maison et de ses dépendances, pendant le temps ci-dessus énoncé, et de tenir les lieux clos et couverts suivant l'usage ;

Et moi.... (le preneur), m'engage également,

1°. De garnir cette maison de meubles et effets suffisans en valeur pour garantie du loyer pendant tout le temps du bail ;

2°. De l'entretenir pendant le même temps, et de la rendre à la fin du bail en bon état de réparations locatives ;

3°. De payer les contributions des portes et fenêtres (*et si c'est au compte du bailleur*), en l'acquit du bailleur, et dont il sera tenu compte au preneur sur le vu des quittances, en déduction du prix principal ci-après stipulé.

Le présent bail est fait moyennant la somme principale de.... que le preneur s'engage à payer au bailleur ou à son fondé de pouvoir (*indiquer où se fera le paiement*), par chaque année, en quatre termes égaux, échéant les 1ᵉʳˢ. janvier, avril, juillet et octobre de chaque année, dont le premier se fera le.... et ainsi de suite, de trois mois en trois mois, en espèces métalliques et ayant cours, et non autrement, de convention expresse.

(*Si les contributions sont payées en à-comptes sur le prix, ajouter :*)

En l'acquit desquels termes il sera tenu compte au preneur des contributions par lui payées sur le vu des quittances.

(*Si les contributions sont payées en sus du prix par le preneur, ajouter :*)

Le preneur sera tenu de justifier à chaque terme de l'acquit des contributions qu'il est tenu de payer en sus dudit prix,

Et de payer en outre, sans aucune diminution des prix et charges ci-devant stipulés, 5 cent. par franc dudit loyer, payables aux mêmes époques que le prix principal, au portier de ladite maison, et pour lui tenir lieu de gages.

(*Si le preneur a la faculté de sous-louer et même de céder :*)

Le preneur aura la faculté de sous-louer tout ou partie de ladite maison louée et dépendances, sans qu'il soit besoin par lui d'obtenir le consentement du bailleur.

23

(*S'il lui est interdit de sous-louer, on dira :*)

Le preneur ne pourra en aucune manière céder ni sous-louer son droit au présent bail, en tout ni en partie, ni changer la destination des lieux sans le consentement exprès et par écrit du bailleur, à peine de tous dépens, dommages et intérêts.

Le preneur ne pourra prétendre aucune diminution du prix principal du loyer, pour quelque prétexte que ce soit, pour raison des charges ci-dessus énoncées.

Il sera loisible à l'une des parties de donner congé à l'autre, en s'avertissant réciproquement dans les délais d'usage; (*si le bail est fait pour trois, six, neuf,*) en s'avertissant dans les délais d'usage avant l'expiration des trois ou des six premières années.

Le preneur devra souffrir les grosses réparations qu'il serait utile de faire à ladite maison, sans pouvoir en prétendre aucune indemnité du bailleur pendant toute leur durée ; (*si l'on fixe le temps,*) pendant la durée de...., à l'exception des quatre gros murs, auquel cas il sera loisible au preneur de résilier le bail, mais néanmoins sans pouvoir prétendre d'indemnité.

Le preneur ne pourra faire aucuns changemens ni distributions dans ladite maison, sans le consentement du bailleur, et si, avec la permission par écrit de ce dernier, il en était fait, ledit preneur devra rendre les lieux dans l'état dans lequel il les a reçus, et sans pouvoir exiger d'indemnité, si le bailleur juge convenable de conserver lesdits changemens. (*Quand la clause ci-dessus est intercalée, un état des lieux est nécessaire.*)

S'il est nécessaire de faire le curage du puits et des fosses d'aisances, les frais en seront à la charge de....

(*Indiquer celui qui les supportera.*)

Dans le cas où le bailleur voudrait occuper les lieux par lui-même, ou voudrait vendre la propriété, il se réserve expressément le droit de faire résilier ledit bail, en prévenant néanmoins le preneur six (*ou trois*) mois d'avance, et le preneur pourra exiger une indemnité de.... (*ou ne pourra exiger d'indemnité*).

Le bailleur reconnaît et déclare avoir présentement reçu en espèces la somme de...., imputable sur les six derniers mois de jouissance, dont il consent quittance au profit du preneur.

A défaut par le preneur d'acquitter exactement, à chaque échéance, les termes de loyer, ou d'exécuter aucunes des conditions ci-dessus énoncées, le bailleur pourra faire résilier le présent bail, sans préjudice de tous dommages-intérêts à fixer par experts, et sans qu'il soit besoin de faire prononcer par justice ladite résiliation.

Les clauses qui précèdent ne sont point réputées comminatoires ; elles devront être exécutées de rigueur, sous peine de tous dépens, dommages-intérêts.

Pour exécution du présent bail, les parties élisent domicile dans leur demeure respective indiquée comme dessus.

Sous la foi de quoi le présent a été fait double entre les parties (*ou en autant d'originaux qu'il y a de parties*).

Et signé à...., le....

(*Suivent les signatures.*)

N. B. En offrant ce modèle au lecteur, nous n'avons pas prétendu prévoir toutes les clauses dont un

23.

contrat de bail à loyer est susceptible, ni donner comme essentiels à ce contrat, la plupart des cas qui s'y trouvent énoncés, les parties pouvant à leur guise les changer, les modifier, et même y ajouter, si bon leur semble.

———————

MODÈLE D'UN BAIL A FERME

DE BIENS RURAUX.

Entre nous soussignés,

Le sieur (*désigner ici les nom, prénoms, profession, qualité et demeure du bailleur ou propriétaire*), d'une part ;

Et le sieur (*mettre également les nom*, etc., *du preneur ou fermier, et de sa femme, s'il en a une,*) et d^e.... d'autre part ;

A été convenu ce qui suit :

Moi...., donne et loue par ces présentes, à titre de bail, pour neuf années consécutives, et pour la dépouille et récolte entière de tous les fruits et produits qui pourront être perçus et recueillis pendant ces neuf années, qui commenceront au.... (*indiquer la date,*) les biens ci-après désignés, savoir :

(*Si c'est d'une ferme qu'il s'agit,*)

1°. Un corps de ferme situé au village de...., consistant en un principal corps de logis, servant de logement au fermier, avec cour, puits, porte cochère pour entrer dans la cour, bâtiment et aile servant d'écurie et d'étables, grenier au-dessus des bâtimens, caves, granges et autres bâtimens servant à l'exploitation de

ladite ferme, jardins potagers et à fruits entourés de....,
tenant le tout à...., etc., de la contenance de....

2°. Et.... hectares.... ares.... centiares, ou.... arpens
en tant de pièces, savoir :

(*Désigner ici exactement le nombre des pièces, leur
nature, leur contenance et leurs tenans et aboutissans. Cette
désignation est essentielle, et on doit autant que possible
n'omettre aucune circonstance tendante à les faire bien connaître.*)

Ainsi que tous ces lieux se poursuivent et composent, sans en rien excepter ni réserver, mais aussi sans
aucune garantie de mesure, en sorte que moi...., bailleur, ne sois pas tenu de fournir ce qui en manquerait,
et réciproquement que nous, preneurs, jouirons de
l'excédant desdites mesures, si excédant il y avait, sans
aucune augmentation de fermage, et déclarons au surplus connaître parfaitement le tout, l'avoir vu et visité,
en être content et n'en pas désirer plus ample désignation.

Moi, bailleur, m'engage, sous la garantie de droit,
à faire jouir les preneurs desdits biens à titre de fermiers, pendant toute la durée du bail.

Ce bail à ferme est fait aux charges, clauses et conditions suivantes, que nous...., preneurs, nous obligeons solidairement, l'un pour l'autre, d'exécuter sans
prétendre, pour ce, à aucune diminution des fermages
qui seront ci-après fixés :

1°. De garnir la ferme et la tenir garnie de meubles,
chevaux, fourrages, grains, bestiaux et autres effets
exploitables et suffisans pour répondre des fermages ;

2°. D'entretenir les bâtimens de ladite ferme en bon

état de réparations locatives, et de les rendre tels à l'expiration dudit bail;

3°. De souffrir les grosses réparations qu'il conviendra de faire auxdits bâtimens;

4°. De labourer, fumer, cultiver et ensemencer les terres dépendantes de ladite ferme par soles et saisons convenables, en bon père de famille, sans pouvoir, sous aucun prétexte que ce soit, les dessoler ni dessaisonner, et de convertir toutes les pailles provenant desdites terres en fumier pour l'engrais desdites terres, sans pouvoir en vendre ni distraire aucune partie, et de laisser, à la fin du bail, au fermier entrant, toutes celles qui s'y trouveront;

5°. De tenir les prés en bonne nature de fauche; d'entretenir la clôture de ceux qui sont clos, d'y replanter de nouvelles haies partout où il en pourra manquer, et de faire curer les fossés quand ils en auront besoin; de bien façonner et cultiver les vignes suivant l'usage des lieux, les provigner et en replanter d'autres à la place de celles qui périraient ou qu'il faudrait arracher, et les fournir d'échalas, comme aussi d'écheniller les arbres toutes les fois que besoin en sera, d'arracher ceux qui mourront et en disposer, sauf par le preneur à les remplacer;

6°. De veiller à ce qu'il ne soit fait aucune usurpation ou empêchement sur aucuns des biens présentement loués, et d'avertir le bailleur de tous ceux qui pourraient y être faits, dans les délais usités, ainsi que de tous les dégâts qui pourraient y être commis, à peine d'en être responsable personnellement;

7°. De laisser, à l'expiration du bail, au fermier entrant à la Saint-Georges, pour faire les sombres, une chambre, avec droit au puits et de cuire au four, ainsi qu'une place convenable et les pailles nécessaires pour ses chevaux ;

8°. Ne pourront, les preneurs, appuyer contre les murs, aucunes perches, chevrons ni hangards contre les égouts des bâtimens ;

9°. Ne pourront également, les preneurs, céder ni sous-louer leur droit au présent bail en tout ou partie, à qui que ce soit, que du consentement exprès et par écrit du bailleur, à peine de tous dépens et dommages-intérêts.

Les preneurs seront en outre tenus de payer et acquitter par chaque année dudit bail, et sans diminution *(ou en déduction)* des prix et fermages ci-après stipulés, les contributions foncières, celles des portes et fenêtres, et toutes autres charges publiques et annuelles qui pourraient être mises sur lesdites ferme et terres, pendant le cours du présent bail.

(Ici se met la clause du paiement des fermages; mais comme ils peuvent être payés en argent ou en nature , nous donnons les deux clauses : 1°. *Si c'est en argent :*)

Ce bail est fait moyennant la somme principale de.... francs de fermages, que nous...., preneurs, nous obligeons, sous la solidarité ci-devant exprimée, à payer, par chaque année du présent bail , à mondit sieur...., bailleur, en son dimicile, à...., en deux paiemens égaux, l'un au...., et le second au.... de l'année suivante, et dont le premier paiement se fera le....), et ainsi de suite jusqu'à la fin du bail. Ces paiemens seront faits en numéraire, de convention expresse.

(2°. *Si c'est en grains ou en deniers, au choix du bail-leur, mettre :*)

Ce bail est fait moyennant la quantité de.... hectoli-tres, ou de.... kilogrammes pesant de bled froment (*ou* bled seigle ou avoine, etc.), première qualité, bon, sec, net, loyal et marchand, qui sera fournie par cha-que année, et rendue à (*désigner l'époque*), dans les greniers du bailleur, ou moyennant la somme de.... fr., de fermages, aussi par chaque année du présent bail, le tout au choix du bailleur, qui pourra, à son choix, exiger, ou ladite quantité de grains, ou ladite somme en deniers.

Les preneurs s'engagent, sous la solidarité ci-devant exprimée, de faire lesdits paiemens ou fournitures comme il est dit ci-dessus jusqu'à la fin du bail, ce à quoi ils se soumettent, même par corps, ainsi que pour l'exécu-tion de toutes les autres charges, clauses et conditions.

(*Il est encore d'autres conventions qui, quoique variant suivant l'usage des lieux, sont néanmoins assez communé-ment intercalées dans les baux ; elles dépendent entièrement de la volonté des parties, et on les place ordinairement après la clause du paiement du prix, avec ce protocole :*)

Il a en outre été convenu entre les parties :

(*Si le bailleur laisse des ustensiles et bestiaux pour le service de la ferme,*)

1°. Que le preneur de la ferme donne également à bail, aux preneurs, comme servant à la culture et à l'exploitation de la ferme, divers ustensiles et bestiaux dont la désignation suit.... (*ou*) dont il a été ou sera fait un état détaillé et signé des parties, et que les pre-neurs s'engagent à ne faire servir exclusivement qu'à l'exploitation de ladite ferme.

(*Si, en cas de grosses réparations, le bailleur mettait le transport des matériaux à la charge du fermier,*)

2°. Les preneurs seront tenus de faire avec leurs chevaux et harnais tous les charrois nécessaires pour les grosses réparations de tous les bâtimens de la ferme et leurs dépendances, même pour leur reconstruction totale ; de même d'entretenir les couvertures de paille, de fournir les gerbes nécessaires, bois et main-d'œuvre pour les réparations desdites couvertures.

3°. De faire également, avec ses chevaux et harnais, par chaque année de fermages, et réversibles de l'une à l'autre, tant de charrois à...., sans prétendre à aucune indemnité, à laquelle le bailleur également renonce pour le cas où il ne les demanderait pas.

(*Si le bailleur stipule qu'il ne sera accordé aucune indemnité pour les cas fortuits, et que les preneurs ne pourront exiger dans ce cas aucune diminution des fermages,*)

4°. Les preneurs ne pourront prétendre ni demander aucune diminution du prix ni des charges ci-devant stipulées, pour cause de grêle, gelée, inondation, stérilité ou autres cas fortuits prévus ou non prévus, sous quelque prétexte que ce puisse être, renonçant dès à présent à ladite diminution.

(*Si on fait un état de lieux avant de prendre possession,*)

5°. Il est aussi convenu qu'avant d'entrer dans les lieux, les preneurs, conjointement avec le propriétaire, établiront un état exact des lieux et objets faisant l'objet du présent bail, auxquels lieux il ne pourra être fait aucun changement ; lequel état de lieux sera à la charge des parties en commun (*ou* à la charge de....)

6°. A défaut du paiement desdits fermages ou d'exécution d'aucune des clauses qui précèdent, le bail sera résilié de plein droit, sans préjudice des dommages-intérêts contre celui qui y aura donné lieu.

(*Si c'est par la faute du preneur,*) Auquel cas, les preneurs seront tenus solidairement de tous les dommages qu'ils auront occasionés, et signification des présentes suffira pour les expulser, sans qu'il soit besoin d'aucune autre formalité judiciaire.

. (*Si le bailleur se réserve le droit de demander hypothèque aux preneurs,*)

Le bailleur se réserve expressément la faculté de demander judiciairement aux preneurs hypothèque suffisante sur les biens à eux personnels, pour le garantir du paiement du prix des fermages et de l'exécution des autres conditions, et les preneurs s'engagent expressément à la fournir à sa première réquisition.

. (*Les baux se terminent de la manière suivante :*)

Le bailleur s'engage expressément par le présent bail à faire jouir les preneurs, pendant lesdites neuf années, des fermes et terres qu'il leur a louées par ces présentes, et de les tenir closes et couvertes suivant l'usage des lieux.

Les frais de l'enregistrement du présent bail seront à la charge des parties qui y donneront lieu;

Ou bien seront supportés en commun.

Fait double entre les parties de bonne foi, à...., le.... 18....

(*Suivent les signatures.*)

(*S'il intervient une caution, immédiatement après ces mots :* Fait double, *on met :*)

Et, à l'instant, est intervenu M...., lequel, après avoir pris connaissance et lecture du présent bail,

moyennant.... francs de principal et des autres charges,
a déclaré se rendre et volontairement se constituer
caution et répondant solidaire des preneurs envers le
bailleur, pour raison du paiement du prix des fermages
et des autres conditions du présent bail, ce que ledit
bailleur a déclaré accepter.

Fait triple, etc.

(Suivent les signatures.)

*(Si le bail est fait pour trois, six ou neuf ans, le pro-
tocole du bail change, et une clause y relative se place aussitôt après celle du paiement des fermages, ainsi qu'il suit:)*

(Après les noms, etc., des parties, on met:)

A été convenu ce qui suit:

Que moi.... (*bailleur*), donne par ces présentes à
bail audit sieur...., preneur, pour trois, six ou neuf
années, au choix respectif des parties, qui commenceront
à courir du...., et qui finiront à pareil jour des trois,
six ou neuf années.

Une ferme, etc., etc.

*(Et après la clause de la garantie donnée par le bailleur,
à la fin de l'acte, on met:)*

Il a en outre été expressément convenu qu'il sera
libre à l'une des parties de faire cesser le bail à l'expiration des trois ou six premières années, toutefois en
se prévenant respectivement six mois (*ou suivant l'u-
sage des lieux*) à l'avance, sans qu'il y ait lieu à aucune indemnité de part ni d'autre.

*(Toutes les autres conditions sont les mêmes que dans
le bail précédent.)*

*(On ajoute quelquefois la clause suivante, surtout si le
preneur est sur le point de se marier:)*

Le sieur.... (*le preneur*) s'engage, pour le cas où il

viendrait à se marier, et aussitôt la célébration du mariage, de faire obliger, conjointement et solidairement avec lui, sa future épouse, tant à l'exécution de toutes les clauses et conditions du présent bail qu'au paiement des fermages, lequel bail, au moyen de cet engagement, deviendra commun avec ladite future épouse, ainsi que le bailleur déclare y consentir.

A défaut par le preneur de faire exécuter cette clause dans le mois de la célébration de son mariage, le présent bail sera résilié de plein droit, si bon semble au bailleur, et sauf toute répétition de dommages-intérêts.

(Il est des endroits où il est encore d'usage que le propriétaire se réserve, lorsqu'il sera sur les lieux, ou qu'il oblige le fermier à lui fournir annuellement des volailles de sa cour et de son colombier, sans diminution du prix des fermages ; comme aussi quelquefois on charge le preneur d'entretenir d'ustensiles et de réparations le pressoir, et de le rendre à la fin du bail en bon état ; de même, s'il y a un colombier, de le tenir peuplé et garni de pigeons, etc. Ces divers cas deviennent alors l'objet d'autant de clauses particulières.)

MODÈLE D'UN BAIL A·LOYER

D'UN MOULIN A FARINE.

Entre les soussignés, etc. (*comme ci-dessus*),

A été convenu

Que moi.... (*le propriétaire*) , donne à titre de bail pour neuf années entières et consécutives, auxdits sieur et dame (*les preneurs*) , à partir du 1er. avril prochain, un moulin à eau (*ou* à vent) , faisant farine , sis à...., garni de tous ses meubles , ustensiles, tournans et travaillans , duquel moulin et de toutes ses circonstances et dépendances je m'engage à faire jouir pendant tout le temps dudit bail, sans aucuns troubles , lesdits sieur et dame (*preneurs*).

Ce bail est fait aux conditions suivantes que nous , preneurs, nous engageons solidairement l'un pour l'autre d'exécuter ,

1°. D'entretenir ce moulin en bon état de réparations locatives, ainsi que les tournans et travaillans , et de les rendre de même fin du bail;

2°. (*Si c'est un moulin à eau,*) D'entretenir également les vannes et chaussées en bon état , afin que l'eau ne se perde ni dépérisse, et sans pouvoir employer cette eau à d'autres usages qu'à faire travailler les meules;

3°. (*Si c'est un moulin à vent,*) D'entretenir les ailes ou volans et leurs toiles, l'arbre ou pivot du moulin, les tournans, meules, etc., et de rendre le tout fin de bail en bon état de réparations locatives;

4°. De ne pouvoir céder ni sous-louer leur droit au présent bail, sous quelque prétexte que ce soit, sans le consentement exprès et par écrit du bailleur;

5°. D'acquitter la contribution foncière à la décharge du propriétaire (avec ou sans diminution du prix principal).

Le présent bail est fait en outre moyennant la somme de.... francs de loyer par chaque année, que nous.... (*preneurs*), nous engageons, sous la solidarité ci-dessus exprimée, de payer au bailleur, en deux termes égaux, dont le premier se fera le 1er. octobre prochain, et le second le 1er. avril de l'année suivante, et ainsi de suite, continuer jusqu'à la fin du bail; lesdits paiemens se feront au domicile dudit bailleur, sis à...., en numéraire et non autrement.

Il est également convenu qu'immédiatement avant l'entrée en jouissance par les preneurs dudit moulin, il sera fait une prisée et estimation de tous les ustensiles et autres objets qui en dépendent, par telles personnes ou experts qu'ils aviseront. Les preneurs seront tenus de rendre le tout en pareil état à la fin du bail. Mais si, à cette époque et d'après la nouvelle estimation qui sera faite, il y avait une différence quelconque, les parties devront se faire respectivement raison de cette différence en plus ou en moins.

MODÈLES D'ACTES

A défaut d'exécution d'aucune des clauses qui précèdent, les parties pourront résilier le bail, sans préjudice des dommages-intérêts résultant de ladite inexécution à répéter contre celle des parties qui aura donné lieu à ladite résiliation.

Fait double entre les parties, à   , ce   182   .

(*Suivent les signatures.*)

MODÈLE D'UN BAIL

D'UN PRINCIPAL LOCATAIRE A UN SOUS-LOCATAIRE.

Entre les soussignés,

1°. Le sieur (*nom, prénoms, profession et demeure*), principal locataire pour douze années entières et consécutives, qui ont commencé le 1er. janvier 1826, d'une maison sise à...., rue...., n°...., suivant bail sous seing privé fait entre le sieur...., propriétaire, et ledit sieur...., principal locataire, le 10 mars 1825, dûment enregistré à...., le 10 juin de la même année, par et signé....., qui a reçu les droits, d'une part;

Et le sieur.... (*nom, prénoms, profession et demeure du preneur sous-locataire*), d'autre part;

A été convenu ce qui suit :

Moi (*le principal locataire*), donne à bail pour trois, six ou neuf années, au choix respectif des parties, audit sieur...., ce acceptant,

Un appartement dans ladite maison ci-dessus désignée, situé au deuxième étage, composé de huit pièces de plein pied, savoir : une antichambre, salle à manger, chambre à coucher éclairée sur le jardin, salon, autre chambre à coucher et une autre pièce à feu éclai-

24

rée sur la rue, pièce servant de garde-robe, cuisine éclairée sur la cour ; plus , deux chambres de domestique au troisième étage, cave , grenier , droit au puits et aux lieux d'aisance du troisième étage ;

Ainsi que ledit appartement s'étend et se compose avec toutes ses dépendances, sans en rien réserver ni excepter, le preneur au surplus déclarant le bien connaître, en être content et n'en pas désirer plus ample désignation ;

Moi (*le bailleur*), m'engage en outre de faire jouir le preneur dudit appartement pendant tout le temps ci-dessus fixé ;

Et moi (*le preneur*), m'engage à occuper lesdits lieux sans prétendre à aucune diminution du prix ci-après stipulé , aux charges et conditions suivantes :

1°. De les garnir de meubles et effets suffisans pour garantir le paiement des loyers du susdit appartement, et de le tenir garni pendant toute la durée dudit bail ;

2°. De souffrir les grosses réparations qui seraient jugées nécessaires, d'entretenir ledit appartement fin dudit bail, en bon état de réparations locatives ;

3°. De ne faire dans ledit appartement aucuns percement , distribution, construction, augmentation, diminution ou autre changement semblable, sans le consentement par écrit du bailleur, et de ne pouvoir établir aucuns poêles dans ledit appartement qu'en élevant les tuyaux jusqu'à la partie supérieure des cheminées ;

4°. De ne pouvoir céder ni sous-louer mon droit au bail sans le consentement exprès et par écrit du bailleur;

5°. Et en outre d'acquitter les contributions des portés et fenêtres sans déduction du prix du bail.

Le présent bail est fait moyennant la somme de...., que moi, preneur, m'engage de payer au bailleur en son domicile à...., en quatre paiemens égaux, dont le premier se fera le 1er. avril 1826, le second le 1er. juillet suivant, et ainsi de suite de trois mois en trois mois, jusqu'à la fin du bail, sur lequel prix le sieur (*preneur*), a à l'instant payé la somme de...., pour six mois d'avance dudit bail, imputables sur les six derniers mois de jouissance, ainsi que moi (*le bailleur*), le reconnais et en consens quittance.

Les parties se réservent le droit de résilier le présent bail à l'expiration des trois ou six premières années, en se prévenant six mois d'avance, et en cas d'inexécution d'aucune des conditions qui précèdent, le présent bail sera résilié de plein droit, sauf toute répétition de dommages-intérêts contre la partie qui y aura donné lieu.

Fait double entre les parties, à...., ce.... 1826.

(*Les signatures.*)

MODÈLE DE QUITTANCE

D'UN LOYER DE MAISON.

———

Je soussigné.... (*le bailleur ou propriétaire, ou principal locataire*) , demeurant à...., rue...., n°...., reconnais avoir reçu du sieur.... (*le preneur*), la somme de...., pour le terme échu le 1ᵉʳ...., du bail d'un appartement (*ou* d'une maison) à lui louée suivant acte sous seing privé, en date du...., dûment enregistré le...., par le sieur...., qui a reçu les droits, plus, en quittance, la somme de...., pour les contributions des portes et fenêtres à sa charge, dont quittance, sans préjudice des termes à échoir.

A...., ce.... 1826.

(*La signature du bailleur seulement.*)

(NOTA. *Cette quittance se fait sur papier timbré, et la même feuille peut servir pour autant de paiemens qu'on peut y en mentionner ; dans ce cas, il est inutile de répéter ce qu'on a mis plus haut; on met seulement à la suite de la première quittance :*)

J'ai reçu la somme de...., en espèces, et des quittances pour la somme de...., pour le terme de loyer échu le...., ainsi qu'il est dit ci-dessus, sans préjudice des termes à échoir, dont quittance, à...., ce.... 1826.

(La signature.)

MODÈLE DE QUITTANCE

DE FERMAGES.

Je soussigné...., propriétaire d'une ferme sise au village de...., reconnais et déclare avoir reçu du sieur.... et de la dame son épouse , 1°. la somme de...., à compte sur les fermages (*ou* pour l'année des fermages) par eux dus, comme fermiers de ladite ferme , suivant bail sous seing privé fait entre nous , le.... 1826 , dûment enregistré le.. , par le sieur...., qui a reçu les droits ; 2°. en quittance du percepteur des contributions, pour la somme de...., qu'il est tenu d'acquitter aux termes dudit bail ; 3°.... (*désigner les redevances imposées au fermier, soit en volailles, grains, charrois,* etc. , *par le bail*) , dont quittance ; sans préjudice de ce qui reste à courir sur ladite année des fermages (*ou* des années à échoir).

Fait à...., ce. .. 1826.

(*La signature du propriétaire.*)

(*Si les autres quittances sont à la suite,*)

J'ai reçu la somme de.... en espèces, et en quittance du percepteur de.... ; plus, les charrois, etc., pour l'année des fermages échus le...., sans préjudice des années à échoir, ainsi qu'il est dit ci-dessus, dont quittance.

Fait à...., ce.... 1826.

(*La signature.*)

« (NOTA. *Ces quittances ne font foi en justice qu'autant qu'elles sont enregistrées, par exemple, avant la saisie des fermages; mais il n'y a aucun délai fixé pour leur enregistrement, et elles sont exemptes du double droit; elles ne sont soumises qu'au droit proportionnel de 50 centimes, et le décime en sus par 100 francs.*)

MODÈLE D'UN CONGÉ

ACCEPTÉ ENTRE LES PARTIES.

Entre les soussignés,

1°. Le sieur.... (*le propriétaire*) , demeurant à.... , d'une part ;

2°. Et les sieur et dame.... (*les preneurs*), demeurant à...., d'autre part ;

A été convenu ce qui suit :

1°. Le bail sous seing privé fait le.... 18...., d'une maison (*ou* d'une ferme , *ou* d'un appartement), sis à...., entre les sus-nommés , est et demeure résilié , au moyen du congé donné par moi.... (*indiquer celui qui les donne*), et que moi.... (*indiquer celui qui l'accepte*) déclare accepter, à compter du.... prochain ;

2°. En conséquence dudit congé, moi.... (*le preneur*), m'oblige et m'engage , pour ladite époque , 1°. à remettre les clefs de ladite maison , (ferme *ou* appartement) , et de rendre lesdits lieux en bon état de réparations locatives, et tels que je les ai reçus au commencement dudit bail (*ou , s'il a été fait un état des lieux ,*) tels qu'ils sont portés en l'état des lieux, fait le.... ;

2°. de rapporter l'acquit des contributions qui cesse-

ront le...!, par moi dues, en sus du prix du loyer ;
3°. et de payer les termes lors échus ;.

Au moyen de quoi moi, bailleur, m'oblige à laisser
sortir tous les meubles et effets desdits preneurs ;

(*Si on a payé les six mois d'avance, alors on mettra:*)

3°. Moi, bailleur, déclare être payé des six derniers
mois de jouissance dudit...., au moyen du paiement
qui m'a été fait de la somme de...., le jour de la signature du bail ci-dessus relaté, dont je consens quittance,
au moyen de quoi les preneurs pourront vider les lieux
quand bon leur semblera, avant l'expiration des six
mois.

Fait double entre les parties.

(*Les signatures.*)

MODÈLE

D'UN TRANSPORT DE BAIL.

Entre les soussignés,

1°. Le sieur...., fermier d'une ferme sise à...., suivant bail sous seing privé, fait entre lesdits sieur.... (*le propriétaire*), et le sieur (*le fermier*), en date du...., enregistré le....., d'une part ;

2°. Et le sieur.... (*noms et prénoms du sous-fermier ou cessionnaire*), demeurant à...., d'autre part ;

A été convenu,

Que moi (*le cédant*), cède et transporte audit sieur.... (*le cessionnaire*), sans autre garantie que celle de mes faits et promesses pour le temps qui reste à courir, à compter du...., tous mes droits résultant du bail à moi fait (*détailler ici les charges, clauses et conditions du bail*).

Ce transport est fait à la charge par le sieur.... (*le cessionnaire*), d'exécuter toutes les charges, clauses et conditions qui viennent d'être rapportées, et notamment de payer à M.... (*au propriétaire*), la somme de.... aux époques fixées par ledit bail ; le tout, de telle sorte que moi (*le cédant*), n'en puisse être inquiété ni recherché à ce sujet.

(*Si on a stipulé un prix pour raison de la cession :*)

Et en outre moyennant la somme de...., que le cessionnaire a à l'instant payée comptant au cédant qui le reconnaît et en consent quittance.

Il est bien entendu que si M.... (*le propriétaire*), n'acceptait pas le présent transport, le présent acte serait considéré comme nul et non avenu. Néanmoins, le cessionnaire est tenu, dans l'espace d'un mois, de rapporter le refus d'accepter de la part du propriétaire, faute de quoi la somme de...., payée pour prix du transport, demeurera acquise au cédant, et la cession sera considérée comme non avenue.

Dans le cas où la notification serait faite par acte extrajudiciaire, les frais en resteront à la charge du cessionnaire, qui s'y soumet.

Le cessionnaire reconnaît et déclare avoir entre les mains le double du bail, fait au cédant par M.... (*le propriétaire*).

Fait double entre les parties, à...., ce...., le....

(*Suivent les signatures.*)

MODÈLE D'UNE ACCEPTATION

DE TRANSPORT DE BAIL.

Entre les soussignés,

1°. Le sieur.... (*le propriétaire*), d'une part ;

2°. Et 1°. le sieur.... (*le locataire ou fermier*), demeurant à.... ; 2°. et le sieur.... (*le cessionnaire des droits du preneur primitif*), demeurant à.... ; ces deux derniers. d'autre part ;

A été convenu ce qui suit :

Le sieur.... et le sieur.... (*le cédant et le cessionnaire*), ont exposé à M...., propriétaire, que, suivant acte sous seing privé, en date du...., dûment enregistré le...., par et signé...., qui a reçu les droits, le sieur.... (*le cédant*) a cédé et transporté audit sieur.... (*le cessionnaire*) son droit au bail à lui fait par M.... (*le bailleur*), suivant acte sous seing privé en date du...., enregistré.... pour le temps qui reste à courir, et ce aux charges et conditions y portées, et que, pour en éviter la signification, ils lui ont donné connaissance de ce transport ; de son côté, M.... (*le bailleur*) déclare avoir pour agréable ce transport, se le tenir pour bien et dûment signifié, et accepter M.... (*le cessionnaire*) pour locataire, à compter du.... jusqu'à la fin du bail, au lieu et place du sieur.... (*le premier fermier ou locataire*), moyennant les prix, charges, clauses et conditions portés audit bail.

(*Si le bailleur se réserve l'effet du bail contre le cé-dant,*) Sous la réserve néanmoins que M.... (*le cédant*), continuera de rester garant solidaire et principal, tant du paiement des loyers que de l'exécution de toutes les autres charges, clauses et conditions exprimées au bail susdaté, à l'effet de quoi ledit bail conservera toute sa force et vertu contre M.... (*le cédant*), et sans que les paiemens qui seraient faits directement par le cessionnaire au bailleur et acceptés par celui-ci, puissent être considérés comme une dérogation à l'effet du bail et de ses droits contre M.... (*le cédant*).

(*Si, par le transport, on décharge le cédant de toute garantie envers le bailleur, au lieu de la clause qui précède, on met :*)

En conséquence.... (*le propriétaire*) décharge le sieur.... (*le cédant*) de l'effet dudit bail, à compter du jour ci-dessus fixé, se réservant tous ses droits et actions contre lui, mais seulement pour les loyers à échoir et ceux échus jusqu'audit jour, et sauf l'obligation de remettre à cette époque, au nouveau preneur, les lieux en bon état de réparations locatives.

Fait triple entre les parties, le   182 .

(*Suivent les trois signatures.*)

MODÈLE

D'UN MARCHÉ A FORFAIT DE LA BATISSE D'UNE MAISON, D'APRÈS UN PLAN DRESSÉ.

Entre le sieur.... (*nom et prénoms de l'entrepreneur*), entrepreneur de bâtimens, dûment patenté, demeurant à...., rue...., n°...., d'une part ;

Et M.... (*nom, prénoms, qualités et demeure du propriétaire*), d'autre part ;

Ont été faites les conventions suivantes, savoir :

Le sieur.... (*l'entrepreneur*) s'oblige envers le sieur.... (*le propriétaire*), qui l'accepte, de faire et parfaire, bien et dûment, au dire d'experts et gens à ce connaissans, tous les ouvrages de maçonnerie, charpenterie, couverture, menuiserie, serrurerie, vitrerie, pavé et autres qu'il convient de faire pour la bâtisse et construction entière et parfaite d'une maison sise à...., rue...., n°...., appartenant à M...., et de se conformer au dessin qui a été dressé par le sieur...., qui a été présentement signé et paraphé *ne varietur* par les parties, et dont chacune d'elles a gardé un double.

Le sieur.... (*l'entrepreneur*) promet de commencer lesdits ouvrages dès le.... (*désigner l'époque du commencement des travaux*), de les continuer avec le nombre d'ouvriers suffisans sans interruption, et de rendre le tout fait et parfait dans le délai de...., et de livrer les clefs de ladite maison à la main du sieur.... (*le propriétaire*), de sorte que ladite maison et ses dépendances soient prêtes et en état d'être habitées et occupées dans le délai de...., à peine de tous dépens, dommages et intérêts.

Ce marché est fait moyennant la somme de...., pour tous lesdits ouvrages, sans aucune division, et l'un dans l'autre.

Sur cette somme de...., le sieur.... (*l'entrepreneur*) reconnaît avoir reçu du sieur.... (*le propriétaire*) celle de...., en espèces présentement comptées et délivrées, dont quittance d'autant. Le sieur.... (*l'entrepreneur*) promettant de l'en acquitter, ainsi que des autres sommes qu'il recevra de lui envers les ouvriers qui travailleront en cette maison. A l'égard du surplus, montant à la somme de...., le sieur.... (*le propriétaire*) s'oblige de les payer au sieur.... (*l'entrepreneur*) à mesure des travaux, et d'en effectuer le paiement lorsque tous ces ouvrages seront faits bien et dûment, au dire d'ouvriers et gens à ce connaissans, et livrés avec les clefs à la main, comme il a été dit.

Fait double à...., le...., etc.

(*Signatures des parties.*)

Ajouter à la suite de l'acte sous seing privé ci-dessus le marché passé avec le charpentier et l'entrepreneur.

MODÈLE

De l'acte sous seing privé qui doit être passé entre l'entrepreneur et le charpentier, et qui doit être ajouté à la suite du précédent.

Entre le sieur.... (*nom, prénoms et demeure du charpentier*), charpentier, demeurant à...., rue...., n°....., d'une part ;

Et le sieur.... (*nom, prénoms et demeure de l'entrepreneur*), d'autre part ;

Ont été faites les conditions suivantes, savoir :

Le sieur.... (*le charpentier*) s'oblige envers le sieur.... (*l'entrepreneur*), de faire et parfaire bien et dûment, comme il appartient, au dire d'ouvriers et gens à ce connaissans, tous les ouvrages de charpenterie détaillés séparément par le devis ci-dessus, en une maison appartenant à M.... (*le propriétaire*), conformément au dessin qui en a été dressé par le sieur.... (*le même que celui désigné au premier paragraphe de l'acte ci-dessus*), promettant de ne fournir que de bon bois, sain, sec, net, loyal et marchand, de grosseur et longueur portées au devis, les peines d'ouvriers et autres choses nécessaires concernant la charpenterie, de disposer et tenir prêt son bois pour mettre et poser en œuvre, et le livrer à **M....** (*l'entrepreneur*), aussitôt qu'il le lui demandera.

Ce marché est fait moyennant la somme de...., en déduction de laquelle le sieur.... (*le charpentier*), reconnaît avoir reçu du sieur.... (*l'entrepreneur*) celle de...., en espèces présentement comptées et délivrées, dont quittance d'autant. Le surplus, montant à la somme de...., sera payé (*désigner les époques de paiement*).

Fait double à...., le....

(Signatures des parties.)

CONVENTION D'APPRENTISSAGE.

MODÈLE *d'acte sous seing privé passé entre le maître et les père et mère de l'apprenti.*

Entre les sieurs.... (*nom, prénoms et profession des père et mère*), demeurant à...., rue...., n°...., d'une part ;

Et le sieur.... (*nom, prénom et profession du maître*), demeurant à...., rue...., n°...., d'autre part ;

A été convenu et arrêté ce qui suit, savoir :

Les sieur et dame.... (*les père et mère de l'apprenti*), voulant faire apprendre un métier à.... (*nom et prénoms du fils*), leur fils, âgé de..., qu'ils certifient probe et fidèle, l'ont mis, de son consentement, en apprentissage pour cinq années entières et consécutives, à compter de ce jour, auprès du sieur.... (*nom et demeure du maître*) ;

Le sieur.... (*le maître*), a en conséquence retenu auprès de lui le sieur.... (*noms et prénom de l'apprenti*), et a promis de lui enseigner durant ce temps son métier de.... (*désigner le nom du métier*), et tout ce qu'il y fait, et en outre de le nourrir, loger, coucher et traiter humainement.

Les sieur et dame.... (*les père et mère de l'apprenti*) entretiendront leur fils d'habits, de chaussures et autres vêtemens, selon son état, et le blanchiront.

De sa part, le sieur.... (*nom de l'apprenti*), a promis d'apprendre de son mieux tout ce qui lui sera montré par son maître, de lui obéir en tout ce qu'il lui commandera de licite et d'honnête, de travailler à son profit, d'éviter son dommage, et de l'en avertir toutes les fois qu'il en aura connaissance.

Le sieur.... (*nom de l'apprenti*) ne pourra s'absenter ni aller servir ou demeurer ailleurs pendant lesdites cinq années; s'il vient à s'absenter, ses père et mère s'engagent de le chercher et faire chercher dans la ville (*désigner le domicile du maître*) et ses environs, et après l'avoir trouvé, si faire se peut, de le ramener au sieur.... (*le maître*) pour achever le temps qui pourrait alors rester à expirer.

Ce traité est fait moyennant la somme de...., que le sieur.... (*nom du maître*) reconnaît avoir reçu des sieur et dame.... (*noms des père et mère*), dont quittance.

Fait double à...., le....

(*Suivent les signatures.*)

MODÈLE

D'UN TRANSPORT D'APPRENTISSAGE PAR UN MAITRE A UN AUTRE.

Entre les sieur et dame.... (*nom, prénoms et qualités des père et mère de l'apprenti*), d'une part;

Le sieur.... (*nom, prénoms et qualités du maître*), d'autre part ;

Et le sieur.... (*nom, prénoms, qualités et demeure du nouveau maître*), encore d'autre part ;

A été convenu ce qui suit, savoir :

Le sieur.... (*nom du maître actuel*) cède à transport au sieur....(*nom du cessionnaire*), qui l'accepte, les droits que ledit sieur.... (*nom du maître*) a au brevêt d'apprentissage de.... (*nom, prénoms, âge et métier de l'apprenti*), ainsi que lesdits droits lui ont été consentis par acte sous seing privé en date du...., dont ledit sieur.... (*le cessionnaire ou nouveau maître*), déclare avoir pris entière connaissance.

Le présent transport est fait à la charge par le sieur.... (*le cessionnaire*), qui s'oblige 1°. de montrer et enseigner audit apprenti ledit métier de...., pendant les.... années.... mois restant à expirer audit brevet ; 2°. d'exécuter fidèlement et loyalement les autres charges et conditions qui sont spécifiées dans ledit brevet.

De leur côté, les père et mère dudit apprenti, stipulant en son nom, déclarent formellement adhérer audit transport et le tenir pour obligatoire, tant à leur égard qu'à l'égard de leur fils.

Au moyen du présent transport, qui met, à la date de ce jour, le susdit.... (*nom de l'apprenti*) à la charge du sieur.... (*nom du cessionnaire*), qui déclare l'avoir reçu, le sieur.... (*nom du cessionnaire*) est subrogé sans garantie dans les droits du sieur.... (*nom du cédant*) pour toucher les.... francs restant à payer par les père et mère de l'apprenti pour la présente année; et le sieur.... (*nom du cessionnaire*) déclare en outre avoir reçu des mains du sieur.... (*nom du cédant*) le brevet d'apprentissage par acte sous seing privé, dont il était nanti.

Fait triple à...., le....

(*Suivent les signatures.*)

MODÈLE D'UN BAIL

A CHEPTEL SIMPLE.

Entre les soussignés,

M.... (*nom, prénoms et demeure du propriétaire des bestiaux*), d'une part ;

Et M.... (*nom, prénoms, profession et demeure du preneur*), d'autre part ;

A été convenu ce qui suit :

Que moi.... (*le bailleur*) donne audit sieur.... (*le cheptelier*), à titre de bail à cheptel simple, pour trois années consécutives à compter du...., les bestiaux ci-après désignés, savoir :

(*Si ce sont des brebis,*) 1°. De trente brebis de l'âge de trois ans, de race ordinaire, marquées sur le dos de la marque....; 2°. De deux béliers de race espagnole, de l'âge de cinq ans, et marqués de....

(*Si ce sont des vaches,*) 1°. De six vaches laitières, dont deux sous poil noir et une sous poil roux, de l'âge chacune de quatre ans, et les trois autres, sous poil noir et blanc, de l'âge de trois ans ; 2°. deux bœufs de labour sous poil roux, de l'âge de six ans ; 3°. et un taureau sous poil noir, de l'âge de cinq ans.

Pour, par le preneur, en jouir pendant le temps ci-dessus fixé, et, comme il est déjà dit, à titre de cheptel simple, et jouir seul des laitages, du fumier et du travail desdits animaux, et partager par moitié avec le bailleur les laines et le croît qui en proviendront pendant le cours du bail.

Le fonds du cheptel est estimé valoir la somme de...,
et, à l'expiration du bail, la perte ou le profit qui seront à partager ou à supporter par moitié entre le
bailleur et le preneur, seront réglés sur cette somme.
Néanmoins, il est convenu que cette estimation ne portera aucun préjudice à la propriété du troupeau appartenant audit sieur.... (*le bailleur*).

Pour vérifier le profit ou la perte du fonds du cheptel à l'expiration du bail, il en sera fait à cette époque
une nouvelle estimation par deux experts dont nous
conviendrons, et qui pourront s'en adjoindre un troisième, en cas de partage d'avis.

Si par suite il se trouve du profit, le bailleur pourra
prélever des bêtes de chaque espèce jusqu'à concurrence de ladite estimation, et le surplus sera partagé
par moitié; et, si au contraire, il y a perte, le propriétaire reprendra tout le fonds du bétail, et le preneur lui
paiera moitié de la perte.

Le bailleur et le preneur auront la faculté d'exiger
à la fin de chaque année, ou quand ils le jugeront convenable, le partage de la laine et du croît; le tout
néanmoins après qu'il aura été constaté par une estimation que le fonds du cheptel n'est pas diminué de
valeur.

Ce cheptel est fait aux charges suivantes, que moi....
(*preneur*) m'oblige d'exécuter :

1°. De nourrir à mes frais tous les bestiaux susdésignés, de les garder, gouverner et héberger comme il
convient, et d'apporter à leur conservation et entretien tous les soins d'un bon père de famille, pendant
tout le temps de la durée du bail ;

2°. De ne pouvoir faire aucune tonte sans en prévenir le bailleur;

3°. De ne pouvoir disposer d'aucune tête du cheptel, soit du fonds, soit du croît, sans le consentement du sieur.... (*bailleur*), qui lui-même n'en pourra disposer sans le consentement du preneur.

Il est encore convenu comme clauses de rigueur:

1°. Que si le cheptel périt en entier, sans la faute du sieur.... (*preneur*), la perte en sera pour le propriétaire; mais s'il n'en périt qu'une partie, la perte sera supportée en commun d'après la différence qui sera établie entre le prix originaire et l'estimation à l'expiration du bail, et le preneur ne sera tenu des cas fortuits que lorsqu'ils auront été précédés de quelque faute de la part dudit sieur.... (*preneur*), sans laquelle la perte ne serait pas arrivée;

2°. Dans tous les cas, ledit sieur.... (*preneur*), sera tenu de représenter les peaux des bêtes, à moins qu'il ne prouve qu'il est dans l'impossibilité de les représenter;

3°. Si quelques têtes de bétail venaient à périr sans la faute du preneur, elles seront d'abord remplacées par le croît, et le surplus seul sera partagé entre nous. Mais si aucuns périssent par la faute du sieur.... (*preneur*), il sera payé sur-le-champ audit sieur.... (*bailleur*), par moi.... (*preneur*), la somme de.... par chaque tête, ou la somme de.... pour la valeur totale du bétail, et ce, tant pour la véritable valeur desdites bêtes que pour dommages-intérêts.

A défaut par les parties d'exécuter les clauses et conditions ci-dessus exprimées, le présent bail pourra être résilié sans préjudice des dommages-intérêts.

Fait double entre les parties, à...., ce.... 182 .

(*Suivent les signatures.*)

MODÈLE D'UN BAIL

A CHEPTEL A MOITIÉ.

Entre nous soussignés ,

M.... (*propriétaire*), demeurant à...., d'une part ;

Et M.... (*fermier*), demeurant à...., d'autre part ;

A été mis en société, à titre de cheptel à moitié pour trois années consécutives, à compter du...., le fonds de bétail dont la désignation suit, savoir :

Par M.... (*propriétaire*), à titre de bailleur, 1°....; 2°.... (*désigner les bestiaux mis en société par le propriétaire*),

Et par M.... (*preneur*), 1°....; 2°.... (*désigner ici ceux mis par le preneur*).

(NOTA. *Voyez, à la formule précédente, la manière de faire la désignation.*)

Pour par.... (*le fermier*), jouir à titre de preneur, pendant lesdites trois années, de tous les animaux ci-dessus désignés et mis en société, les faire servir à la culture des terres qu'il tient à bail de M.... (*le propriétaire*), suivant acte sous seing privé, en date à...., du.... 1826, dûment enregistré par et signé...., qui a reçu les droits, et profiter seul des laitages, fumiers et labours desdits bestiaux.

Ce bail est fait aux conditions suivantes que moi.... (*le preneur*) m'engage d'exécuter fidèlement :

1°. De nourrir, loger, garder ou faire garder, gouverner, héberger à mes frais, comme il convient, tous lesdits bestiaux pendant toute la durée du bail, et d'en prendre tous les soins d'un bon père de famille, à peine de résiliation du présent bail, si bon semble à mondit sieur le propriétaire, et de dommages-intérêts ;

2°. De ne pouvoir tondre sans en prévenir le propriétaire, qui, de son côté, ne pourra exiger que la tonte ne soit faite qu'aux époques ordinaires.

Il est en outre convenu entre les parties :

1°. Que les laines et croît seront partagés par moitié à la fin de chaque année du bail, ou immédiatement après la tonte ;

2°. Que les bêtes qui auront péri sans la faute du preneur pendant le cours du bail, seront remplacées par les croîts avant tout partage ; mais que, si elles périssaient par la faute du preneur, il en deviendrait responsable, et même par corps.

Fait double à...., ce....

(*Suivent les signatures.*)

MODÈLE D'UN CHEPTEL

DONNÉ AU FERMIER, OU CHEPTEL DE FER.

(Ce bail ayant lieu en même temps que le bail à ferme, on emploiera la formule indiquée ci-dessus *pour le bail à ferme;* et à la suite de la clause du paiement, on ajoutera :)

Il est aussi convenu

Que moi.... (*le propriétaire*) donne également, à titre *de cheptel de fer,* audit sieur.... (*le fermier*), savoir : dix chevaux sous poil bai, dont cinq âgés de six ans, et les cinq autres hors d'âge ; vingt vaches sous poil roux, six bœufs sous poil roux et blanc, un taureau sous poil noir, cinquante brebis marquées de...., quatre béliers marqués de...., etc. (*indiquer les marques des bêtes*); tous lesdits bestiaux garnissant ladite ferme ci-dessus louée et servant à son exploitation, et appartenant à mondit sieur.... (*le bailleur*),

Pour, par ledit sieur.... (*le fermier*), en jouir à titre de cheptel de fer, pendant la durée du présent bail.

Tous les croîts et profits dudit cheptel appartiendront au preneur, sauf les fumiers qui devront servir à l'engrais des terres dépendant de la ferme, sans qu'il puisse en distraire ni en vendre aucune partie.

Tous les animaux susdésignés et destinés à la culture des terres de la ferme, ne pourront être employés à aucun autre usage.

La valeur dudit fonds de bestiaux a été fixée à la somme de...., sans néanmoins que cette estimation puisse en conférer la propriété au preneur, et pendant toute la durée du bail, ledit fonds sera aux risques et périls du fermier, et il devra, fin du bail, rendre au propriétaire un fonds de bétail de même nature et valeur, et ce, d'après une expertise à l'amiable qui aura lieu entre les parties.

(*A la suite de ce qui précède, on mettra la clause de résolution du bail, ainsi qu'on l'a mise à la fin du bail à ferme.*)

Fait double, etc.

(Suivent les signatures.)

MODÈLE D'UN BAIL

DE VACHES.

Entre les soussignés,

M.... (*le propriétaire des bestiaux*), demeurant à....; d'une part ;

Et M.... (*le locataire*), demeurant à....;

A été convenu

Que moi.... (*le propriétaire*), donne à loyer pour trois années entières et consécutives, à partir du.... 1826, à M.... (*le preneur*),

Deux vaches laitières âgées de trois ans chacune; l'une sous poil pie et l'autre sous poil noir, et étant en la possession du preneur qui le reconnaît;

Moi.... (*preneur*), m'oblige et m'engage de nourrir, loger et héberger convenablement lesdites vaches, en toute saison, et en sorte qu'il n'arrive aucune perte ni dommages.

En cas de mort desdites vaches ou de l'une d'elles, ou de toute autre *perte causée par ma négligence,* je m'engage à payer au bailleur la somme de.... par chacune d'elles, et ce, aussitôt le cas arrivé; mais si l'une desdites vaches meurt de mort naturelle ou par cas-fortuit, il ne sera rien payé au propriétaire, mais il devra être rapporté la peau de la vache morte, avec un certificat valable, constatant ladite mort naturelle.

Ce bail est fait moyennant 60 fr. de loyer que moi.... (*le preneur*) m'engage à payer au bailleur en son domicile à...., en deux termes égaux; le premier se fera le...., et le second le....

Il est convenu que les veaux qui naîtront pendant le cours dudit bail, sont expressément réservés au bailleur.

Fait double à ...., ce.... 1826.

(*Suivent les signatures.*)

MODÈLE DE CAUTIONNEMENT

DE TOUTE ESPÈCE DE BAIL.

Le soussigné.... (*nom, prénoms, âge, qualités et demeure de la caution*), après avoir pris connaissance du bail.... (*spécifier ici quelle en est la nature*) consenti par acte sous seing privé, en date du...., entre le sieur.... (*nom, prénoms, âge, qualités et demeure du bailleur*), d'une part, et le sieur.... (*nom, prénoms, qualité et demeure du preneur*), d'autre part, et qui a pour objet, entre autres conditions, de bailler... (*suit la désignation sommaire des principales clauses, pour éviter toute erreur*),

Déclare, par le présent acte, me rendre et constituer volontairement caution et répondant solidaire dudit sieur.... (*nom et prénoms du preneur*), pour raison du paiement desdits loyers (fermages, etc....), et de toutes les autres charges, clauses et conditions contenues dans le susdit bail, dont je déclare avoir pris connaissance pleine et entière ; faisant, pour l'exécution des présentes, élection de domicile en ma demeure, rue de...., à....,

Où j'ai signé le présent....

Paris, ce....

(*Suit la signature de la caution.*)

OBSERVATIONS GÉNÉRALES.

Il est inutile d'ajouter que les signatures des parties contractantes, apposées au bas de tous les actes ci-dessus, qui contiennent des obligations réciproques, doivent être précédées d'un *approuvé l'écriture ci-dessus*, quand le corps de l'acte n'a pas été écrit en entier de la main du signataire.

TABLE ANALYTIQUE

DES MATIÈRES

PAR ORDRE ALPHABÉTIQUE.

———

A

26

dérées comme un à-compte sur le prix, *ib.* — Il en est autrement du denier à Dieu; conséquences de cette différence, *ib.*

Aubergiste. Voyez *Hôtelier.*

Avaries. Voyez *Voiturier.*

B

Bail. Peut être consenti sous condition, p. 4. — Tous les baux doivent être enregistrés, p. 8. — Dans quel délai ? *ib.* — Le bail est-il valable, quoique non enregistré dans les délais prescrits? p. 52.—Le cabaretier peut-il, sans bail authentique, louer dans une autre forme ses caves, celliers et magasins? p. 8 et 9. — Le bail non authentique ou sans date certaine a-t-il force envers les tiers ? p. 50 et 51.— *Quid*, si le bail non écrit est nié par l'une des parties? p. 10. — *Quid*, si l'exécution du bail a commencé ? *ib.*

Bail à cheptel, p. 151. — Ses caractères, *ib.* — Peut être consenti par écrit ou verbalement, p. 151, 152.—Combien de sortes, p. 152. — Quels animaux peut-on donner à cheptel? *ib.* — Voyez *Cheptel simple*, *Cheptel à moitié*, *Cheptel de fer* et *Cheptel de vaches.*

Bail à ferme. Pour quel temps il est censé fait quand il est consenti verbalement, p. 98. — *Quid*, des bois taillis d'un domaine? p. 99. — *Quid*, s'il s'agit de terres labourables ? *ib.* — *Quid*, du bail d'un étang? *ib.* — Le bail cesse sans congé, p. 99 et 100 — Le fermier doit néanmoins cultiver les terres, p. 101.—Le congé n'est pas nécessaire, p. 99. — Exception, p. 101.

Bail à locatairie perpétuelle, p. 183. — Définition. Il n'est plus praticable aujourd'hui, *ib.*

Bail à longues années. Définition, p. 180. — Formalités auxquelles sont soumis les baux des biens ruraux des hospices et des établissemens d'instruction publique, *ib.* — Le bail à longues années est soumis aux règles générales des autres baux, *ib.* — Le preneur n'est pas chargé de la contribution foncière, *ib.*— La tacite reconduction s'opère-t-elle en matière de bail à longues années? p. 181.

Bail à loyer. Règles qui lui sont particulières, p. 60 et suiv.— Voyez *Réparations locatives*, *Obligations du preneur*, *Expulsion*, etc.

Bail à rente foncière. Sa définition, p. 183. — Ce bail est-il praticable? *ib.*

Bail à vie. Définition, p. 184. — Est-il licite? *ib.*— Différence

D

factures ou d'usines? p. 56.—Dans quel délai l'avertissement doit-il être donné? *ib.* — Voyez *Résolution du contrat de louage* et *Pacte de rachat.*

F

Failli, p. 5. Voyez *Privilége du bailleur* et *Consentement.*

Fausse contenance. Dans quel cas y a-t-il lieu à augmentation ou diminution du prix pour le fermier? p. 84 et suiv. — *Quid,* si on a affermé deux fonds? p. 86.

Faute. Le preneur est tenu de la faute légère, p. 36-155. — Il répond des dégradations, à moins qu'elles ne soient arrivées sans sa faute, *ib.*— C'est à lui à prouver qu'elles ne sont pas survenues par sa faute, p. 37. — Le preneur répond des personnes de sa maison, p. 38.

Femme mariée. Voyez *Consentement.*

Fermier. Doit garnir la ferme de bestiaux et ustensiles nécessaires à son exploitation; doit cultiver en bon père de famille, p. 88.—*Quid,* en cas d'inexécution de ces obligations ou de toute autre stipulée dans le bail? *ib.* — Peut-il marner les terres? p. 89. — Peut-il planter les terres en safran? *ib.* — La résiliation s'opère-t-elle de plein droit? p. 90. — Est tenu d'engranger dans les lieux à ce destinés; *ib.* — Doit avertir le propriétaire des usurpations commises sur le fonds, p. 91. — Dans quel délai? p. 91 et 92. — *Quid,* s'il s'agit de voies de fait? *ib.* — A droit à une diminution, quand tout ou moitié de la récolte périt par cas fortuit, p. 93 et 95. — Il n'en est pas ainsi, si le bail n'est que d'une année, *ib.* — *Quid,* si la perte est arrivée après que les fruits étaient séparés du sol? *ib.* — Le fermier sortant doit laisser à son successeur les logemens convenables, et autres facilités pour l'exploitation, p. 104. — Réciprocité, *ib.* — Ne peut enlever les pailles et engrais, *ib.* — Voyez *Résolution.*

Filets. Voyez *Pêche.*

Force majeure. Voyez *Incendie, Réparations locatives.*

Fosses d'aisance. Leur curement est à la charge du bailleur, p. 67.

G

Garantie. Le bailleur doit garantie pour les vices ou défauts qui empêchent l'usage de la chose, p. 18. — Qu'entend-on par ces mots : *qui en empêchent l'usage? ib.* — Dans quels cas il y a lieu à exercer l'action en dommages-intérêts à raison des vices de la chose, p 19. — Quel est l'objet de l'action en garantie? *ib.*

— *Quid*, si les vices n'existaient point lors du contrat, et s'ils ne sont survenus qu'ultérieurement? *ib.* — Le preneur ne doit pas garantie des troubles apportés par des tiers et par voie de fait, p. 22. — *Quid*, si ce trouble a pour objet la propriété du fonds? *ib.* et 23

Gelée. Voyez *Cas fortuit.*
Gords. Voyez *Pêche.*
Grêle. Voyez *Cas fortuit.*
Guerre. Voyez *Cas fortuit.*

H

Hospices. Voyez *Biens ruraux des hospices.*

Hôteliers, aubergistes et logeurs. Obligations de police, p. 218 et suiv. — Tableau indicatif, registre, commissaire de police, voyageurs, passeport, bulletin, permis de séjour, *ib.* — Vente en détail des boissons, droits de perception, p. 222. — Déclaration préalable, licence, p. 221 et 222. — Exception, p. 222. — L'hôtelier doit établir le fait exceptionnel, p. 223. — Présomptions légales contre l'aubergiste, p. 225.—Formalités des procès-verbaux, *ib.* —'Prix de la licence, *ib.* — La licence et la déclaration préalable ne s'appliquent pas à la capitale, p. 225 et 226. — Responsabilité, p. 227. — Dans quel cas y a-t-il lieu à responsabilité? *ib.* — *Quid*, si le délinquant n'a pas logé plus de vingt-quatre heures? p. 228. — Faux noms, bonne foi, *ib.* — Simple contravention de police, p. 229.—*Quid*, s'il s'agit d'un prisonnier, d'un aliéné? *ib.* et 230. — La responsabilité civile n'emporte aucune peine proprement dite; elle se résout en dommages-intérêts; exception, *ib.*— Voyageur, effets, dépôt nécessaire, p. 230 et 231. — Preuve testimoniale, *ib.* — Contrainte par corps, *ib.*— *Quid*, si le voyageur ne logeait pas dans l'hôtellerie? *ib.* — Dépôt momentané, *ib.*—*Quid*, si une voiture ayant versé, le voyageur confiait ses effets à l'hôtelier? *ib.*—Cas fortuit, force majeure, *ib.* — *Quid*, si les effets n'ont été ni montrés ni vérifiés? *ib.* — De qui doit répondre l'hôtelier, p. 233. — Dépôt entre les mains d'un enfant, *ib.* — *Quid*, si l'hôtelier était absent au moment du dépôt? *ib.* — *Quid*, des effets laissés par le voyageur avant son départ? p. 233 et 234.—L'hôtelier est responsable du vol, p. 234. — Étranger *allant* et *venant*, p. 238. — *Quid*, du vol commis hors de chez lui sur une voiture qu'il n'a pu remiser dans sa cour? *ib.* — Force majeure, vols à main armée, *ib.*—Obligations des voyageurs envers les hôteliers, p. 236. — Doivent payer le gîte et la nourriture, p. 237. — L'aubergiste doit-il être cru sur son affirmation au sujet de ce qu'il réclame des voyageurs qui ne sont plus chez lui? p. 237. — *Quid*, si le voyageur est encore dans l'auberge? *ib.* — Privilége des hôteliers, *ib.* — Fournitures sonts eules privilégiées, p. 238. — *Quid*, des sommes d'argent qu'il a prêtées? *ib.* — Ce privilége va-t-il jusqu'à dépouiller le voyageur de ses vêtemens? *ib.* — Formalités à suivre par l'hôtelier, décès, disparition, *ib.* — L'aubergiste aurait-il une action contre le père dont il a nourri l'enfant sans son aveu? p. 238 et 239. — Prescription, p. 239.

Motifs du contrat de louage. Motifs exposés par M. Galli, p. 240 à 250. — Rapport de M. Mouricault, p. 251 à 285.—Discours de M. Jaubert, de la Gironde, p. 285 à 295.

I

Incendie. Dans quel cas le preneur en est-il responsable? p. 37 et suiv.

Inondation. Voyez *Cas fortuit.*

L

Lac. Voyez *Chasse.*

Livret. Voyez *Ouvrier.*

Logement gratuit. Déclarations à faire au commissaire de police par les personnes qui reçoivent gratuitement chez elles des étrangers à la ville de Paris, à titre de parens ou d'amis, p. 73. — Ces prescriptions sont-elles abrogées? p. 74 et suiv.

Logeur. Voyez *Hôtelier.*

Louage des choses, p. 2. — Sa définitition; différence entre le louage des choses et le contrat de prêt de consommation, *ib.* — Quelles choses peut-on louer? *Quid*, des choses incorporelles, des rentes foncières, des droits de chasse et de pêche? p. 7. — Voyez *Chasse* et *Pêche.*

Louage d'ouvrage et d'industrie. Combien d'espèces, p. 106.— Quel est dans ce contrat le bailleur et le preneur, p. 108.

M

Marché à forfait. Ses caractères, p. 145. — Est irrévocable, *ib.* — Même sous prétexte d'augmentation, à moins d'une autorisation écrite, *ib.* — Différence entre le marché à forfait et le

N

O

T

U

V

FIN DE LA TABLE DES MATIÈRES.

www.ingramcontent.com/pod-product-compliance
Lightning Source LLC
Chambersburg PA
CBHW060525220326
41599CB00022B/3432